大学教授職とFD

Academic Profession and Faculty Development in U.S.A. and Japan

有本 章 著

アメリカと日本

東信堂

まえがき

知識基盤社会の到来は、知識自体の価値を高め、知識とかかわる創造力や想像力をいままで以上に重視するようになる。当然ながら、児童・生徒・学生はもとより、広く大人が情報を収集し、自らの頭で考え、社会変化に対応できるだけの学習力や学力を身につけることが理論的に期待されると同時に、実際に醸成されなければならない。ところが現在、各種の国際学力調査によって判明したように、日本の児童・生徒の学力低下の進行が目立ち始めており、学力・学習力の二極化あるいは多様化が生じつつある。

大学生は大丈夫であろうか。東大生が「読めない、書けない、考えない」と揶揄されたのは一九八〇年頃であったことを想起すると、その頃には現在のゆゆしき状態を予兆する現象がすでに全国の津津浦々の大学で着実に進行していたことが分かる。最近では、七〇〇以上のすべての大学をまきこんで、学問への好奇心を欠き、学習力ややる気を欠く学生が増えているという声を聞くことが多くなった。分数・小数ができない学生が増え、授業中の私語・死語・無語をはじめ「問題な日本語」、さらには不登校、フリーター、ニートなどが問題にされている。その裏では、導入教育や転換教育やはたまたリメディアル教育＝補習教育によって、やる気や学習方法を意図的に引き出し、励まさなければならない状態が大なり小なり日常化しつつあるのである。

こうした現実を直視すると、知識基盤社会の出現という大きな社会変化が生じているにもかかわらず、教育界は優れた人材を養成して社会変化をリードしなければならないという課題を果たしていないばかりか、むしろ変化に取り残されてしまう状態に陥りはじめているのではないか。すでに遅滞現象が目に余るほど顕著になっている以上、それを一刻も放置することはできないのではないか。その放置は、社会と教育のギャップをいっそう拡大し、ひいては社会の活力を阻害し、社会発展を蝕む結果を帰結するに至るのは避けられないのではないか。

このような問題を真剣に考えると、知識がますます重要性を高めるこれからの社会では、あらゆる教育の場において、知識の発見、伝達、応用などのメカニズムに十分対応できる研究、教育、サービスの機能こそを活性化する以外に適切な方法はないのではないかと考えられる。いまや小学校から大学までの教育システムを見直し、生涯学習システムの観点から教育を再構築しなければならない状況が出現しているのであり、危機的状態になりつつある学力、学習力、やる気などの再建はまさに教育システム全体あるいは生涯学習システテ全体にかかわる問題であると言わなければならない。その意味では、単に大学生を対象とする大学教育のみを改革すれば事足りるのではないことは明白である。

そのことを担保しながらも、大学教育の再建は不可欠であり、とくに大学教育の中枢に位置づく大学教授職の問題に焦点づけることは種々の理由から不可欠であるに違いない。

第一に、大学は現在、比較的学習力や学力の高い学生を集めることのできるクラスターと、それが困難な競争力の低いクラスターとに急速に分解しつつある。「研究大学」を中心にした前者は、世界のトップ水準に学生の学力のピークを上げることが課題となっている。最初に述べた知識社会の進行、さらにはグローバル化の進行のなかで日本の大学教育の国際水準が問われ、国際競争力が詮索されることも、そうした動きに拍車をかけている。「学歴エリート」ではなく、世界に通用する真の意味のエリートを養成する教育が必要になっていると言えよう。

他方、定員割れに悩む後者は、いかにして学力の底上げをするかが課題になっている。大学全員入学時代が到来している現在、定員割れの大学が多数出現し、淘汰が何時起こっても不思議ではない状態になっている。従来の学力水準を維持できず次第に「学校化」を加速せざるを得ない現象が進む半面、定員確保が大学存亡の死活問題となるなかで、経営破綻を避けるために、学力の水準を引き下げてでも学生を確保しようとする動きが生じる。入学させる以上、大学水準の学力を当然保証しなければならない。こうして二極化する大学群の使命や役割はしだいに異なる傾向を示しはじめているが、両者は教育の質的保証に真剣に取り組まなければならないこと、そのためには何よりも教員の資質や力量の開発が決め手になる点で共通性がある。

第二に、高校から入学してくる伝統的な学生への対応ばかりではなく、迫りくるユニバーサルアクセスの時代には、成人学生や留学生など多様な学生が増加することが見込まれている。一八歳人口の減少によって生じる大学淘汰を阻止するには、これら新しい学生層の掘り起こしは現実的な解決策となる。多様な学生層に大学水準の教育効果をいかに発揮し質的保証を行うかは、きわめて現実的な課題として浮上しているのである。

それと同時に、国民の半数以上が大学に通うユニバーサルアクセスの時代に突入し、生涯学習社会化が本格化する二一世紀は、大学がかつての小学校や中学校の果たした、社会にとっての基本的役割を担うようになる。個々の大学にとって、門戸を開放するばかりではなく、多様な学生に大学水準の学力を付与して卒業させなければ大学の社会的存在理由は損なわれ、社会へのアカウンタビリティ＝説明責任を見失う。

第三に、社会発展に重責を担う大学は、研究、教育、サービスの質があらためて吟味され、とりわけ教育機関としての役割が吟味されるのは必至となる。今日ほど大学教育が問題にされる時代は、かつてなかったといえるかも知れない。政府、大学、社会、納税者、消費者、スポンサーなど様々なステークホルダーが日増しに大きな関心を寄せ、とりわけ、大学教員の教育力を高め、教育の質的保証を行い、学生の学習力、やる気、学力、付加価値を高め、ひいては優れた人材の輩出によって、社会発展に貢献することに期待を寄せているのである。

かくして、大学教員の在り方が大学の行き方を左右し、翻っては社会発展を左右するのは自明といわなければならないのであり、大学教育の専門職である大学教授職＝アカデミック・プロフェッションの資質や力量の活性化が問題にされるのは必至である。

本書では、こうした大学教授職を対象にして、ＦＤ（Faculty Development）＝大学教授職の資質開発に焦点を合わせて、ＦＤの制度化における現状、問題点、課題を考える。主として、第一は一九八〇〜九〇年代の過去と二〇〇〇年代の現在との比較、第二は外国、とりわけＦＤの先進国であるアメリカとの比較に主眼をおいている。大学教員が大学教授職＝専門職として主体的にアイデンティティ＝自己像を確立するには、まずは大学教員自身の「自己研究」が大切であるとともに、大学内外からの大学教員に対して寄せられる理解や支援が不可欠である。大学教授職の社会的重要性にかんがみ、両方の相互作用が十分に行われる必要がある。資質開発を喚起する過程に作用する大学内外の文化、環境、風土などの要因や力学を分析して、オートノミーとアカウンタビリティの関係、ＦＤの制度化に作用する緊張・葛藤に注目することも重要な視点である。

各章は、巻末の初出一覧に示したごとく、これまでに書いた論稿から構成した。「ＦＤの制度化」を過去から現在に至る経緯を辿って比較することを重視しているために、主に一五年程度前と現在の二つの時点の論稿から構成したところに特徴がある。

出版に際して、東信堂の下田勝司社長に大変お世話様になった。定年退職の節目にあたって大学教授職とＦＤの問題に関して何か書いておきたいという企画を短期間に実現していただいたことに、厚く御礼申し上げる次第である。

平成一七年一月二〇日

有本　章

大学教授職とＦＤ　アメリカと日本／目　次

Ⅱ部　アメリカのＦＤ……119

Ⅲ部　日本におけるＦＤの制度化……181

大学教授職とＦＤ――アメリカと日本――

序章　大学教授職とＦＤの研究

第一節　大学教授職の現在

一　大学教授職とは何か

本書では、大学教授職を対象に扱うので、最初にその定義をしておく必要がある。総論的に言えば、大学教授職とは大学に奉職し、専門分野を専攻し、学術活動に携わり、固有の文化を擁している教授、助教授、講師、助手など大学教員の総称である。また、大学設置基準(第一四条)によって教授の資格を満たすのは「①博士の学位(外国において授与されたこれに相当する学位を含む。)を有し、研究上の業績を有する者。②研究上の業績が前号の者に準ずると認められる者。③大学において教授の経歴のある者。④大学において助教授の経歴があり、教育研究上の業績があると認められる者。⑤芸術、体育等については、特殊の技能に秀で、教育の経歴がある者。⑥専攻分野について、とくに優れた知識および経験を有する者。」である。これは、概括的な定義であるので、本書で論じる大学教授職やＦＤの問題を理解するために必要な各論的な解説を行ってみることにしたい。

専門職

第一に、大学教授職はacademic professionの翻訳であり、アカデミック・プロフェッションと表記する場合と同義であり、専門職を意味する。すなわち、大学教授職とは最高学府や学問の府と言われる大学に所属して、学事に従事する専門職を意味する。専門職は「①高度に体系化された専門的知識・技術に基づくサービスを顧客(client)の求めに応じて独占的に提供する職業であり、②そのサービスの提供は営利よりも公共の利益(public good)を第一義的に重視して行われ、③そのことによって職務活動上の大幅な自律性(autonomy)と職業団体としての一定の自己規制力を社会的に認められた職業範疇である。」(天野正子、一九八六、五七七頁)と定義される。大学教授職もかかる性質を備えている職業であり、一般職や境界領域の職業に比較して種々の専門的な性質を付与されている。ハロルド・パーキンは、専門分野の学問を研究し、教授し、応用する点で他の職業の人材を養成し、影響を及ぼすキー・プロフェッション(key profession)とみなしている(Perkin, 1969)。

中世大学以来の伝統的な学部である法学部、医学部、神学部は、法曹、医師、僧侶を養成したのであり、これらの学部では法学、医学、神学が専門分野として成立していたことを意味する。したがって、これらの三大専門職は数百年にわたって専門分野を基礎にした専門教育あるいは専門職業教育を行って来たことが分かる。その後に誕生した学部も大なり小なり専門教育や専門職業教育と関係を持って発展した。

専門分野

その意味で、第二に、専門職は専門分野によって規定されている。専門分野は大学が知識を対象に成りたつ制度であることと関係が深く、大学教授職も知識の機能である発見、伝達、応用、統制にかかわり、具体的には研究、教育、サービス、マネジメントの役割を果たすことが分かる。知識が未分化の農業社会では、科学知識や上級知識も未分化であり、専門分野はあまり細分化することはなかったので、これらの知識の機能の中では伝達機能である教育が支配的であった。近代社会では、科学の発展とその大学への制度化によって、専門分野が細分化し、それを構成する学科や学部も細分化し、専門職業も細分化した。現在の総合大学では、一〇前後の学部を擁し、その下には数百の学科や講座を配している。

教師の役割

第三に、専門職は専門分野の諸機能を遂行する。知識の機能を具体的に見ると、発見、伝達、応用、統制に対応して、研究、教育、サービス、マネジメントなどが分化するので、大学教員は各々に呼応した役割を果たす。その一つとして専門職は教育の役割を担当する職業である。専門分野と結合した専門教育や専門職教育に関与すると同時に、非専門分野や前専門分野と結合した教養教育に関与している。西洋の大学では、中世大学以来、自由七科＝三学四科（文法、修辞学、論理学、算術、天文学、幾何学、音楽）が伝統的なカリキュラムとして配置され、学芸学部において教授され、学生は学芸学部で教育を受けてしかる後に専門学部へ進学した。この部分は近代では、ギムナジウム、リセ、アビトウア、グラマー・スクールなど中等学校へ委譲され、あるいは大学では教養教育や一般教育として継承されている。中世大学以来、専門学部はこの種の教養教育を踏まえて専門教育が展開される仕組みに発展したので、大学教授職は過去から現在まで専門と教養の両教育に携わって来たとみてさしつかえあるまい。

研究者の役割

もちろん、大学教授職＝専門職は教育のみの専門職としては成立せず、一九世紀になって大学のなかに科学や研究が制度化され、大学教授職に研究者のキャリアが制度化された以降においては、教育に研究を加えた専門職が成立したとみなされる（Altbach and Finkelstein, 1997）。このことは少なくとも、教育のみではなく研究の営みが重要性を増したことを示唆するし、実際にも世界的に教育よりも研究パラダイムが支配的になることになった。

さらに近代大学では、アメリカの大学を先頭にサービスもまた専門職の役割に組み込まれた事実に伺われるように、大学が象牙の塔ではなく、社会との連携を視野に入れ、学社連携、地域連携を行う時点へと移行した。しかも、大学組織体が教学とは別に経営の側面を包摂する度合いが強まった近代大学では、さらに管理運営やマネジメントの役割も包摂するに至った。これは知識の統制機能に対応しているのである。

こうして、近代から現代では、知識が国家、大学、社会のいずれから統制されるかが問われ、三者の間の競合と葛藤が深まる時代を迎えた。経営やマネジメント部分は教員とは別に職員が担当する傾向が生じ、職員集団の勢力が強まった。日本では職員の領域が十分確立されず、グレーゾーンを教員が担当する傾向が見られるが、それでも教学と経営、教員団と職員団の分離と統合、ＦＤとＳＤの分担と共同が改めて問われる時代を迎えている。このことは、別の角度からみれば、大学教授職の専門職とは何かを見直し、再定義が焦点に浮上していることにほかならない。

信念・文化

第四に、知識あるいは専門分野の性格を反映して、固有の信念や文化を形成し、保持している点を指摘できる。大学人は、「学問の自由」を主張し、「教育の自由」「研究の自由」「科学の自由」などを主張する。あるいはアカデミック・オートノミー（大学の自律性、大学自治）を標榜する（寺﨑、一九九八）。長い大学の歴史を通じて、「ガウンとタウンの闘い」、ストライキをはじめ、時の権力や社会的勢力と対峙して、角逐を深めながらも、連綿と大学制度を維持してきた。学問の自由や科学の自由などの概念は、中世大学以来、専門職の伝統とともに世界へ波及したものであり、大学教授職の世界に広く伝播しており、世界的に共通性が見られる。

学協会の結成

こうした専門分野を核とした専門職の結社は学会である。一九世紀から各種学会が叢生し、現在は無数の学会が誕生している。高等教育関係では、日本高等教育学会、一般教育学会、大学史研究会、関連学会では教育社会学会、比較教育学会などがあり、協議会では大学教育研究センター等協議会があり、国際的にもＯＥＣＤ、ユネスコ、国際大学協会（ＩＡＵ）、ヨーロッパ高等教育学会（ＣＨＥＲ）、アメリカ高等教育学会（ＡＳＨＥ）などがある。このような学協会を通して、専門職の結束を固め、共通の信条や文化を共有して、学問を通じて社会の発展に貢献することを推進している。大学教授職は世界的に共通性を強めるのは、このような力学を反映していると解される。

他方、学問分野が異なれば、信念や文化が異なることも広く観察される事実である。理科系と文科系の学問、自然科学と社会科学と人文科学、数学と社会学と歴史学、理論物理学と応用物理学、などには専門分野毎の方法論、スタイル、教育様式、科学的社会化などの相違が横たわっている。同じ学会でも、専門分野が違えば、同じ現象を違う専門用語で説明するので、お互いに意思疎通ができない。共同研究もできにくい。バートン・クラークが指摘したように、大学教授職の世界は「小さい世界、されど多様な世界」(Clark, 1987)という現実を帯びていることが理解できるのである。

大衆化と階層化

第五に大衆化が進行して、同時に階層が進行している実態がある。専門職といっても、一枚岩の画一的なイメージを描くとそれは誤解を招くことになる。大学教授職の世界は一つではなく、複数の集団の寄せ集めによって構成されているからである。キーワードは大衆化、多様化、複雑化である。高等教育においては、大学数、学生数、教員数が未曾有の増加を示した。ちなみに、若干の統計（文部科学統計要覧、二〇〇四など）によって、その現実を見てみよう（表序-1参照）。

戦後、一九五〇年、八〇年、二〇〇三年の数字を調べると、大学数では二〇一（短大一四九）、四四六（五一七）、七〇二（五二五）となり、学生数では二二・五万人（短大一・五万人）、一八三・五万人（三七・一万人）、二八〇・四万人（二五・〇万人）となり、大学教員数では一・二万人（短大〇・二万人）、一〇・三万人（一・六万人）、一五・六万人（一・四万人）となることが分かる。一九五〇年を起点にすれば、二〇〇三年には大学数三・五倍（短大三・五倍）、学生数一二・五倍（一六・六倍）、教員数一三・五倍（六・四倍）と、軒なみに増加し、大衆化を遂げたことは一目瞭然である。

大学教員をさらに詳しく調べると、大衆化に伴って、多様化が進行した事実が確認できる。戦後間もない一九五五年（昭和三〇年）の時点では三・八万人（短大〇・六万人）の教員を数え、そのうち国立五九・七％（短大一一・九％）、公立一一・六％（一八・二％）、私立二八・七％（八〇・〇％）であった。ほぼ半世紀後の二〇〇三年には一五・六万人に増加し、そこでは三九・〇％（二・七％）、七・〇％（一一・九％）、五四・〇％（八五・四％）となり、私立のシェアが増加している。これら常勤教員以外に兼務者が一五・五万人（短大は二・九万人）いて、セクター別の比率は国立二五・九％（短大四・四％）、公立六・三％（一〇・〇％）、私立六七・七％（八五・七％）となる。私立では常勤教員に比して兼務教員の比率が高いこと

表序-1　大学数等の量的変化

年　度	大学数	短大数	大学生数	短大学生数	大学教員数	短大教員数
1950	201	149	224, 923	15, 098	11, 534	2, 124
1980	446	517	1, 835, 312	371, 124	102, 989	16, 372
2003	702	525	2, 803, 980	250, 062	156, 155	13, 524

が分かる。同じ大学教員といっても、セクター間の差異が顕著となっている。

二〇〇三年現在、大学院担当者（八八、三四六人）は、全教員の五六・六パーセントを占めており、国立五六・四%、公立四。四%、私立二〇・一%であり、国立優位の構造を呈している。

セクター間だけではない。性別にも差異が見られる。女性教員の割合はこの間に五・二%から一五・三%とかなりの伸びを示した。一九九二年に実施されたカーネギー財団の大学教授職に関する一四カ国調査では八%を記録して、世界で一番低い比率を示したことからすれば、最近の一〇年余の間に倍増したことを示す。少し細かく、二〇〇三年の職位でみると、学長六八七人（そのうち女性八・三%）、副学長四九〇人（四・七%）、教授六一、四〇〇人（九・二%）、助教授三六、七七四人（一五・二%）、講師一九、七九五人（二一・八%）、助手三七、〇〇九人（二二・六%）となる。女性の割合は低い職位ほど大きな比率を占めている。上記の大学院担当の女性の比率は九・〇%となる。教員全体に占める女性の比率が一五・三%であるから、女性の比率は低い事実を示している。

このように、世界的に共通性が見られ、ユニバーサリズムが貫徹しているように見えながらも、多様性や格差が進行している事実が確認できる。クラーク・カーが指摘したように、大学が国家的性格を示すことは近代大学の特徴であるが（カー、一九九八、二六頁）、外国人への開放度を数字で追うと、一九九五年の三、八五八人から八年後の二〇〇三年の五、四〇三人に一・四倍増加した程度にとどまっている。

以上、大衆化と多様化は概数で瞥見した限りでも進行している事実が窺える。実際には、大学の種別や階層を反映して、複雑な世界が繰り広げられているので、それを個々に観察すれば、多様性や格差は一段と増す。一国に限定しても、例えば、システム、セクター、機関、組織などの区別があり、大学、学部、学科、講座、研究室、研究所、センターなどの区別があり、大学院、大学、短期大学などの区別があり、さらに研究大学、大学院大学、総合大学、専門大学、教養大学などの区別がある。これらのカテゴリーに各々存在する大学教授職の文化、行動様式、意識などは決して一律の姿を呈するものではないことが理解できるのである。国際的に見れば、国の数だけシステムがあり、その内部には同様の複雑な世界が現出している事実を容易に想像することができるのである。

本書では、このような現実を十分察知しておいて、実際には個々の多様な事例まで踏み込んだ考察は紙幅の関係からできないので、それは他の機会に譲ることにし、システムやセクターレベル程度に照準して大学教授職に関する全体的な構造や機能を考察することに留意したい。

二　大学教授職への期待と大学教授職の自己像

国家からの期待

大学教授職は社会的存在である以上、社会の様々の側面から期待がかけられるのは当然の成り行きである。第一に国家からの期待がある。国家発展には大学発展が欠かせず、大学発展には大学教授の発展が欠かさない。一般に近代国家はチャーターリング制度によって大学設置を統制するなかで、審議会を設けて大学教授の的確性を審査して、㊎や不合格などの判定を施してきた。例えば日本の大学教授の場合、大学院の博士論文授与資格を付与された㊎教授と、授業担当は許可されるが学位授与を許可されていない合教授、それらの資格すべてを許可されていない不適教授が識別できるのは、その事例である。さらに二〇〇四年から、第三者評価機関によって機関別認証評価を行って大学や大学教授の品質保証が実施される運びになったのは、こうした国家からの期待を示す証拠にほかならない。

社会からの期待

第二に社会からの期待がある。市場原理を強めている現代社会は、需要と供給によって市場価値のない商品や人的資源を排除する動きを生む。一端任用したが最後、無能でも定年まで馘首がむつかしい終身雇用年功序列制にかわって任期制や試補制によって人事を行うのは、そうした動きの一端を示している。もちろん大学教授は商品ではなく人的資源であり人材であるとしても、市場性が問われる。加えて、今日のようなグローバリゼーションの時代では、WTOやGATSが唱えているように、大学教育は世界的市場性によって吟味される「通貨」とみなされ、日本国内のみではなく国境を越えた世界から期待が寄せられ、観察、比較、評価がなされる。世界との共通性、通用性、互換性が容赦なく問われ、世界水準の可視性や実力が求められるのである。「鳴かず飛ばず」の役に立たない教員は必要とされない。

ステークホルダーからの期待

第三に第二と関連し広い意味では社会の範疇に含められるが、ステークホルダーからの期待があり、政府、消費者、学生、納税者、国民、スポンサーなど広範な範囲の利害集団の期待が教員の肩にのしかかる。政府は国への忠誠心を求め、国際的競争力を担う源泉として大学教授に国際水準の学問的生産性を要請する。消費者は「良質商品」を買いたいと欲し、資質の高い教員を探し、そのもとに蝟集する。消費者である学生は、気ままに選り好みをし、お気に入りの教員の授業を受けたいと消費者主義の主張を鮮明にする。市場原理では授業形態は教員本意の必修制から学生本位の自由選択制に移行するから、人気のない教員は淘汰されざるを得ない。納税者はアカウンタビリティを問題にし、税金に見合う労働力を求め、教育や研究のアウトプットを詮索する。納税者である国民は資源の有効活用を求め、無能な教員を除去せんとするし、評判の高い大学教員がいる大学はどこかを知りたがる。こうした利害集団の求める圧力は必ずしも同じではなく、むしろ利害集団の数だけ異なるであろうから、大学教員がいずれの要求に同調行動をとるかは決して簡単ではないが、少なくとも単に声の大きい社会的勢力に迎合するのではなく、そこには、専門職の見識が作用しなければならないはずである。

学問からの期待と自己像の確立

第四に、学問からの期待が大学教員へ有限、無限の圧力を加えることは明白である。学問の府の住人であり、学問に日夜精励しているホモ・アカデミクスは、専攻する専門分野の学問の最前線を探求し、発明発見をし、真理を追究しており、そのような学問の活動を通して、学識＝スカラーシップ（scholarship）、すなわち専門分野を基礎に構築された専門職的な良識を形成している。しかし転換期の今日は、学識自体が動揺しており、社会からと学問からの様々な期待が寄せられるなかで、専門職のアイデンティティ＝自己像の確立によって専門職の再生が改めて問われる状況になっていることも偽らざる事実であると解される。

以上のように、現代の専門職は社会からと学問からの両方から期待がかけられている。国家、市場、利害集団、学問からの期待や圧力を調整しながら、専門職としての識見によって、大学ならびに学事とかかわる政策、計画、改革、実践を的確に遂行することが、ますます固有の使命、役割、責任となっており、それを遂行できなければ、社会的存在理由を喪失して、専門職の権威や価値を放棄しなければならない。様々な利害の対立から生じる葛藤を調整するには、国家の権力からの官僚制的調整、社会の需要と供給の市場メカニズムからの市場的調整、学問の専門的権威からの専門職的調整などが考えられるが、その中で大学教授職に期待されるのは専門職的調整であり、専門分野の論理に起因する権威に依拠するものである。そのためには、大学教授職が専門職の自己像を再構築して自信を回復することがまず前提であろう。

第二節　大学教授職とＦＤの研究

一　日本での研究の経緯

大学教授は、現代社会ではますます社会的な使命、役割、責任が重要になり、アカウンタビリティが高まっているにもかかわらず、専門職性にメスを入れた十分な研究がなされているかと言えが、必ずしもそうではない実情にある。それは何故かと言えば、もともと大学教授は新羅万象何でも研究するにもかかわらず、自分自身については研究したがらない性癖があるからである。四〇年前に筆者が卒論で大学研究に着手した頃には、大学研究は一種のタブーであったし、研究者はいてもごく希少であったし、一種の「変人」扱いされる風土や空気があったほどである。大学研究が一種のブームになっている時代である現在ですら、大学教授の自己研究、あるいは大学教授の専門職に関する研究は必ずしも活発に行われているのではない。

先行研究の性格

確かに、大学教授は大学研究の中では比較的古くから注目を集めて来た領域である。アメリカではローガン・ウィルソン『大学人』(Wilson, 1942)、キャプロー＝マッギー『大学教授市場』(Caplow and McGee, 1965)などが古典としていち早く先鞭をつけ、日本では新堀通也の『日本の大学教授市場』(一九六五)を嚆矢として、同編の『学閥』(一九六九)、『学者の世界』(一九八〇)、『大学教授職の総合的研究』(一九八四)など一連の研究がある。その他、ウィリアム・カミングス『日本の大学教授』(一九七二)、山野井敦徳『大学教授の移動研究』(一九九〇)加野芳正『アカデミックウーマン』(一九八八)、竹内洋『大学という病』(二〇〇一)などの研究がある。筆者にも若干の研究がある(1)。こうした従来の研究は、大学教授市場、キャリア・パターン(経歴型)、アカデミック・ネポティズム(学閥)、インブリーディング(自系繁殖)、アカデミック・ウーマン(女性学者)、学識、アカデミック・プロフェッション(大学教授職)などが研究されてきた。これらは現在でも依然として重要なテーマであるが、現在最も重要なのは、専門職としての大学教授=アカデミック・プロフェッションとは何かということを現在の文脈において掘り下げる作業ではあるまいか。高等教育の転換期にあって、大学改革が問われている時に、その主体である大学教授職が問われ、とりわけアイデンティティ(自己像)の形成が問われていると考えられるからである。

現在何が問題か

従来の研究は、専門職に照準して、研究と教育の確執や教育の側面を掘り下げる研究であるよりも、概して大学教授の研究活動に焦点を当てた範囲にとどまった。ましてやFDの制度化を国際比較からとらえ、日本型の葛藤の問題を本格的に追求したものは殆ど見当たらない。従来、FD研究は徐々に行われて来た(関、一九八九。伊藤、一九八八。喜多村、一九八八。片岡・喜多村、一九八九。有本、一九九一。絹川、一九九五。セミナー・ハウス、一九九九。伊藤・大塚、一九九九。三尾・吉田、二〇〇二)。実践はメディア教育開発センター、全国大学教育研究センター等協議会、大学セミナーハウスなどを通して発展しつつある。

だが、制度化の国際比較や日本型の葛藤の角度からの本格的研究は殆ど行われていない。少なくとも日本では現在、研究志向から教育志向が必要性を高めているにもかかわらず、両者の葛藤に直面して大学教員が自信を喪失したり、方向性を見失ったりして、大学教授職としての社会的な存在価値が希薄となり、それを克服しない限り大学発展も社会発展も覚束ないとの危惧が生じているのではあるまいか。

二　FDの研究

教育の専門職

このように見てくると、高等教育の研究の中で、専門職としての大学教授、アカデミック・プロフェッション＝大学教授職に関する研究こそは現在最も重視されるべき研究であると言って過言ではない。専門職は、大学が素材とする知識の性格を踏まえて考えると、何よりも知識の発見、伝達、応用に対応して、研究、教育、サービスを主たる任務とする職業である。実際、八〇〇年前に誕生した中世大学以来、大学は学問の府として、知識を対象に活動を展開し、これら三つの任務の中のとくに教育を専門にする専門職として登場した。一四歳から大学生となった当時の学生は、今なら中学生相当の子ども達であったし、その教育は手取り足取りのものであったに違いなく、実際、教師は「親の肩代り」(loco parentis)の役割をこなし、羊飼いが丁寧に一匹毎の羊の世話をするごとく、一人ひとりの学生の世話を焼き、まさに「牧羊者の世話」(Halsey and Trow, 1971)や「浸透作用」(osmosis process)が行われた(Armytage, 1955)。教員は現在の中学校の教師という性格を担ったのであり、研究に裏打ちされた専門知識を教授する研究者的教師であったとは言い難い。

第一層と第二層

大学史を紐解けば、現在の大学教授職が一挙に出現したのではなく、こうした長い前史を通して出現したことが分かる（ラシュドール、一九六八。別府、一九九八。横尾、一九九九）。その詳細に立ち入る余裕はないが、教育を基軸とした大学教員の第一層の原型が形成され、その原型の上に、次なる原型が追加されて積み上げられて行ったのである。第二層の出現は遙か後の時代のことであって、ベルリン大学を嚆矢とするドイツ近代大学の台頭と符合する。近代大学において研究が大学内部に制度化され、研究が教育から独立的な性格を強めはじめた時点を待たなければならない。この時期には、ウィルヘルム・フンボルトの唱道したように教育と研究が統合されることを理念として掲げながらも、その後の歴史は、意に反して、教育と研究が分業化し、乖離し、とりわけ研究優位の時代が到来した（シェルスキー、一九七〇。クラーク、二〇〇二）。

研究パラダイムの跋扈は、一人ドイツのみではなく、研究生産性を指標にした学問中心地のモデルを移植し制度化したアメリカでも日本でも顕著になった。とくに日本は戦前以来ドイツモデルを範にして近代大学を構築し、整備したために、研究神話が高等教育システム全体を席巻する結果を帰結した。欧米では曲がりなりにも中世大学が刻印した第一層の教育の伝統を継承しているのに対して、それが乏しい風土に第二層のみがおもむろに移植された結果、教育との矛盾を惹起する力学が作用しなかったという、日本独特の実情もそこに看取できるのである。こうして、日本の場合、教育が看過された歴史的背景を考慮すると、なぜかくも長く教育が看過されてきたのか、その実態は何か、現在どのような問題と課題があるのか、とくに外国の先進国と比較した場合にいかなる状態にあると言えるのか、今後どのような改革が必要なのか、といった問題が研究されなければならない。

教育専門職の先行研究

このような角度からの先行研究は殆ど見られない。それは、恐らく日本では大学教授職の専門職性を真剣に検討する風土や土壌や意識が形成されなかったからに違いない。というよりも第一層との連続性を欠如した第二層の形成があまりに強固であったために、第一層との矛盾や葛藤を経験する体質が内発的に形成されないままであったこと、それを問題にする視座も醸成されなかったこと、が少なからぬ原因となったと推察される。高等教育がエリート段階の時点にある間、学生の大衆化と多様化が進行する以前にある間は、研究支配が大学世界を広く深く覆っていても、教員も学生も大きな疑問を抱くことはなかったし、仮に抱いたとしても矛盾や葛藤が顕著になることはなく、研究者の関心を喚起し、系統的な研究が行われるまでに至らなかったとしてもそれほど不思議ではない。

しかし、エリート時代から大衆化時代への転換期には矛盾が露呈するのは回避できないし、社会的な関心を集め、一種の社会問題となる。事実、大学への高校生の進学率が二〇%前後になった時期に、この矛盾は一挙に爆発した。日本では丁度一九六〇年代後半の「大学紛争」の時期に顕現し、この時期に学生は大学教育に疑問を持つようになった。後知恵的に考えれば、古い構造と新しい期待との間の緊張、矛盾、葛藤は潜在的な段階から、次第に顕在的段階へとエスカレートするのは目に見えていたはずであり、実際にも先覚の洞察力を通してシステム、機関、組織などのレベルでの大学改革の問題へ帰結したことが分かる。アメリカでは、いち早くその時点が到来して、新しい学生の要求へ対応した改革が必要になった。同時に、現実の改革においても、一九七〇年代は教育・授業の現場においてさまざまな実験が行われ、本格的なＦＤの開始と大学の再生が追究され始めた。

教育革命と大学教授職

翻って日本では一九七〇年前後に矛盾が露呈し、「大学紛争」が頻発したが、大学の対応は「薄皮饅頭」と揶揄されたごとく、「餡＝案」ばかりで、実際の改革は行われず仕舞いになった（黒羽、二〇〇二参照）。その漬けが蓄積したまま、持ち越され、一九九〇年代になって、遅ればせながら改革が着手されるに至った。すなわち、「大学教育革命」の時代の幕開けである。一九九一年の文部省令は設置基準の大綱化として有名であるが、同時に大学改革、とりわけ大学教育改革が行政的に画策される時代の到来を告げた点を無視できない。それ以来、今日に至るまでの一〇数年は、高等教育改革、とりわけ大学の教育改革が間断なく持続し、大学のインプット＝入り口の大学入試から、スループット＝中味の授業、カリキュラム、教育方法、教育過程、シラバス、オフィスアワー、ＧＰＡ制、ＣＡＰ制、学生の授業評価といった事柄、さらにはアウトプット＝出口の到達目標の実現、品質管理、質的保証などに至る全過程が分解作業にかけられることになったのである。

そこには、教員、学生、職員、管理者、行政者など大学に係わる構成員やその他様々な集団が関与し、総動員されている観は否めない。しかしながら、その主たるアクターは誰よりも大学教員自身であり、大学教授であり、専門職としての大学教授としての大学教授職にほかならない。しかも、大学教育改革の主役が大学教授であるとすれば、その主たる概念は大学教授職の資質開発、すなわちＦＤにほかならないのである。

専門職である以上、自ら主体的に専門職の自己像を模索し、ＦＤの内容を追究する営為が不可欠であるにもかかわらず、残念ながら自主的・主体的な意識改革の高まりは十分に醸成されないまま、むしろ行政的な鋳型の枠組みが法的に構築されるまでは、大きな変化は招来されることはなかったのである。一九九一年の文部省令において自己点検が導入され、一九九八年の大学審議会の答申において、ＦＤが「努力義務」として制度化されるに至り、しかも大学進学率の右肩上がりの時代が終焉を告げ、大学淘汰が現実的になるに至り、日本の大学教育革命の動力とも言える大学教授職の意識改革が漸く動き始めたといえる。一九七〇年代に始動したアメリカとの間には、優に二〇年以上のタイム・ラグ、時間的な落差が生じたと観察される。

したがって、本書の問題意識として、大学研究の何が重要であるかとの問いから出発して、現在何が最も重要であるかと問えば、「研究の研究」もさることながら、それは紛れもなく「教育の研究」、すなわち漸く動き始めた大学教授職の資質開発＝ＦＤの問題であると言わなければならない。

第三節　現在の問題点と課題は何か

一　研究と教育の関係――大学教授職とＦＤの共通点

大学教授職の研究が断続的に行われてきたことは先述したとおりであるが、その中心はどちらかと言えば研究との連関性に注目したのに対して、今日の問題は教育との連関性、その中でもとくにＦＤとの連関性への注目であると言わなければならない。大学教授職への注目は、専門職とは何かを論議することの必要性を導き、研究と教育の統合を理念としたエトスの内面化と役割遂行が実際に成功裏に行われているか否かを確認することになった。実際には、アメリカの場合は現実が理念に最も近いと言われるが（クラーク、二〇〇二）、日本の場合は統合よりも分業化が進行し、研究志向がきわめて強い制度が成立しているという現実がある以上、専門職の理念の崩壊が進行していることになる。この現実を踏まえ、さらに分業化を進行させ、研究と教育の別々の専門職に分解するのか、あるいはあくまで統合を模索するのかは、システム、セクター、機関、組織に即して個々に考える必要性があろう。

統合型と分業型の乖離

日本の場合の大枠としては、理念は統合型としながら、過去から現在まで分業型が支配している現状を踏まえて改革をすることが課題となる。今後、分業型がシステムの上でも教員の意識の上でも根強く残ることにかんがみ、理想的にはあくまで統合型を追求するとしても、現実には困難と予想される。世界的に過去二〇〇年の歴史を回顧してみれば、統合型を目指した本家本元のドイツをはじめ、概して統合型が挫折した事実が明白であるごとく（クラーク、一九九九、二〇〇二）、その実現は困難である以上、現実的な対応としては次善の策として統合型と分業型の折衷案が追求されることになろう（表序－２参照）。すなわち、研究大学は研究志向を維持しながらも教育志向をできるだけ摂取し、教育大学は研究志向を担保しながらも教育志向をできるだけ強化する方向を辿ることになる。専門職としての大学教授職は、研究と教育の両方に関与するのであり、教育を強化するにしても、全く研究を看過することは出来ないし、そうすることになれば、もはや大学の機能を喪失することになり、大学教授職の価値を喪失することにならざるを得まい。

表序－2　研究と教育の関係

類　型	理　念	現　在	改　革
統合型	●		◎
分業型		●	●
折衷型			○

二　先進国と後発国の相違

以上の考察でも若干触れたように、日本の大学教授職は世界の大学教授職の一角を占めているのであるが、専門職としての自己像の形成には主体的に取組んできた歴史がいまだ浅い。明治時代以来、意図的かつ制度的に構築された枠組みの中で、システム、機関、組織、集団、意識の各レベルにおいて研究志向を強めてきた経緯があることは、その事実を如実に物語る。専門職を意識するならば、研究と同時に教育へのコミットメントを強く意識することが不可欠の課題となるのであり、システム、機関、組織、集団においてその視点を明確に措定して、さらに大学教員の意志にとどまらず行動へと顕現しなければならない。実際にＦＤを事例に考えれば、ＦＤの大学への制度化、教員へのエトスの主体的な内面化、実際の教育・授業活動の実践、学問的生産性の質の高いアウトプット、などが実現されなければならない。

その点、ＦＤ先進国の英米と比較して、とくにアメリカと比較した場合、日本との相違点は何かを観察してみることは、不可欠の作業である。そのことをとおして、例えば、①ＦＤの制度化が日米間には二〇年以上の落差があること、②教員へのエトスの主体的な内面化の点では日米間に自律性と他律性において相当の相違があること、③実際の教育・授業活動の実践並びに教育効果に日米間の格差があること、④学問的生産性のアウトプットが日米間に学問中心地と周辺地の格差をもたらしてきたこと、などが指摘できるに違いない。この点の詳細に関しては、本書の中で縷々議論し、検証することにしたい。

日米比較

今指摘したことは、専門職の考え方に関する国際比較の必要性があること、とくに学問中心地を形成してきたアメリカの専門職観と学問的生産性との関係が関心を呼ぶことからして、日米比較の視点からの考察が欠かせないとの認識をもたらす。少なくとも、ＦＤを議論する場合には、①アメリカは先進国であること、②日本はアメリカのモデルや概念を移植したこと、③現在の日本におけるＦＤの制度化の段階はアメリカの初期段階と類似していること、④制度化の比較によって両者の学問観、大学間の相違が観察できること、④日本の専門職観、ＦＤ観の今後の展開を考える場合、アメリカ型と日本型の相違を明らかにする必要があること、などの点を考慮する必要があろう。

第四節　本書の論点と構成

一　本書の論点

それでは、本書では何をどこまで明らかにするか。すでに言及したことを含め、いくつかの論点があるが、主に次の三点を重視したい。すなわち、①大学教授職の国際比較研究の視点―専門分野の視点、②専門分野からみたＦＤ論の展開、③アメリカのＦＤの到達点、④日本のＦＤの制度化と問題点と課題、⑤今後の展望、である。

国際比較

第一に、大学教授職の国際比較によって、日本の大学教授職の性格や課題を分析する。その場合に方法的には、専門分野の視点からのアプローチが重要であるとみなす。学問の府である大学が知識、とりわけ上級知識や専門知識を素材になりたつ点に立脚すれば、専門職論の根底に知識論が横たわり、知識社会学や科学社会学の視座から専門職の定義や論議を展開することは不可欠である。実際にこうした専門分野の視点から専門職を捉える場合には、従来の専門職の到達点としてのアメリカの大学教授職に注目してみることが、日本のそれを考える場合に、参考になるはずである。なぜならば、現在、アメリカの大学は種々のデータを駆使して分析した場合に、世界の学問中心地を極めていると観察されるし、そうした世界水準の大学を実際の活動において構築しているのは、他ならぬアメリカの個々の教員であり、個々の教員の集合体である教員集団であり、大学教授達であり、さらには大学教授職であるからである。大学教授職の力量がシステムや機関や組織を支え、世界的水準の良質の研究、教育、サービス活動を展開し、学問的生産性を高めているからこそ、世界的な競争力を保持できるはずである。学問周縁地から出発した、日本の大学は欧米先進国の学問中心地の大学をモデルにキャッチアップに努めてきたが、研究と教育の両方に指導性を発揮しているアメリカの大学や大学教授職が有力なモデルになる公算は少なくない（有本、一九九四）。

専門分野の視点

第二は、専門分野の視点をＦＤ論に敷衍した考察を行う。実際にＦＤとは何かを、全体的に把握する観点から、ＦＤの構造と機能に関する分析枠組みを吟味してみる必要がある。したがって、専門分野とＦＤの関係を吟味した後に、ＦＤの構造と機能を探求するために、ＦＤの社会的条件、社会的機能、社会的構造を明らかにする方法を研究することが欠かせない。同時に、こうした構造や機能を持っているＦＤ制度は大学の中に組み入れられて現実に役割を遂行するのであるから、役割遂行の実態を考察することが必要である。具体的には、ＦＤの制度化と現実の機能との実態に関する国際比較研究によって、先進モデルと日本の実態との比較によって、現在の課題を明確にする作業を手掛けることになる。

アメリカモデルとの比較

第三は、第二と連動しているが、アメリカ型をモデルとして研究する。国際比較の中から、先進モデルを摘出すると、現在の先進モデルは英米二カ国になることが分かる。とくにアメリカが狭義と広義のＦＤの関係を踏まえて、先駆性を示している実情を踏まえると、アメリカの動向との関係を考慮しながら日本の今後の進路を考えるのは適切な選択であろう。その点、アメリカの動向を観察すると、一九七〇年代の初期段階では狭義の側面、つまり教育や授業に特化した活動の特徴が種々見られたものの、その後今日に至る第二段階では、次第に大学教授職の人的資源が持つバイタリティやライフサイクル全体を通してのアカデミック・キャリアといった広義の側面に関する研究や実践に比重を移行させる動きが見られる(Cf. Alstete, 2000)。

日米比較の観点から見ると、日本の一九九〇年代以降から今日の動きは、アメリカの第一段階の経験をなぞっているとの印象を払拭できない。その意味で、一九七〇年代以降のアメリカの実態と今日の日本の実態とを比較して考察することは意義のあることである。しかし同時に、両者の第一段階は表面的には似ているにもかかわらず、必ずしも同質であると判断することはできないかもしれない。アメリカの場合は、第一段階といっても、すでに前史として、イギリスの学寮制を踏襲して、中世大学以来の伝統であるリベラル・アーツ教育を受け継ぎ、さらに中世大学が蓄積した第一層を経験的に踏まえているからである。これに対して、日本は第一層を欠如し、第二層から出発した歴史を持ちながら、第一層の経験を想起しなければならないという課題を担っているのであり、そこに限界があると同時に日本固有の挑戦があることになると言えよう。

日本型の特徴

第四に、日本型の葛藤を研究する。大学の八〇〇年の歴史からすれば、日本の大学は近代社会において誕生した点で、欧米のような過去の経験をシステム内に蓄積した実績が乏しく、過去の記憶を呼び起こそうにも経験が無く、無理に想起するには、欧米から輸入せざるを得ない。考えてみれば、今問題にしている専門職もＦＤもいずれも輸入概念であり、欧米の理念や規範の移植や翻訳によって構築された世界であると言っても過言ではあるまい。そのことは、先進国モデルに追いつくために近代化を図る後発国には避けて通れない宿命であるとしても、移植して定着させる過程には必然的に緊張や葛藤を経験せざるを得ない。したがって、ＦＤの制度化の過程を辿れば、欧米型と日本型の専門職やＦＤ観の間に少なからぬ齟齬や葛藤が生じるのは無理からぬ道理であるとの仮説が成り立つのではあるまいか。そのような現実を踏まえて、日本型の固有性を持った方向を模索し、構築することが課題となっていると考えられる。

二　本書の構成

本書は、序章のほかに第一部から第三部までの三部・八章構成になっている。各章は序章で披瀝した視点を踏まえてこれまで著した著作を収載して構成している。具体的には、序章「大学教授職とＦＤの研究」に続いて、第Ｉ部「大学教授職とＦＤ—専門分野の視点」では、第一章「大学教授職の国際比較」、第二章「ＦＤの構造と機能」を、第Ⅱ部「アメリカのＦＤ」では、第三章「アメリカにおけるＦＤの動向」、第四章「諸外国とアメリカにおけるＦＤの制度化」を、さらに第Ⅲ部「日本のＦＤ」では、第五章「ＦＤの制度化の開始と展開」、第六章「ＦＤの制度化と葛藤の類型」をそれぞれ配置し、最後に全体のまとめとして終章「高等教育改革と大学教授職—研究と教育の関係」を配置している。

注

(1)　次の文献参照。有本章『大学人の社会学』学文社、一九八一。同『マートン科学社会学の研究』福村出版、一九八七。同編『大学教育の改善に関する調査研究』高等教育研究叢書5、一九九〇。同編『学問中心地の研究』東信堂、一九九四。『大学教授職の国際比較』（江原武一と共編）玉川大学出版部、一九九六。同訳『大学教授の使命—スカラーシップ再考』（Ｅ・ボイヤー著）、一九九六。同編集代表『ＦＤの制度化に関する研究』一、二（ＣＯＥシリーズ九・一〇）二〇〇四。

参考文献

Alstete, J.W., 2000 *Posttenure Faculty Development*, Jossey-Bass.

Altbach, P.G., and Finkelstein, M.J., 1997 The Academic Profession: The Professoriate in Crisis, Garland Publishing, Inc.

天野正子、一九八六「専門的職業」『新教育社会学辞典』東洋館出版社、五七六‐五七七頁。

有本章編、一九九一『諸外国のＦＤ／ＳＤに関する比較研究』高等教育研究叢書一二号。

——編、一九九四『学問中心地の研究—世界と日本にみる学問的生産性とその条件』東信堂。

Armytage, W.H.G., 1955 *Civic Universities*, Benn.

Ｂ・クラーク編著、一九九九（潮木守一監訳）『大学院教育の研究』東信堂。

——、二〇〇二（有本章監訳）『大学院教育の国際比較』玉川大学出版部。

別府昭郎、一九九八『ドイツにおける大学教授の誕生』創文社。

Caplow, T. and R.J. McGee, 1965 *The Academic Marketplace*, Doubledy.

Clark, B.R., 1987 *The Academic Life: Small Worlds, Different Worlds.* The Carnegie Foundation for the Advancement of Teaching.

Ｃ・カー著、一九九八（喜多村和之監訳）『アメリカ高等教育の歴史と未来—二一世紀への展望』玉川大学出版部。

Halsey A.H. and Trow, M.A., 1971 *The British Academics*, Harvard University Press.

Ｈ・シェルスキー、一九七〇（田中昭徳ほか訳）『大学の孤独と自由』未来社。

Ｈ・ラシュドール、一九六八（横尾壮英訳）『大学の起源』上中下、東洋館出版社。

伊藤彰浩編、一九八八『ファカルティ・ディベロップメントに関する文献目録及び主要文献紹介』広島大学大学教育研究センター。

伊藤秀子・大塚雄作編、一九九九『ガイドブック大学授業の改善』有斐閣選書。

片岡徳雄・喜多村和之編、一九八九『大学授業の研究』玉川大学出版部。

絹川正吉、一九九五『大学教育の本質』ユーリーグ。

喜多村和之編、一九八八『大学教育とは何か』玉川大学出版部。

黒羽亮一、二〇〇二『大学政策改革の軌跡』玉川大学出版部。

三尾忠男・吉田文編、二〇〇二『ファカルティ・ディベロップメントが大学教育を変える』文葉社。

文部科学統計要覧（平成一六年版）、文部科学省、二〇〇四。

Perkin, H.J., 1969 *Key Profesion,* Routledge & Kegan Paul.

関正夫編、一九八九『大学教育改革の方法に関する研究―Faculty Development の観点から』高等教育研究叢書二号。

セミナー・ハウス編、一九九九『大学力を創る：ＦＤハンドブック』東信堂。

新堀通也、一九六五『日本の大学教授市場』東洋館出版社。

――編、一九六九『学閥』福村出版。

――編、一九八一『学者の世界』有信堂。

――編、一九八四『大学教授職の総合的研究』多賀出版。

竹内洋、二〇〇一『大学という病―東大紛擾と教授群像』中公叢書。

寺﨑昌男、一九九八『大学の自己変革とオートノミー』東信堂。

Wilson, R., 1942 *The Academmic Man,* Oxford University Press.

W・カミングス、一九七二(岩内亮一・友田泰正訳)『日本の大学教授』至誠堂。

横尾壮英、一九九九『大学の誕生と変貌―ヨーロッパ大学史断章』東信堂。

Ⅰ部　大学教授職とＦＤ

――専門分野の視点

一章　大学教授職の国際比較

第一節　大学教授職の性格の曖昧性

大学教授職の国際比較においては、①大学教授職の定義、②法的特質、③制度的組織的構造、④大学教授職の形成過程、⑤キャリアの構造と実態、⑥社会的機能と役割、⑦大学教授市場、などさまざまな角度からの研究が必要と考えられる。筆者は、これらの角度からすでに若干の研究に携わってきた。とくに、⑥の大学教授職の社会的機能と役割の中で、研究と教育の側面に重点を置き、とりわけ研究における諸問題を扱い、「学問的生産性」(academic productivity) に関する基礎的研究を行ってきた(1)。しかしわが国ではこの領域における体系的な研究は十分なされているとはいえないといえる。まず「大学教授職」という概念自体、その定義や内容が必ずしも十分に検討されているとはいえない実情にあるし、また、大学教授職に関する国際比較を行う場合の分析枠組みも必ずしも明確になされているとはいえない(2)。さらに学問的生産性に焦点を当ててみても、その基礎をなす「専門分野」(discipline) の視点からの研究は系統的になされているとはいえない実情にある。

そこで小論では、これらの問題を踏まえ、大学教授職の国際比較の枠組みを考える視座から、専門分野の視点に注目し、学問的生産性の発展を条件付ける構造と特質をアメリカの大学と大学教授職の発展に位置づけて考察してみたい。その理由は、後述するように、アメリカを俎上にのせるのは、現在の学問中心地を形成しているとみなされるからであるし、日本のモデルとして先行していると考えられるからである。

大学教授職の定義

国際比較の枠組みを考える場合、上記①ともかかわって、大学教授職の定義をしておく必要があるが、実際には大学教授職は、語義的と性格的と二重の意味で曖昧な概念であるといえるのであって、むしろ曖昧性を認めるところから考察を出発せざるを得ない。もとより大学教授職という用語は academic profession という原語の邦訳である。この言葉は邦訳としてしばしば使用される割には、使い方自体未だ定着しているとはいえず、大学教授職と漢字表記したり、アカデミック・プロフェッションとカタカナ表記したり、まちまちの使用方法が認められるのであり、用語的にはいずれは統一しなければならないという課題を担っている。外国の文献ではあまり定義も加えられずに無造作に使用されているように見えるにもかかわらず、日本に移植して訳語を当てて使う場合に抵抗があるのは、文化や風土の違いをその言葉に刻印しているからにほかならないと考えられよう(3)。

また、性格的曖昧性について言えば、わが国ではもとより、高等教育研究が進み、研究蓄積が進んでいると思われるアメリカにおいても、系統的研究によって十分に明確化されているのではなく、期待したほど十分な成果はあがっていない、という評価が行われている。クラーク (Burton R. Clark) が「一九八〇年代中葉にあっても殆ど何も分かっていない」(Clark, 1987, p.2)と指摘するごとく、アメリカにおいても、それよりも研究が遅れている諸外国においても大学教授職についてあまり多く知られている実情にあるようには思えない。したがって、大学教授職というものの性格、特質、定義においても必ずしも明確にされているといえるのではなく、未だ曖昧なままになっているといわなければならないのである。例えば、ハルゼー＝トロウ(Halsey and Trow, 1971)のごとく大学教授職は単一の専門職であるとする観点に立つ解釈もみられるが、リアルに観察すれば、単一の専門職像は描けそうにない。なぜならばバートン・クラークが別々の書物で述べている表現を引用すれば、次のような複雑な様相を現わしているからである。

「大学教授職はおかしな職業(an odd occupation)であることは疑うべくもない。多くの専門分野から成立ち、専攻のアルファベットからいえば、人類学と天文学から西洋文明と動物学にまで延びており、すべての自然科学、人文科学、そして多くの芸術を包括している。また、他の専門職のための養成所としても作用していて、その成員は医師、弁護士、建築家、技師、そして他の上級職人の代表を含む。言ってみれば、多様性が特色である。つまり、利害の集塊状(conglomarate)が欠かせないのであって、そこでは目的と業務は主題、顧客、職業の結びつきの線に沿って、着実に分割されている。そして不明確さがそのスタイルである。」((Clark, 1987, p.xxi)

「大学教授職は諸専門職の中では風変りなもの(oddity)である。西洋の約八世紀間というもの、医学と法学のごとき他の指導的専門職のメンバーを養成してきた。最近では、養成と正当化を求めてやってきた多くの自称専門職を収容した。他の職業群が大学教授職の中に居を構え、彼らの習慣や利害を大学教授職の一部と化し、大学内に彼らを代表する専門職大学院や学部を統制しないまでも形成する。この抱き込みだけでも、医学、法学、建築、工学から成り立つユニークな連邦としての専門職を保証し、学校教育のような巨大な伝統的領域とかコンピューター科学のような新たな専攻を合併するのである。そして職業領域の混合は無限抱擁のほんの始まりにすぎない。この専門職は、主として大学システム自体に基礎を置き、学問的利害のアルファベット順を辿れば、考古学から動物学へと伸張し、自然科学および社会科学、人文科学のほとんどの領域、さらには芸術のあるものにまで及んでいる多くの専門分野に根ざしている。」(Clark, 1987, p.1)

専門職

これらの表現に見られるように、少なくとも大学教授職は、他の専門職従事者を養成する専門職であり、これは、ハロルド・パーキン(Perkin, 1968)によって、キー・プロフェッションと呼ばれている側面を表わしている。しかし、それにとどまらず種々の専門分野から成り立ち、無数の職業領域にまたがる無限抱擁的性格を持ち、分割された利害の寄せ集めから成り立つコングロマリットであり、風変わりであり、しかも不明確である、というべき性格を持つのである。大学教授職の世界は、単一で割り切れる明快な構造を持つよりも、こうした曖昧で不明確で捉えどころのない性格に彩られているところに特徴と秘密が隠されていると考えるべきなのである。

確かに、法的規則が存在するのをはじめ、教育、研究、管理運営、社会サービスにおいてその社会的機能や役割が発揮され、制度や組織があり、大学教授市場やキャリアが歴然と存在していることは推察でき、そのような形状のあることは認めなければならないけれども、個々の具体的な実態になると何もよく分からないというほかない。一国の中においてもそうであるが、ましてや国際的な広がりの中で考察するとき、十分な理解は得られないように思われる。アメリカの大学教授と日本の大学教授がどの様な相違を持っているのか、イギリスの大学教授との違いは何か、またドイツとはどのようになるのか、と質問してみれば、必ずしも十分な解答を得られないことが判明するのである。もちろん、このような曖昧性を認めそれを助長するような定義をいくらしてみても大学教授職については何も分からないのも同然であり、生産的ではない。そこで大学教授職についてもう少し系統的に研究してみることによって、曖昧性を除去する作業を行うべきであろう。

第二節　国際比較の枠組みと視点

大学教授職は曖昧で不明確であるとしても、抽象的、観念的、普遍的、規範的、アプリオリ的なものではなく、現実の社会的制度や集団のなかで規定されながら個々の大学人が構築している専門職であるから、こうした制度、集団を反映した個々の専門職固有の性格や特質がそこに具現していると考えられる。けだし社会的存在であり社会的実体がある以上、社会的、構造的になんらかの形でその性格を規定することはできるはずであり、問題はそれを捉えようとする有効な物差しの在り方の有無であろう。物差しのあてがい方によって、恐らくさまざまな大学教授職像がほのみえてくるはずであり、少なくとも、大学教授職が成立し、発展するには具体的な過程が存在することがほのみえてくるはずであると考えられる。そこにはドイツ的、イギリス的、フランス的、アメリカ的、日本的などの個性が現われるはずである。

一　B・クラークの分析枠組み

そこで、大学教授職研究の物差し、つまり枠組みを考えてみなければならない。国際比較研究の枠組みの必要性を考える場合に、すでに行われている若干の国際比較研究を踏まえながら枠組みを整理し、また基本的な視点を明確にする作業を欠かせないといえるだろう。その点、筆者はクラークの理論と実証研究が数少ない先行研究の中でも重要性の高い先行研究の一つであると考えている。なぜならば、彼の研究では①国際比較研究の希少研究モデルを提供していること、②理論と経験の両面から研究成果を集積して実績を上げていること、③広く高等教育システム研究に位置づけた視座から大学教授職の研究モデルを提供していること、④大学教授職を構造機能主義的に分析しながらも、パーソンズ・モデル（Parsons and Platt, 1973）のごとく抽象的に捉える視点をとらず、できるだけさまざまな文脈に沿って「内部主義者的視点」（internalist perspective）によって把握しようとし、しかもなおかつ「システム」（system）の視点との統合を行う試みを維持していること、⑤高等教育の社会学と科学社会学の連携の可能性を示唆していること、などにおいて成果を上げていると考えられるからである。したがって、彼の所論を紹介することも欠かせないが、それは別の機会に譲ることにし、ここでは彼の所論のなかから基本的枠組みを摘出し、それを手がかりに考察してみたい。

クラークの枠組みは、①国家的文脈（national context）、②専門分野ないし研究領域（dicipline or field of study）、③機関（institutions）、という三視点から構成されている(4)。

第一の大学教授職の国家的文脈の視点は文字どおり国際比較の観点である。国別に大学教授職の生成発展の経緯が異なり、固有の特質に彩られている点を、個々の文脈に位置づけながら具体的にみる視点をこれは指している。大学教授職に類似性や相違性があるか否かは、国別の大学教授職の生成発展の状態を突き合せ比較をしながら照合させる作業が必要である。第二の専門分野の視点は、専門分野間比較の観点であって、それは専門分野によって大学教授職の形状が異なると仮定する。個々の専門分野における性格を明らかにすることによって、大学教授職の類似性と相違性が実証的に解明されると考えるのである。第三の機関の視点は、例えばフランスのグラン・ゼコールと大学、アメリカの研究大学とコミュニティ・カレッジといった機関的類型比較の観点である。

三つの視点は第二と第三の視点を軸にして第一の視点が構成される仕組みである。すなわち、一国の大学教授職と言っても一枚岩の形状を捉えることは困難である以上、個々の専門分野と機関とさらには個々の大学人という三者の織りなす具体的な相互作用の中で一つの形状は形づくられると考えられる。一国に限定してすら三者の相互作用過程は複雑な様相を呈するため、諸国家の実態はさらに複雑きわまりないものになってしまうことは必至である。こうした困難さが予想されるとはいえ、できるだけ個々の実情を知り、具体的事実を積み重ねる作業は欠かせず、抽象的なイメージを描くのではなく、これらの各側面を観察する作業がまず必要である、といえるだろう。

専門分野の視点

これらの関係は、しかしながら、口で言うほど簡単であるのではなく、複雑に入り組んだメカニズムを持っていると予想されるのであり、したがって時間をかけた考察を欠かせない。小論ではひとまず範囲を限定して、これらの中で、高等教育を成立させ、教育と研究という仕事を規定し、大学教授職を成立させる最も基本的要因になっており、とりわけ研究とかかわって学問的生産性を考える原点をなしていると考えられる、専門分野の視点に焦点づけてみたいと思う。

この視点に限定し、専門分野の視点から見るとしても、他の視点を全く等閑に付すのではなく、オルソンとボス（Alexandra Oleson and John Voss）が「知識の組織」を研究する作業において指摘したように、基本的には専門分野の基礎を形成する知識が単独に発展するのではなく、発展のプロセスには個々の大学教授、個々の機関が関係して来ることは当然の成りゆきであるため、大なり小なり三者の関係の中で考察がなされる必要があることは言うまでもないと考えるのである(Oleson and Voss, 1979, p.vii)。

さらに、専門分野の視点から大学教授職を問題にすれば、上述したように、各国の大学教授職類型が描かれるとしても、同じ国のさまざまな専門分野に携わる大学教授職によって、異なった世界が分化していることが分かってくる。専門分野間の相違、さらにその中の専攻領域の相違は見かけは同じように見える大学教授職の世界に繰り広げられる個々別々のアカデミック・ライフ(学究生活)が見えて来るはずである。クラーク風に言えば、「小さな世界」(small worlds)でありながら「さまざまに異なった世界」(different worlds)にアプローチする枠組みと視点がそこに存在するはずである((Clark, 1987)。

二　専門分野と研究の論理

さらに、専門分野と大学教授職を問題にすることは、専門分野の持つ知識の分化(differentiation)と文化(culture)という固有の性質から類推して、必然的に科学(science)と研究(research)の問題を扱うことになる。もう一つの重要な枠組みである「機関」の視点がどちらかといえば、教育(teaching)の問題を扱うことになるとすれば、科学の社会への制度化、大学への制度化、そして大学教授職の成立を考える視点は、この専門分野との関係を無視しては成立しない。したがって、その点を強調するならば、専門分野へのコミットメントによる大学教授職の成立は科学研究とかかわって、次のようなさまざまな側面を持つと考えられる(Veysey, 1965; Oleson and Voss, 1979)。

科学研究への注目

①従来の教育中心から研究中心の価値規範が大学に制度化され、それに伴って、教育の内容も古典、人文、リベラル・アーツを主体とした教養教育は専門教育や実用教育へと移行する。②大学の基本的運営単位として「学科」(department) が制度化され、学科の中に専門分野が制度化される。③それと対応して、新興の自然科学中心の専門分野志向と伝統的人文科学系主体の教養志向の対立葛藤が深まる。対立葛藤を経由しつつ、人類の遺産や文化を伝達する、なんでも教える教師から個々の専門分野を研究し専攻領域の知識の生産活動を行う科学者、研究者の価値がたかまり、大学人は教師から研究者へと比重を移行する。大学教授の世界に複数の専門職の世界が叢生する。④科学のエトスが大学に制度化されるとともに、大学人は科学のエトスを内面化し、それにしたがった行動をとるようになる。⑤研究者のキャリアが出現し、Ph. D.に典型的にみられる形で後継者の専門職的養成が行われ、大学教授職への新人のリクルートが研究を中心に行われるようになる。(例えば日本では「お雇い外国人」教員から国産教員への移行、アメリカでは「ドイツ帰り」教員からジョンズ・ホプキンズ型の国産教員への移行、にそのような動向がみられる。) ⑥専門分野ごとの専門学会や協会が設立され、学会誌が発行されるようになる。専門家と素人の区別が次第に明確につけられるようになる。⑦研究重視の制度としてサバティカル・イヤーズつまり「研究休暇」が導入される。⑧大学教員の中に職階制が導入される。また、テニュア制(終身在職権)が導入される。そして、上級ポストへの任用、昇任に当たって、独創的研究、パブリケーション、学会活動、学問的生産性による社会的可視性など研究能力が重視されるようになる。⑨専門分野の学会とも関係するが、科学者の研究網が公式に確立されるとともに、非公式に有力な科学者を核にした「見えざる大学」(invisible college) (Crane, 1972) のリサーチ・ネットワーク(研究網)ができあがり、学者の内部に「持てる者」と「持たざる者」の格差が増大する。いわゆるマタイ効果(Matthew effect) (Merotn, 1973) が作用する。それと同時に、エリート科学者を集積した科学の

中心地が形成される。⑩科学研究活動を評価するためのピア・レビュー(同僚評価)を中心にしたレフェリー・システム、さらには大学や大学教員の質評価システムが発達する(Cole and Cole, 1973; 慶伊、一九八四)。

これらの側面は、科学知識、上級知識としての専門分野の性質が備えている普遍的性質からすれば、世界の高等教育システムにおいて早晩経過する必然性をもっているようにも考えられるが、個々のシステムの個性によって個々の展開がなされるから、一様の展開がなされるのではない。その点、この種の動向を最も典型的に示すことになったのは、アメリカの高等教育システムであり、またアメリカの大学教授職であるといえるだろう。したがって、アメリカの発展の動向はこの種の専門分野の視点を中心に大学教授職を比較考察する場合に、一つの基本的モデルを提供するとみてさしつかえあるまい。

アメリカへの注目

いま指摘したことは小論の他の問題意識である、なぜアメリカを中心に標記の主題を考察するのかという点にかかわる問題である。補足説明を加えるならば、次のような点が考えられる。①アメリカの高等教育システム、なかんずく大学システムは今世紀に入って世界の学問研究のセンターとしての役割を担い、研究と教育のいずれの機能においても、今や世界で最強の能力を誇っている、といっても過言ではない(5)。そのようなシステムは一つのモデルとして注目に値する。②産業社会の大衆化、民主化、情報化、国際社会化、学習社会化、消費者主義化、学生のニーズの多様化などに柔軟に対応した、大衆高等教育の時代に適した高等教育システムを構成している。したがって、こうしたシステムを動かす大学教授職には、システムの特質が如実に反映され、同時に大学教授職の特質がシステムに反映されているはずである。③卓越した高等教育を支えるのは、物、施設、資金など物質的要因であることも否定できないが、物や組織を動かす原動力はそれ以上にヒトであり、精神であると考えられるから、大学教授職の力量と活力に負うところが大きいと考えられる。④大学教授職の技術が研究と教育であるとすれば、アメリカの大学教授職を卓越したものにしているのは、他ならぬ研究と教育の技術であり、その基底には研究と教育の「素材」(materials) である知識＝専門分野の存在があるのであり、したがってそこから考察を出発するのは重要であるといえるだろう。科学社会学と高等教育の社会学、とりわけアカデミック・プロフェッションの社会学の学際的領域である点で、以上の部分のいくつかについてはすでに先行研究によって明らかにされているが、それらに欠如している「知識素材」(knowledge materials) に着目して専門分野の視点からアメリカの大学教授職の卓越性を探ることを試みてみる必要がある。

第三節　専門分野の視点

トニー・ベッチャー(Tony Becher, 1987, p.271) が指摘するごとく、専門分野は大学教授職における成員資格と同一視を問うための主要単位であり、大学教授職との関わりは実に大きい。専門分野は現代の高等教育を考えるときにも、機関、大学教授職とともに重要な要素を構成していて、言ってみれば三者は素材、容器、ヒトの側面から高等教育を成り立たせる役割を果たしている。とくに大学は知識の生産、伝達、消費とかかわる機関である以上、知識、上級知識、科学的知識、あるいはそれらから組成される専門分野こそは最も基本的な素材であるといってさしつかえあるまい。専門分野なしには大学は成立せず、同様に専門分野なしには大学教授職は成立しない。クラークの比喩を借りれば、大工のハンマーに対して、大学教授に対しては知識が不可欠であることになる。「大工というものがハンマーをもって打つべき釘を探し回るのだとすれば、教授というものは、一般的であろうと特殊的であろうと、知識の束をもってそれを議論すべき方法ないしそれを他者に教えるべき方法を探し回るのである。どんなに広く定義しようと狭く定義しようと、知識は素材である。研究と教育は主要な技術である。」(Clark, 1983, p.9)

専門分野の特質

この素材としての知識の上級のもの、つまり「上級知識」(advanced knowledge) (Ibid., p.13) がすなわち専門分野である。このように定義される専門分野は素材としての重要性を持つばかりではなく、それ自体の特質を備えていると考えられる。クラークは上級知識としての専門分野の特質として、①知識の専門領域が巨大化し分業化すること、②知識の専門領域の異質性と自律性が増大すること、③知識が無限の成長発展を行う性格をもつこと、④知識が累積的かつ集約的性格をもつこと、⑤知識の専門領域を中心に仕事が形成され、それを基盤にした教授集団が形成されること、などを指摘している (Ibid., pp.13-17)。

こうした専門分野の特質と大学教授職との関係を問うならば、次のようになる。すなわち、①が中世以来の伝統的リベラル・アーツと過去二世紀間に分化した専門領域の問題であり、現代における教養教育と専門教育の角逐の問題にまで尾を引いてくる側面であり、②は専門分野間の壁が厚くなり、相互の意志疎通を欠如する側面を示し、③は未知の知識の開拓を追求する研究機能とかかわる側面であり、④は知識が過去の知的遺産もしくは文化的遺産を踏まえて成立することから、カリキュラムやティーチングの問題にかかわる側面であり、さらに⑤は専攻領域を基軸に大学人集団や組織を編成する側面を、それぞれ示唆していると解されるだろう。

このようにみると、知識の分化、上級知識の形成、そして専門分野の成長と高等教育の発達、ひいては大学教授職の発達の間には密接な相互関係を持っていることが理解できる。

小論の範囲は、専門分野、研究、大学教授職に考察の焦点があるのであるから、これらの関係の中では、主として③と⑤の側面に注意を払うことになるが、専門分野と大学教授職との関係を直接論じる前に、前段階として専門分野と大学との関係を見、そこから専門職としての大学教授職が成立してくることを見ておく必要があるだろう。そこには、専門分野が大学に影響を及ぼす側面と、大学が専門分野に影響を及ぼす側面とが認められ、両者の側面に注目するならば、アメリカの大学の研究志向を中心とした個性が現われて来るはずである。

一　専門分野の大学への制度化

大学教授職の成立

前者の専門分野が大学へ影響を及ぼす側面は、実際には直接的ではなく、まず社会への影響を介して間接的に行われることになった。つまり専門分野が大学レベルに制度化される前にまず、社会レベルに制度化される側面を見逃せない。アメリカに典型的に生じるのであるが、産業社会の台頭は、分業化をすすめ、新しい職業を叢生させ、専門職化をすすめ、人材の需要を招来したため、人材養成を担当する機関である高等教育機関は未曾有の学生の増大をみることになった。また、科学主義を組み込んだ社会であり、知識の爆発を招来する社会である産業社会は、当然ながら、専門分野の台頭を促し、それを大学に組み入れる方向で作用することになる。ほぼ一九世紀の後半から二〇世紀にかけてこの新しい社会変化は、それまで象牙の塔的存在であった伝統的大学に対して仮借なきインパクトをもたらしたのである。大学が変化すれば当然ながら大学教師は変化せざるを得ず、ドナルド・ライト（Donald Light）が指摘したように、この時点から近代的な意味における大学教授職が成立して来るのである(Light, 1974, pp.2-28)。

この時点の世界的な動きについては、国際比較が必要であり、いかにして科学が大学に制度化されたかに関して、各国の実情に即して体系的な研究が行われ、それを踏まえた情報が十分に生かされれば、国によって違いがあり、国別特色を形成していることが理解できるといえる。そのためにはまず先進国の比較が必要であるが、この観点からの研究に先鞭をつけ、仏、英、独、米の比較を行ったのは、ベン＝デービッド (J. Ben-David) である（ベン・デービッド、一九八二）。彼の研究に詳細に立ち入る余裕はここではないけれども、彼も分析したように、とくに一九世紀には、先進国において専門分野の制度化が進むことになる。オルソン＝ボスはその様子を述べている。

「一九世紀前半において、科学と学識の拡大、科学的領域における適切な分析的方法の精緻化、研究の発展に必要な新しい施設と資源を求める要求によって、西欧の学術機関に主要な構造的変化がもたらされた。つまり、フランスにおけるグラン・ゼコールの設立、オックスフォードとケンブリッジの改革、近代ドイツ大学の発展である。」(Oleson and Voss, op.cit., p.viii-ix)

アメリカの事例

さて、この時点のアメリカの事例を考察するとき、①社会の性格を反映し、②外国の影響を受け、③アメリカ独自の特徴を形成したことが窺える。第一に、社会の性格の反映では、ヨーロッパに比べれば後発国でありながら、新大陸、人種の坩堝、フロンティアの国などと呼称されるように、伝統に束縛されず、進取の気風をみなぎらせた風土を持ち、多様な目的を組み込んだアメリカ社会では、こうした社会の特色である多様性が学問の制度と結合して、アメリカ的特質を形成するに至ったことを指摘できる。

第二に外国の影響をみると、最初イギリスの影響がみられる。確かに初期の段階はイギリスの影響を強く受け、伝統的なエリート中心の教養教育を主体として大学教育、カリキュラム、を構成したのであるから、新しい動きがあったとは言い難い。しかし、産業革命の実質化、新しい学問の台頭、科学の制度化が開始される時代には、各国ともそうした動きに背を向けることはできず、大学への制度化が開始されることになるのであり、その点では人文系を中心に相当の抵抗がみられるものの、アメリカも例外ではなく、とくにドイツの動きに触発されて、科学、研究を重視し、専門分野を重視する動きが顕著になる。一九世紀中葉まで多くの青年がドイツの大学に留学した。そこでの研究重視の大学文化に触発されたけれども、ドイツとは異なって、同一の機関において学部と大学院を同居させるのではない形で研究と上級教育を結合し、さらに農業、工学、商業、ソーシャル・ワークにおける専門教育を導入した。それはジョンズ・ホプキンズ大学の設置、国有地交付大学の設置などの動きとなってあらわれている。従来の教養教育を温存しながら、新しい大学院を作って、専門分野を主体とした専門教育を重視する。さらに国有地交付大学を拠点にして実学に力点をおく。アメリカの大学において社会的多様性を反映した多様性を特色とする構造がこうした動きの中で次第に形成されるのである。

第三に、アメリカ独自の特徴を形成した側面を注目する必要がある。小論の主題である専門分野との関係で見れば、その契機はアメリカ社会に台頭した専門職化（professionalization）と専門化（specialization）を志向する社会的圧力を受けとめながら、ハーバード大学において「選択制」（elective system）が導入された時点（一八六九年）にはじまり、学部段階（学士課程段階）において、個人主義と選択の自由という社会の風土を反映しながらさまざまな専門分野が大学教育に持ち込まれ、さまざまなカリキュラムが使用されることによって、実用的な性格が付与された時期にある。こうして社会の性格と大学の性格が密接に対応することになる。この部分のアメリカ的特質は、オルソン＝ボスによれば「知識それ自体のための発展を目指すという、ドイツの理念を犠牲にすることなしにアメリカの大学改革者達は彼らが実生活（real life）と呼んだものに対する広範でしかも直接的な関与とそうした目標を結合した。」（Ibid., p.xi）のだと述べられている。こうした動きは、やがて社会に役立つ学問を身につけた卒業生によって社会に貢献することになり、社会的成果をあげ、社会的可視性を高めるから、翻って社会からの見返りがなされ、進学率の増大を惹起し、世界に先駆けて高等教育の大衆化時代に突入する原因と地ならしになる。

こうしてこの時期において、アメリカでは、①イギリスやドイツなど西欧の文化的、学問的影響を継承しそのモデルを移植したこと、②アメリカ社会の性格を大学に反映し、多様で実学的な方向を組み入れ、専門分野を実学的に多様化させたこと、③大学を学部と大学院に層化し、学部レベルで選択制によって新しい専門分野を導入するとともに、大学院では研究者養成と専門職教育によって、専門分野の開拓に重点を置いたこと、④最初ドイツでの留学や学問的影響を受けたが、やがて独力で学問、科学、研究の水準を高め、後に「学問の中心地」を形成するための基礎を構築したこと、などがこの時期において徐々に特徴としてあらわれてくる。

日本の事例

同じ後発国でも日本の場合は、中山茂の言う「自由選択型」（window shopping mode）（中山茂、一九八八、一－六頁）の方法によって、高等教育モデルひいては科学モデルを導入した時期が明治維新以後の時期である。多少の前後はあるものの同様の時期に同様に外国にモデルを求めながら、そして同じように普遍的性格を持つ科学知識および専門分野を扱いながら、その後の両者の発展は、一方が「学問の中心地」を形成したのに反し、他方は依然として「周辺国」にとどまる道を選んだのである（ベン－デービッド、一九八二）。専門分野の研究志向的性質との関係に着眼すれば、そこにはさまざまな要因が作用しているので極論はできないとしても、少なくとも専門職化、専門化の時代にあって、専門分野の論理を受けとめる高等教育システムの形成の在り方が作用していると同時に、それとかかわって大学教授職形成の質的差異が作用しているといえるに違いない。その点、彼我の差異の分岐点を考えるには、専門分野の導入を大学のどの部分において行ったかという一つの問題を考えてみる必要があるのではあるまいか。そしてアメリカの大学は、それを①学部、②大学院、③学位、④職階、⑤社会的地位などに制度化することに成功したと考えられるのである。

専門分野の大学への制度化

まず、学部レベルへの制度化は当時、古い伝統的カレッジをハーバードやイエールなどで保持していたにもかかわらず、いち早く変化に対応して新しい学問を大学に吸収することに成功したことに看取できる。これはハーバード・カレッジにおける選択制の導入に端的に現われている。

第二は、大学院レベルへの制度化であり、伝統的な教養教育をリベラル・アーツ・カレッジに残して、科学研究部分の制度化は新設した大学院において行うことに成功した。西欧とくにドイツへの遅れは、一九世紀中葉までは、ドイツへの留学が不可欠であったという実情に如実に裏書されている。選択制でカリキュラムに盛り込まれた、専門分野である化学、物理学、現代語、ヨーロッパ史、社会科学などは専門家の養成が欠如しており、ドイツへの留学が余儀なくされた（Oleson and Voss, op.cit.）。この状況を自前で教員を養成する装置を開拓することによって克服し、成功裡に改革した意義は大きい。

第三に、学位への制度化。西欧の大学の基本的には博士号だけを基本にするシステムに対して、アメリカでは、この時点に学位の層化を制度化する試みを開始した。学士、修士、博士号の制度的分化の着手である。さらに、後に発達するジュニア・カレッジ、あるいは最近のコミュニティ・カレッジでは、アソシエイト（associate）学位が授与されている。専門分野との関係が最も顕著に現われているのは、大学院で授与される学位であり、とくに専門分野の専攻領域で上級研究を行い、顕著な業績を修めた場合に授与される博士号である。ヨーロッパ型の学位が学者や大学教授の養成へと繋がる博士号（Ph.D.）であるのに対して、それを踏襲する部分と同時に、プロフェッショナル・スクールを設置して高度専門職の養成へと繋がる博士号を創設した点は、専門職社会や資格社会の到来に先行した制度的発明である。学位ではないが、今日、ポスト・ドクトラル（post doctoral fellowship）は準学位的位置を付与されているのであり、博士号取得後一定期間いずれかの機関で研修を行うことによって、専門を深める仕組みになっている。これも専門分野の学位への制度化と考えてさしつかえあるまい。

このようにみれば、専門分野の分化の度合の一番低いアソシエイトからその度合の最も高いポスト・ドクトラル段階まで五つの層化がなされていることになる。これは明らかに知識、学問の分業化を反映し、専門分野の増殖機能に対応している。専門分野の発達はアルファベット順で言えば、archaeology から始まり、zoology に至るヨコ方向への無数の学問分化を押し進めるとともに、タテ方向へもこの種の学位を多様なものにする力学を持つが、アメリカではこの縦横への分化の動きにいち早く制度的に対応することに先鞭をつけたといえる。

第四に、職階への制度化。専門分野の増殖はさまざまな学問を分化する方向へ作用するが、それは大学教授職と結合し、さらに機関と結合するとき、地位のヒエラルヒーを構成する方向へ動く。大学教授職は知識の専門分野に対して研究を通していかに精通し、いかに同僚から評価され、いかに学問的発展に貢献しているか、といった研究の視点を重視するようになり、そのためそれを評価する尺度と職階が結合する。フェローと呼ばれ、職階があまり明確でない時代は、知識の未分化と専門分野の未発達の時代に概して該当する。だが、職階はシカゴ大学のハーパー学長が職階制を導入して以来、普及することになった（Rudolph, 1962, p.398）。そこには、官僚制の発達を看取できるとともに、従来の大学教育で比重を占めていた授業や教育に対して、研究の比重を高めることを組み込んだ専門分野の論理が作用していると解されよう。

第五に、社会的地位への制度化を見逃せないだろう。学位や職階などは専門分野が地位のヒエラルヒーと結びつく力学を潜在的に備えていることを暗示する。後述するように専門分野自体がコード化（codification）の観点から見た場合、ヒエラルヒーを形成する性質を持つのは避けられない。したがって、専門分野の内的論理、学位、職階などが結合することによって、専門分野の社会的地位や序列ができる。具体的には既成の伝統ある学問、学位、大学、学部、職階などと結合した専門分野は高い威信を享受することになり、高い威信は報賞体系（reward system）と結びつきますます高い威信を獲得し、同時に高い威信は「社会的可視性」（social visibility）によってさらに高い威信を付与されることになる[6]。物理学、化学、生物学、工学、医学、農学といった理系の専門分野に威信体系が成り立ち、文学、法学、経済学、社会学、教育学といった文系の専門分野にも同様の体系が成り立ち、さらにはこれら理系と文系の間にも体系が成り立つ。

アメリカと日本

差異の分岐点は専門分野が大学の中のどの運営単位（operating unit）と結合したかという問題ともかかわっている。運営単位の国際比較をすれば、アメリカの運営単位はヨーロッパ大陸型の「講座制」ではなく、一八二〇年頃から「学科制」を導入し、その部分と専門分野が結合したところに特色がある。専門分野が大学の機関の中で研究・教育の機能の中心となる運営単位のいずれのものと結合するかは重要である。ヨーロッパ大陸の大学は講座制を伝統的に敷いているため一つの専門分野と一つの講座が結びつく形態をとる。講座主任がゼミナールや研究所を主宰するが、いきおい講座主任の権限はきわめて強い。その意味で権限は「個人支配型」(personal rulership) であるが、同時に講座主任は同等の権限で学部の運営に携わるから「同僚支配型」(collegial rulership) の権限を併せて持つことになる。そこでの研究・教育の組織形態は基本的にギルド徒弟制である (Clark, 1984, pp.110-116)。クラークがヨーロッパ大陸型講座制の基本様式としていち早く研究を試みたイタリアに典型に見られるように、その構造特質は一言で言えば閉鎖性である。伝統的学問の維持には長所を発揮するけれども、専門分野が持つ研究を主体とした異質性を重視する傾向とはあまり馴じまない硬い構造を持っているのでもあり、異質な要素を育てることによって、新しい専門分野の発展を開くには十分ではなく、結果的に学問の発展を阻害することにもなる (Clark, 1977)。この文脈におけば、基本的にドイツをモデルとして講座制を導入してヨーロッパ大陸型を踏襲した日本とは対照的にアメリカは学科制を導入し、専門分野の性質に対応した開放的運営組織、指導体制、ピア・レビューなどの慣行を形成し、結果的に学問の発展を推進することになった。

二　大学変動の専門分野への影響

科学政策

前者の専門分野が大学に影響を及ぼす側面とは逆に後者の大学が専門分野へ影響を及ぼす側面をみると、そこには

①科学政策、②規範の変化、③大学の変化などによる影響が考えられる。まず①社会が政治的、経済的に一定の制約を与えるならば学問の発展は促進されたり阻害されたりするに違いない。有効な科学政策、高等教育政策の確立は、専門分野の分化を促し、競争力をたかめ、学問の水準を上げることができ、他方その失敗は学問の発展を阻害する。マートン（Merton, 1973, pp.257-258）の検討した科学のエトス（ethos of science）の中で、とくに「普遍主義」（universalism）と背馳するナチスの科学政策はドイツの学問の発展に打撃を与えたが、同様に大学の場合においても、その科学政策の在り方はその大学の学問の発展に影響を及ぼさずにおかない。つまりマートン流に言えば、科学のエトスを大学において確立することによって専門分野の発展を刺激する機能的影響を保持することが可能である。

大学の規範の変化

②大学の規範の変化は、さまざまな観点で捉えられる。巨視的変化を見るためトロウ（Martin Trow）のモデルを使えば、エリート型、マス型、ユニバーサル型という変化が区別できる（トロウ、一九七六）。科学のエトスが大学に制度化され、科学研究への理解が高まり、専門分化の影響度が増すのは、科学の制度化が進行する近代大学以降であるから、エリート段階も多少含むとしても、本格的にはほぼマス型段階以降であると考えれば、知識も規範に応じてエリート型、マス型、ユニバーサル型の構造をとることになる。概して知識の閉鎖構造から開放構造へと変化する。しかし、開放構造へと向かう同じマス型であっても、機関の分化に応じてさらに差異が認められる。アメリカの大学の場合、機関は、研究大学、専門大学、総合大学、リベラル・アーツ・カレッジ、コミュニティ・カレッジなどに分化しているから、それらの制度的期待は異なり、科学のエトスを最も制度的に内面化している「研究大学」（research universities）では専門分野志向と研究への同調度の側面は強く、その対極にあるコミュニティ・カレッジでのこの側面は弱い。いわば研究文

化と教育文化が存在する。制度的期待の差異は機関に所属し、専門分野を扱う大学教授職における分化を助長することは否めず、大学教授職における研究文化と教育文化の差異化を招来する。

調査によれば、「学問的生産性」(academic productivity)を指標にした機関間の差異は大きく、研究大学では論文、著書などパブリケーション活動が活発であるのに対して、コミュニティ・カレッジではあまり活発ではない。同じように大学院を卒業して、研究者になる組合員証としてのPh.D.を取得している大学人でも研究大学とコミュニティ・カレッジのいずれに配置されるかによって、専門分野に対する関与の仕方が変化する。研究大学の教授は研究に勢力を投入しているのに対して、コミュニティ・カレッジの教授は研究よりも教育に生きがいを見いだしていることが報告されている(Finkelstein, 1984, pp.96-105; Clark, 1987, pp.82-89, p.227)。

研究大学の中でも学問的生産性を指標にして比較するならば、やはり研究志向的機関とそうでない機関の層化が認められる。これは専門分野が機関のヒエラルヒーを形成する方向で作用するとともに、機関が専門分野へのインパクトを持ち、さらに研究志向のエトス、制度的規範、役割期待、風土、文化、行動、意識を形成し助長するからにほかならない(7)。こうして、専門分野、機関、大学教授が三位一体になって学界固有の構造と風土ができあがるばかりか、このアメリカの学界は一国の全国学界の水準を決定するばかりか、その水準が国際学界でのその国の学界の水準を形成することになる。現在、多くの専門分野で世界の学界をリードしているアメリカの学界は、この種のメカニズムを各機関においてはたらかせ、研究水準を高めていることを裏書していると考えられる。

大学の大衆化

③大学の変化にはさまざまな側面が考えられる。大学が大衆化し、学生の要求が多様化して来ると、それに対応す

る新しい学問領域を設定する必要が生じる。この側面は、上述したようにアメリカの場合は、ハーバード大学の学士課程において選択性が導入された時に先鞭がつけられた。無数の個々の学生による無数の要求に応えようとすると学生の数だけの個別学問が必要となり、自由選択の論理が働く選択制には、学生の量が増えるほど専門分化を必要とする力学が作用する。他方、大衆化した大学では学生は研究者や学者や専門家にだけ養成されるのではなく、市民やサラリーマンに養成される層が増大する。エリート時代とは異なって、学生の質の多様化、成長発達の違い、「不本意就学」「一般学生」の増加など、新しい状況が生じるから、この側面から専門分野に対する抑制的影響が作用する。専門化が進めば進むほど、一般教養や教養教育として種々の学問領域を統合して市民生活や職業生活の準備を行う大学レベルの基礎教育や高等普通教育が不可欠になるのでもある。こうして、これら専門分野の分化とその抑制との葛藤する時代が到来する。

その点、ヨーロッパ大陸の大学がもっぱら専門教育に専念するのとは対照的に、アメリカの大学は現代を先取りした形で学部段階にリベラル・アーツ・カレッジを持つことによって、専門分野の分化が進み専門教育と一般教育の葛藤が増す時代において、学士課程での学問の統合化ないしコア化を不断に持続する装置の役割を担っているのである。

専門分野の論理

④ただ、そうは言っても、機関からのインパクトによってすべて専門分野がその言いなりになるかといえば、そうではなく、上述したように、専門分野の論理が作用して、独自性を主張することを無視できない。大衆型大学では、学生のニーズの多様化に伴いすべての専門分野を学生に開放しなければならないという制度的期待が作用するけれども、実際には専門分野の性質を反映して、その実現に限度があることは否めない。例えば数学のような学問はそれほど開

放的ではなく、初級、中級、上級などの難易度があり、初心者や素人がいきなり参入するのを拒む力学が働いている。これに対して、社会科学や人文科学の諸領域の中には、積み上げが無くても、誰でも容易に専攻できうる領域がある。つまり、学問には一種のヒエラルヒーが存在し、大衆化に馴じむ分野と馴じまない分野が歴然と分化している事実は否めない。馴じむ分野は開放的性格を持ち、馴じまない分野はエリート的性格を持ち、前者は初学者に教授できるが後者は教授が難しい。このような学問のヒエラルヒーが機関の層化を促進するとともに、他方、学問のヒエラルヒーと機関のヒエラルヒーが結合して、分業化が進み、学士課程では基礎的コア的領域、大学院では専門的領域、前者では初級的レベル、後者では上級的レベルの知識が扱われるように配慮される。コミュニティ・カレッジのような大衆化の圧力と要請を最も強く受けるところでは、何でもメニューとして存在するかたわら、大学院では専攻がますます厳密になる。

アクセスの統制

⑤機関から学問への影響をとらえる側面で他の重要な要因は、アクセスの統制、つまり入学者の制限である。これは人口要因とかかわり、エリート=選良といわれるごとく、エリート段階の高等教育では人口比において入学者数を統制する。エリート型とか大衆型などの類型化を規定する要素でもあるこの入学制限は学問に対して作用し、エリート型時代の学問はエリート的性格を、大衆型時代の学問は大衆的性格を招来する力学を持つとみなされる。社会の中の少数の階層にのみ開かれた学問から多数の階層に開かれた学問へと移行する。この文脈から言えば、現代の学問は一般的には大衆化したことになる。しかしながら、すべての学問が同様に開放されたのではなく、社会の要請あるいは市場のニーズを媒介にしながら、格差が横たわる。例えば医学部のごとく志願者が多くアクセスに統制が行われる

学問領域は、自ずと制度的期待ひいては学問的威信が高まり、大衆型の大学の時代にあってもエリート的地位を保持する(Burn, 1978)。それに呼応して、当該学部の教授団は威信を高める。

第四節　専門分野と大学教授職の関係

アメリカの大学に専門分野が制度化され、研究志向のシステム整備が成立する背景を以上にみたが、その動向は専門分野の研究志向の動因を吸収することに成功した動向とみなせる。そしてその過程で実際に専門分野という素材と機関という容器を結びつける仲介者あるいは触媒の役割は大学人というヒトが担う以上、専門分野＝研究を媒介にして大学教授職が成立し、大学教授職は専門分野を基軸にした仕事、すなわち研究および教育、とりわけ研究と結合することになったのである。

一　専門分野と仕事

専門分野が大学教授職を成立させることは、裏を返せば専門分野が大学教授職における仕事を規定することにほかならない。そこで専門分野の特性をもう少し細かく観察すれば、アメリカの大学と大学教授職がその性質にいかに適切に対応したかという事実を裏付けることができるとともに、仕事と大学教授職のさまざまな世界を見ることができる。

まず、専門分野はアカデミック・ワーク (academic work) つまり大学の仕事を規定する、ということができる (Clark,

1987, p.89)。知識の生産、伝達、消費の中で主として、生産と伝達を行う大学では、このような知識の属性を備え、科学知識を素材として組成されている専門分野が生産され、伝達されるのであるが、それは研究と教育という大学の重要な社会的機能である仕事にほかならない。

専門分野の分化

専門分野は分化する。そのため、それに呼応して専門分野を素材として成立する仕事の内容は差異化する。専門分野の分化の度合を、例えば一九八四年のカーネギー調査に基づいた集計によって分類すると、専門分野（および専門職的領域）と教授団の関係が分かる。これによると、①物理科学（数学および統計学、化学、物理学、地球化学など）、②生物科学（生物学、生理学および解剖学、細菌学・分子ウイルス学・微生物学、生化学、動物学、植物学など）、③社会科学（心理学、社会学、経済学、政治学、人類学および考古学、地理学など）、④人文科学（英語および英文学、外国語および外国文学、歴史学、哲学など）、⑤「ハード」専門職（工学および工業技術、農業および林業、医学、歯学、その他保健領域、建築およびデザインなど）、⑥「ソフト」専門職（教育、ビジネス・商業・マネジメント・芸術、身体・健康教育、ホームエコノミクス、法律、ジャーナリズム、ソーシャル・ワーク、宗教および神学、図書館科学など）の六つのクラスターに類型化されている。各クラスターの比率は、一三％、七％、一三％、一七％、二〇％、三〇％の各割合となる。「ソフト」専門職の比率が一番多く、生物科学の比率が一番少ない構成になっている（Ibid., p.37）。

複数の学者共同体

これら各専門分野は学問的性格にしたがって、仕事の種類と内容を規定することになるのであるが、同じ研究といえども研究の方法、内容、組織などはけっして同一ではなく、同様に教育の仕方も専門分野によって異なる。数学の研究と英語の研究は異なるし、数学の教え方と英語の教え方も異なる。同様に、物理学と社会学もそうである。そこには専門分野の数だけさまざまな研究と教育のスタイルが存在すると言っても過言ではない。実際には、各専門分野ごとの教授団が成立し、仕事が行われる仕組みになることから、研究と教育のスタイルは教授団ごとに随分異なることを意味する。このように考えれば、大学教授職の世界はけっして一つではなく、そもそも単数の「学者共同体」(a single "community of scholars")というものは成立しないことが歴然として来る(Cf. Clark, 1983, p.91)。大学人は単数の専門職に所属するのではなく、専門分野の規定する多種多様な仕事に準拠する専門職集団に所属していることが分かるのである。

二　専門分野の文化とアカデミック・ライフ

この大学教授職は単数ではないという論調は、専門分野の性質を研究する視点を踏まえる時、必然的に得られる結果である。例えばアンソニー・ビグラン(Anthony Biglan)、ライト(Donald Light)、デヴィッド・コルブ(David A. Kolb)、ベッチャーなどの文献からそうした論調の帰結をみることができる(Biglan, 1973; Light, op.cit.; Kolb, 1981; Becher, 1981, pp.109-122; 1987, op.cit., 1984, pp.165-198)。かくして、大学教授職といっても、個々の専門分野とそれの集合体であるグループによって異なる世界が現出することになる。

まず①小さな専門分野グループ(講座、学科、研究所レベル)でみると、数学の教授と物理学の教授と、英語の教授はそれぞれの専門分野を専攻しているため、その仕事の性格は内容的に変化する。専門分野は主要な仕事の中で、研究と教育の比重を異なるものにし、研究や教育への時間配分、研究や教育の内容、研究や教育のスタイル、社会サービスや管理運営への関与の仕方などを規定する。例えば理科系では実験中心であり、実験室型研究が行われ、機械装置が必要であり、徒弟制度、協同研究が顕著にみられるだろうし、研究時間に多くの時間を要するであろうし、社会サービスや管理運営への時間捻出は容易ではないであろう。これに対して文科系、とくに人文科学では、書斎、個人研究がみられるだろうし、理科系に比べて社会サービスや管理運営に振り向ける時間は多少余裕があるだろう(8)。理科系では概して厳格な積み上げ方式の教育が行われるのに対して、文科系ではそれほど厳格な積み上げ方式ではない教育が行われるであろう。

これらのことは、数学の文化、物理学の文化とか、経済学の文化、歴史学の文化、あるいは文科系の文化、理科系の文化など専門分野による文化が成立することを意味する。クラークは数学の文化を次のように述べている。

「数学の文化は数値の上で明確な観念群の持つ内的論理と一貫性を強調する。基本的なスタイルは優雅さと正確さを結合させる。これはクラシック音楽においても見いだせる結合様式である。数学の好きなものは、バッハやモーツアルトが好きであるという数学―音楽症候群は広く認められてきている。彼らが扱う素材は数学者をして、大部分のその他の専門分野、とりわけ社会科学と人文科学の質的な専門分野にみられるものとは、ひどく異なった思想やコミュニケーションのスタイルへとおもむかしめる。文書によるコミュニケーションは短く、数学的シンボルによって表現された、高度に濃縮された知識が恐らく数ページほどあるだけにすぎない。これとは対照的に歴史家はわずか三ページでは始動できない。別の人々は机、部屋、書物の充満した図書室を必要とするだろうが、創造的な数学者は時間を決めて、コーヒーを飲みながら壁かバイオリンをじっと見つめることを必要とするか、さもなければ黒板にチョークと黒板ふきをもって立ち向かうことを必要とする。彼は自分のキャリアの初期から、物理学とか化学のような境界領域の学者達を含めて、他の学者達とは異なっているのだという深い感覚能力を持ちやすい。」(Clark, 1983, p.77)

ビグランは、ハード・ソフト(hard-soft)軸、非生命・生命システム(nonlife-life system)軸、純粋・応用(pure-applied)軸の三次元から八つの専門分野(academic task areas)群を分類している。それによれば、例えば「ハード・非生命・純粋」型には天文学、化学、地理学、数学、物理学、「ソフト・純粋・生命」型には人類学、政治科学、心理学、社会学などが属するとしている(Biglan, 1973)。

知識の性質と専門分野の類型

ベッチャーはビグランより簡素化して、知識の性質と専門分野の類型との関係を論じている。つまり、ハード―ソフト軸と純粋―応用軸とを交差させて出来る四つの専門分野を類型化させる。①「ハード・純粋」型は純粋科学(例えば物理学、生物学、植物学、動物学)であり、知識の性質は、累積的、原子的(水晶状かつ樹木状)であり、普遍性、量、単純化などに関心を持ち、発見と説明へと帰結する。②「ソフト・純粋」型は人文科学(例えば歴史学)と純粋社会科学(例えば人類学)であり、知識の性質は畳成語(reiterative)的でかつ全体論的(有機的かつ川状)であり、特殊性、質、複雑性などに関心を持ち、理解と解釈へと帰結する。③「ハード・応用」型は工学(例えば機械工学)的であり、知識の性質は合目的的で、プラグマチック(ハードな知識によるノウハウ)であり、物理的環境に関心を持ち、生産物、技術へと帰結する。④「ソフト・応用」型は応用社会科学(例えば教育)であり、機能的、功利的(ソフトな知識によるノウハウ)であり、準専門職的実践に関心を持ち、観察記録や手続きへと帰結する。これら専門分野の文化の性質は、①が競争的群居的なタイプであり、政治的組織性が高く、学問的生産性も高く、仕事志向であり、②が個人主義的兼職者的タイプであり、構造化が曖昧で、学問的生産性が低く、個人志向であり、さらに③が企業家的コスモポリタン的タイプであり、特許が学問的生産性に代替可能であり、役割志向であり、さらにまた④は外見志向的タイプであり、地位が不確実で、知的ファッションが支配し、学問的生産性がコンサルタント活動によって抑制され、権力志向である、という特徴がそれぞれ描かれている（Becher, 1987）。

知識の文脈の相違

ベッチャーは各専門分野が大学教授職の生活を、①キャリアの開始（initiation）、②社会的相互作用のパターン、③専攻、④他専門分野への移動性、などにおいて規定することを論述している。例えば、①のキャリアの開始を事例とすれば、「ハード・純粋」領域の院生は専攻学科を選択し、研究の指導教授を選ぶが、この後、共同研究と同調を必要とする事業組織体（＝大学）の被雇用者になり、事業組織体の要求にしたがい、指導教授によって分担の研究テーマが与えられる。とくに実験系では指導教授の学生との接触は緊密である。指導教授をボスに、助教授、ポスト・ドクトラル、院生、学部生などのチームが研究へ取り組み、その過程で一種の徒弟制度の教育が行われる。研究に成功を修めた院生は研究結果を指導教授と他の研究分担者との連名で公表することが求められるのがふつうである。

これに対して、「ソフト・純粋」領域の院生は、学科や指導教授だけでなく研究テーマも選べる自由を付与されている。被雇用者どころか、自営業者のように扱われる。時間も自由きままに使える。指導教授に束縛されることもない。論文を発表したいときには自分の名前で自由に発表できる。

ほぼ以上のような相違が生じるのは何故かといえば、ベッチャーは知識の文脈の相違によるのだ、と指摘している。

「もしその者が問題が容易に分割できる領域にいるならば、共同研究を行い、緊密に編成された各メンバーが明確な下位的問題に取り組み、全体の問題を解決するのに寄せ集められるのは当を得ている。そして仕事の中で手ごろなものを新参者があてがわれるのは当然なことである。チームによる仕事は、集団の規範への同調を意味し、チームリーダーに従うことなのである。これに対して、知識が全体論的であり、問題が確定されにくく、分割できにくい「ソフト・純粋」領域では、共同研究への誘因は乏しい。解釈は実質上、個人的活動であり、各学者は事実を自分で再評価しなければならない。したがって、博士課程の学生が気ままに研究するように求められるのは驚くに足らない。つまり、彼らが所属しうる明確に規定された集団はなく、研究指導教授は勉強の指揮者の役割よりも批判的助言者の役割を担っている。」(Becher, Ibid., p.283)

このように、専門分野によってアカデミック・ライフは多様な世界を形づくる。大学の運営単位のいわば原子的部分にみられる、こうした多様性は、そのまま大学教授職の世界の多様性を表わしている。したがって、講座、教室、学科はもとより、学部ユニットのごとくグループの規模がもっと大きくなっても基本的には専門分野の論理が働くことに変わりない。

②学部ユニットのごときかなり大きなグループには一つは学部と学部のレベル、他は学部と大学院のレベルという横と縦への二つのレベルがある。第一に学部レベルは学問のヨコへの分化と対応している。例えば日本の場合では学部=学士課程は文学部、教育学部、法学部、経済学部、理学部、工学部、農学部、医学部などに分化している。一九九〇年代以降、日本では、従来のように教授団が学部に本籍を置いて主担し、大学院を兼担する方式から、大学院重点化や部局化に伴って大学院文学研究科・教育学研究科・理学研究科などの大学院に本籍を置いて、学部を兼担する方式に移行しつつある。アメリカの場合ではこの学士課程の部分は、リベラル・アーツ・カレッジ(教養学部)あるいは文理学

部から構成されているから、実質的には上述の個々の学科に所属している教授団がそこから派遣されて文理学部の教授団として教育を担当することになる。他方、学科から大学院の文理学部やプロフェッショナル・スクールへ派遣された教授団は、大学院の教育を担当することになる。

学部と大学院

第二に学部と大学院レベルは、アンダーグラデュエイトとグラデュエイトである。アメリカの場合、アンダーグラデュエイト部分のリベラル・アーツ・カレッジとグラデュエイト部分のグラデュエイト・スクールとプロフェッショナル・スクールでは仕事の性格が異なる。前者が教育中心、後者が研究中心。前者が、教養教育、一般教育を目指し総合的（comprehensive）であるのに対して、後者が専門教育を目指し専門的な性格を持つ。グラデュエイト部分の文理学部大学院にあたるグラデュエイト・スクールは学者養成教育を主として担当するのに対して、医、法、教育、などのプロフェッショナル・スクールは専門職教育に力点を置く。学士課程と大学院のどちらに主要に配置されているかが仕事の性格を規定することになる。

アメリカの場合、すでに論じたように専門分野の分化と研究志向の性質から生じる大学の仕事の分化を制度的に有機的に位置づけている。すでに知識とアメリカの大学の社会的機能との関係を体系的に研究して構造を提示した、パーソンズ（Parsons and Platt, 1973）のマクロな構図を使えば、アンダーグラデュエイトでは市民教育、グラデュエイトでは専門職教育と研究が重要であるが、実際にはいま述べたような有機的関係を示しているといえよう。

三　専門分野の成層

専門分野は専門的知識を媒介にそれを専攻する専門家を擁して成立していることはすでに見たとおりである。知識自体にはコード化に応じた内的序列があるとしても、本質的には権威を志向したり、権力を持ったり、あるいは有用であったり無用であったりするのではなく、それを社会的に活用する仕方によってさまざまな色合いが生じ、そこにヒエラルヒーが成立する。

①学問のコード化によるヒエラルヒー

学問のコード

客観性、普遍性、独創性を要請する科学の論理の要請に耐えた知識は学問のコードを高める。社会学の学祖のオーギュスト・コント (Auguste Comte) は学問の発展段階を論じて、数学、天文学、物理学、化学、生物学の順序に並べている（コント、一九七〇、一四〇-二三三頁）。これら自然科学は抽象性と一般性が次第に減じて行く順序に並べられており、これに対して社会学は具体的、特殊的であり、自然科学の学問にくらべて曖昧性を伴うことは否めないとされる。そのため精密性に達するには数学が容易である反面、社会学は困難な学問であるとされる。ロバート・マートンは物理学を対象にして、この種のコード化を吟味し、客観性の高い学問であることを検証している (Merton, 1973, pp.460-496)。このような側面を注目するとき、学問の数だけ威信序列が成り立ち、無数の知識は、名も無き一般的知識と専門分野として確立された科学知識とその間にあって専門分野を目指しているマージナルな知識と多様であることになる。そして専門分野として制度化された科学知識もさらにより威信のある学問になるべく競争を展開していることが分かる。

「……基本的アプローチ、理論、方法に基づいて、自らの領域の中で不統一が生じると、社会科学者達と人文科学者達は、外部から自己の仕事に持ち込まれた特定の政治的見解ないし世界観に害され易くなる。この意味では、社会学、政治科学、歴史学はかなり開放的であり、これと対照的に数学、物理学、化学はより閉鎖的文化体系のごとく作動している。体系的知識によってもたらされる自律性は素材の側面とともにシンボルの側面に沿って強まる。」（Clark, 1983, pp.80-81）

こうした背景の中で、抽象性、一般性、純粋性、パラダイム性の高い数学や物理学を頂点にして、自然科学群がまず上位に位置し、その次に社会科学群、さらにその次に人文科学群が続く体系が概ね成立している。ビグランやベッチャーの理論にも見られるように、学問には理論的でかつ純粋な部分と実践的でかつ応用的でかつ非純粋な部分とがあるのであるから、これを加味すると、同じ数学でも純粋数学と応用数学が区別できるのであって、したがって、数学、応用数学、物理学、化学、生物学などのヒエラルヒーができる。

専門分野の序列（pecking order）は国や機関の事情を反映するから単純には決まらない側面も多々あり、実際には、このように単純な構造を描けるのではないかもしれない。学問の論理自体ではそういえても現実には、例えば伝統的学部の構図に入れて考えると、別の構造がみえてくるかもしれない。フランスの事例をみると、ピエール・ブルデュー（Pierre Bourdieu）が考察しているように、自然科学と人文社会科学のなかでも、理論性と純粋性の高い学問は威信が高い。自然科学では上述のような構造となるが人文社会科学では、フランス語、哲学、古典学、言語学、歴史学といった威信体系をとり、自然科学と人文社会科学の交差する領域で、最後に登場してきた、経済学、社会学、心理学、言語学、地理学、地質学など社会科学部分は威信が低い構造になっている（Bourdieu, 1988, p.122）。

そのような国家システム間の専門分野的文化の違いがあると考えられるけれども、いずれの国においても、専門分野間の序列があることは首肯できる。ベッチャーは大学、全国、国際の各レベルにおいて、物理学が巨大科学として豊かな資源を獲得しますます高い政治的地位と威信を享受する専門分野になっていることを述べている（Becher, 1987, p.288）。しかも、同じ物理学でも理論家と実験者では別の世界を形成していることも指摘している（Becher, 1981, p.116）。

②専門分野のドリフト

専門分野のドリフト

このような威信構造の中で言える特徴は、概して専門的威信の高い知識や学問は科学の論理を組み込み、研究志向であることとである。そして、専門分野と大学教授職が結びつく時、威信の高い学問群は威信の高い専門職を構成しているが、これを大学教授職という専門職の場合に当てはめれば、威信の高い学問群はより研究志向になっていることが理解できるのである。かくして、専門分野は威信を求めて漂流するのは必至であるとみなされる。クラークはアカデミック・ドリフト（大学の漂流）現象を論じるとともに専門分野のドリフト現象を論じている（Clark, 1987, p.143）。アカデミック・ドリフトは「大学やカレッジが最も威信の高い形態に指図されることなく模倣しながら集中して行く」ことであり、「模倣は彼らの意味をわれわれの意味に採用し、彼らの実践をわれわれの実践に採用し、したがって、価値を中核からさまざまな周辺へと拡散させる」ことである。専門分野の場合は、上述のヒエラルヒーの上位にある核的な威信と勢力を持つ専門分野から下位部分にある上昇志向の専門分野部分へと模倣がなされドリフトが進行する。核的専門分野は物理学であり、そこから化学へ、さらに政治科学や社会学へと模倣がなされるが、他方、物理学に組み入れられた数学や統計学を模倣した経済学や心理学を組み入れて地位の上昇をはかるのである。こうして、専門分野間には模倣を通して相互作用が成立し、学問のネット・ワークが張りめぐらされる時、知識の性格を反映して、一方では学問は無限に細分化、専門化、断片化して行き相互間に繋がりが失われて行くかたわら、他方ではこうした連携と再編成が構築されて行くのである。

③機関と結合したヒエラルヒー

機関と結合したヒエラルヒー

専門分野単独にコード化の精密性、客観性によって威信体系が成立するばかりではなく、現実にはさまざまな外的要因と結合した威信体系が成立する。つまり専門分野の論理が社会的威信を形成すると同時に、社会的威信が専門分野の威信を形成する部分が存在する。例えば、社会的威信が国家レベルで付与される場合はその一例であり、日本の場合、明治維新の学問は最初工学部での工学が重視され、やがて法学部での法学が重視されるようになった経緯があるが（中山、前掲書）、この場合、学問自体の威信体系から派生する威信が形成されたのではなく明らかに国家政府の威信を踏まえたお墨付きの付与による威信が形成されたのである。天野郁夫が考察した「高等教育の日本的構造」の硬直性は、この種の作られた威信に形成するヒエラルヒーの硬直性であるといえよう。

このような社会的威信の付与は広義の報賞体系に位置づき、各種報賞がある特定の学問や専門分野に付与されれば、その学問や専門分野の社会的威信は自ずから高くなる。例えば、国内の文化勲章、恩賜賞、学士院賞などの受賞対象になった学問領域は威信を高め、世界的には、ノーベル賞、フィールズ賞、エリオット賞などの国際学術賞は知名度が高いために、その受賞対象学問領域は威信を高める。また、各種のエポニミー（eponymy＝冠名）やエポニム（eponym＝冠名の保持者）を多数輩出している学問領域は同様にして、威信が高いに違いない。逆にいえば、これら報賞の対象になる学問領域はすでにコード化が高く、学問体系が確立され、独創性を承認する基準が明確であることを裏書しているのでもある。つまり、学問の威信秩序の頂点部分に存在する学問だけがこの種の栄誉を享受して、ますます知名度と威信を高めるというマタイ効果の力学が働くのでもある。

第五節　アカデミック・ドリフト

大学教授職が主としてかかわるのは専門分野と機関であるが、上述の文脈からも言えるように、専門分野の威信が機関の威信を左右すると同時に機関の威信が専門分野の威信を左右する点を忘れてはなるまい。前者の場合、数学や物理学や医学のない機関はそれらを持つ機関に比べて低い威信しか付与されないから、できるだけそれらを機関に組み入れようとする。とくに医学という学問領域から成り立つのではなく複数の専門分野から成り立つ医学部は、中世大学からの伝統を誇り、現代において概して威信の高い学部になっているから、これを持つ機関の威信は高くなると考えるのは自然であろう。後者のばあい、すでにヒエラルヒーの頂点に存在する機関に組み込まれた学部や学科は知名度と威信を高めることになる。アメリカの威信の高い機関は、各種調査に見られるように、教育、研究、学生の就職、難易度、教授の質、俸給、学問的環境などが優れているとされるが（Webster, 1986; Jones, Linday and Coggeshall, 1982）、そうした条件を持つ機関に組み込まれた専門分野はそういう優れた条件を持たない機関に組み込まれたものよりも知名度や威信を高める。

大学の漂流

もちろん、専門分野と機関が結びついたからといって、自動的に威信が規定されるのではなく、現実には、両者の触媒役の大学教授職を媒介にして威信は決定されることになる。「名目所得」と「実質所得」があるように、額面と実質が同等であるとは必ずしも言えないことを考えれば、大学の場合にも名目的な威信と実質的な威信という表現を使い、威信の高い学問と威信の高い大学が一緒になったら、確かに名目的威信が高いとしても、実質を伴っているかどうか分からないことを考えてみる必要がある。その両者の関係が不断に検討されるならば、恐らく威信は一定ではなく変動するに違いないのである。なぜならば、現実の威信は素材である専門分野や容器である機関によって決まるのではなく、あくまで両者を媒介する大学教授職であり、個々の大学人であるからであり、彼らによる卓越した教育と研究活動が行われるとき、その専門分野か機関の可視性や知名度を高めることによって、実質的威信は高まるはずであるからである。

そのような実質的威信を重視する限り、不断の評価に基づく威信の新陳代謝を起こさせる装置を持たなければならず、その点でアメリカの高等教育システムは常に各種ランキングの公表がなされ、アクレディテーション（基準認定）がなされ、ピア・レビュー（同僚評価）がなされることによって、その種の装置を作動させている。そこでのアカデミック・ドリフト（academic drift）つまり「大学の漂流」は専門分野、機関、大学教授職の三位一体の関係によって形成される構造を持っていることが分かるのであり、高等教育のアメリカ的構造の特質がそこにできあがるといわなければならない。

第六節　結　論

小論においては、第一に、大学教授職の国際比較研究の枠組みを考える視座から、専門分野の視点に注目した。大学教授職の定義と内容の曖昧性をできるだけ解消するには、抽象的な大学教授職像を追求するのではなく、専門分野と大学教授職の関係を直視することによって、個々の大学教授職の実態を明らかにしていく作業が必要なことを指摘し、その立場から若干の考察を行った。

第二に、アメリカの大学と大学教授職が世界の「学問の中心地」を形成していることから、一つのモデルとして研究するに値することを指摘し、専門分野＝研究の観点に即して、その制度的特質と大学教授職の特質の形成過程と構造を考察した。

第三に、アメリカの専門分野の制度化と研究志向のシステムの整備の動向とその特徴は、専門分野の性質に沿って縦横への分化と層化を有機的に形成したことにあると捉えた。これは専門分野が内的論理として持っている分化志向と研究志向を制度化することに成功したとみることができる。

第四に、アメリカの大学教授職が成立する過程で専門分野の論理を組み込むことによって、研究志向を強めたことをみたが、そこでは、専門分野におけるヒエラルヒー形成とアカデミック・ドリフト形成の力学を専門分野の制度的内面化によって専門職化を達成した大学教授職の場合にも強く保持していると読み取れる。そしてヒエラルヒーの形成は専門分野の論理からして回避できない以上、それを閉じられた構造に封じ込め、地位の固定化を追求するのではなく、不断に地位の新陳代謝を起こすように柔軟に作動させるシステム的装置が必要であり、アメリカのシステムはそのことにかなり成功をおさめていることを論じた。こうして、アカデミック・ドリフトがシステム的に保証される装置を確立したことは、研究や学問や科学の発展に貢献するとともに、専門職としての大学教授職の発展にも寄与することを論じた。

もちろん以上は、大学教授職の国際比較研究を手掛ける場合の枠組みと視点における一つの試論の域を出ない。専門分野＝研究の視点のみの追究は、教育の側面を等閑に付し、またアメリカの大学システムや大学教授職の研究を中心とした特質をその長所のみに限定して考察するあまり、わずか五分の一の「研究大学」機関がヒエラルヒーの頂点に君臨し研究文化を形成、支配している事実、マタイ効果が存在する事実などを十分に考察していないという批判を招くだろう。それらは筆者の他の文献でも扱っている主題でもあり、それらと統合した観点からの考察がさらに必要である。（とくに、教育の推進の問題は、本書で扱うFDの制度化の問題と密接にかかわる問題であり、研究と同時に教育へのシステム的、機関的、組織的、風土的、意識的取組が国際比較の中で有効性を持っている点を注目しなければならない。）さらに小論で採用した枠組みと専門分野の視点を国際比較に援用する作業を行うとき、ここでひとまず得られた結論も、①日本を含めた諸外国との比較、②専門分野の内的論理に関するさらなる検討、③各専門分野の領域に即した検証、④大学の仕事の他の部分である、教育や管理運営などとの関係の吟味、⑤大学教授職に関する研究以外の他の専門職の研究との関係などにおいて追究することを必要としているだろう。

注

(1) 例えば、次の文献参照。有本章『大学人の社会学』学文社、一九八一。同「日本の学界の国際評価と特質」『大阪教育大学紀要第Ⅳ部門』第三二巻第一号、一九八三年。同編「アカデミック・プロダクティビティの条件に関する国際比較研究」『大学研究ノート』第六六号、一九八六。

(2) 次の文献では定義の試みがある。新堀通也「アカデミック・プロフェッションの社会学」新堀通也編著『大学教授職の総合的研究』多賀出版、一九八四。天野郁夫「教師と研究者―過去と現在」喜多村和之編『大学教育とは何か』玉川大学出版部、一九八八。山野井敦徳「大学教授の研究構想」新堀通也編『現代学校教育の研究』ぎょうせい、一九八五。有本章「ホモ・アカデミクスの概念―academic professionとの関連性」『教育学論集』第八集、大阪教育大学教育学教室、一九七九。同『マートン科学社会学の研究―そのパラダイムの形成と展開』福村出版、一九八七。

(3) 原語の意味をできるだけ正確に伝達するには、カタカナ表記でアカデミック・プロフェッションと邦訳するのが大学教授職よりも適切かもしれない。なぜならば、アメリカでは大学教授だけではなく、管理者にもこの言葉が適用され広く使用されていると思われるからである。academicという原語の「大学」とか「学問」という意味合いとprofessionという原語の「専門職」という意味合いが合成されて出来ている言葉であるが、専門職は一応日本語としても定着しているにしても、アカデミックという言葉は日本語に置き換えるのが難しく、必ずしも定訳ができないまま今日に至っていると考えられる。「大学専門職」「学問的専門職」「学術的専門職」などが一応の訳語として考えられるのであり、内容的にみた場合、上述のように必ずしも大学教授のみをそのカテゴリーに含まないとすれば、むしろ漢字表記では「大学教授職」よりも「大学専門職」の方が原義に近いという観察もできる。そのような問題があるけれども、小論ではカタカナと漢字表記をほぼ同義として扱うことにしたい。

(4) Burton R. Clark,ed., *The Academic Profession* (1987) にこの観点が強く現われている。しかしこれは、クラーク独特の観点ではなく、Alexandra Oleson and John Voss (1879) の文献の基本的観点でもある。

(5) 各種研究で証明されている。例えば、ベン・デービッド（天城勲訳）『学問の府』サイマル出版会、一九八二。新堀通也編『学問の社会学』東信堂、一九八四。同編著『学者の世界』福村出版、一九八一。同編『学問業績の評価』玉川大学出版部、一九八五。有本章編「アカデミック・プロダクティビティの条件に関する国際比較研究」前掲。

(6) 報賞体系については、有本章「科学の報賞体系論」『マートン科学社会学の研究』前掲、第八章参照。

(7) 有本章・奥川義尚・大膳司「主要機関の学問的生産性に関する国際比較研究―アメリカの主要大学の学問的生産性とその条件」（日本教育社会学会発表、一九八八）においてこの観点からの考察を行っている。

(8) 例えば、有本他調査(注(7))において同様の結果を得ている。

参考文献

天野郁夫、一九八六『高等教育の日本的構造』玉川大学出版部。

Becher, Tony, 1981 "Towards a Definition of Disciplinary Cultures." *Studies in Higher Education 6*, no.2.

——, Tony, 1984 "The Cultural View."In B.R. Clark, ed., *Perspectives on Higher Education: Eight Disciplinary and Comparative Views*. Berkeley: University of California Press.

——, Tony, 1987 "The Disciplinary Shaping of the Profession." Burton R. Clark, ed., *The Academic Profession: National, Disciplinary, & Institutional Settings*. University of California Press

ベン-デービッド　ジョセフ、一九八二（天城勲訳）『学問の府』玉川大学出版部。

Biglan, Anthony, 1973 "The Characteristics of Subject Matter in Different Academic Areas." *Journal of Applied Psychology 57*: 195-203.

Bourdieu, Pierre, 1988 Homo Academicus.Cambridge: Polity Press.

Burn, Barbara B. ed., 1978 Admission to Medical Education in Ten Coutries. International Coucil for Educational Development.

Clark, Burton R. 1977 *Academic Power in Italy: Bureaucracy and Oligarchy in a National University System*. Chicago and London: Chicago University Press.

——, Burton R. 1983 *The Higher Education System: Academic Organization in Cross National Perspective*. Berkeley, Los Angeles, London: University of Calofornia Press.

——, Burton R. ed., 1987 *The Academic Profession: National, Disciplinary, & Institutional Settings*. University of California Press.

——, Burton R. 1987 *The Academic Life: Small Worlds, Different Worlds*. The Carnegie Foundation for the Advancement of Teaching.

Crane, Diana, 1972 *Invisible Colleges.* Chicago: University of Chicago Press.

Cole, J. and S. Cole, 1973 *Social Stratification in Science.* Chicago: Univerisity of Chicago Press.

Finkelstein, Martin J. 1984 The Academic Profession: A Synthesis of Social Scientific Inquiry since World II. Ohio State University Press: Columbus.

Halsey , A.H. and Martin Trow, 1971 *The British Academics.* London: Faber.. Jones, L.V.G. 1982 Lindzey & P.E. Coggeshall, eds., *An Assessment of Research-Doctorate Programas in the United States*. National Academy Press.

Jones, L.V., G.Lindzey and P.E. Coggeshall, eds., 1982 An Assessment of Research-Doctorate 'Programes, in the United Stated, National Academy Press.

慶伊富長編、一九八四『大学評価の研究』東京大学出版会。

Kolb, David A., 1981 "Learning Styles and Disciplinary Differences." In Arthur W. Chickering, ed., *The Modern American College.* San Fransisco:Jossey-Bass.

Light, Donald Jr., 1974 "The Structure of the Academic Professions." *Sociology of Education 47.*

マーチン・トロウ、一九七六(天野・喜多村訳)『高学歴社会の大学』東京大学出版会。

Merton, Robert K. 1973 *The Sociology of Science.* Chicago: University of Chicago Press.

中山茂、一九八八「日本の大学の西洋・官僚制・企業モデル」『大学史研究』第四号、一－六頁。

――、一九七八『帝国大学の誕生』中央公論社。

Oleson , Alexandra and John Voss, 1979 The Organization of Knowledge in Modern America,1860-1920.The Johns Hopkins Univeristy Press

オーギュスト・コント、一九七〇「実証精神論」『世界の名著』36、中央公論社。

Parsons, Talcott and Gerald M. Platt, 1973 The American Univerisity. Cambridge, Mass.: Harvard University.

Perkin, Harold 1968 *Key Professi on. London*: Routledge.

Rudolph, F., 1962 *The American College and Universities.* Alfred A. Knopf.

Veysey, Laurence R. 1965 *The Emergence of the American University. Chicago* : University of Chicago Press.
Webster, David S.1986 *Academic Quality Rankings of American Colleges and Universities.* Springfield, Illinois; Charles C Thomas Publishers.

二章　ＦＤの構造と機能

今日、ＦＤ（Faculty Development＝教授団の資質開発）の重要性が高揚しつつある背景には、それが大学改革、大学教授職（academic profession）、社会発展とそれぞれかかわる重要な構造や機能を備えているからだと推察できる。ＦＤ（あるいはＳＤ）は教授団の資質改善に焦点を合わせた運動を意味する以上、大学改革推進と切り離して論じられない。種々の理由によって惹起されている現代の大学改革は、二〇世紀から二一世紀の転換期において、新しい方向を模索する重要な動きであるばかりではなく、その担い手としての大学教員に主力を置き、その資質、活動、力量の所産によって左右される側面を強く保持している事実がある限り、改革の内実は大学教員の動静を反映するし、結局はＦＤに集約される。その意味でＦＤの成否は自ずから改革自体の成否を占う原点であるばかりか帰結点になるはずである。ＦＤの主体である大学教員の在り方が一層問われる中で、とりわけ大学教授職の使命、役割、活動の内実が改めて取り沙汰されるのは当然の成り行きである。

こうした観点から、ＦＤの構造や機能を直視し、研究する作業が大学あるいは高等教育に関する計画・政策と実践の両側面から要請される。しかもFDに関する研究は一九九〇年の時点では徐々に発展しつつあるが(例えば、伊藤編、一九九〇参照)、管見では必ずしも体系的な研究が発展しているとは言えないし、とくに科学社会学(知識社会学)の視座からFD論を展開した業績は乏しい実状にあると考えられる。筆者は、先行研究(有本、一九八九)で指摘したように、知識(上級知識・専門分野)の視点が大学組織や大学教授職にかかわる研究では基本的に欠かせないし、両側面に関連性の深いFDの理論的研究もその例外ではないと見なし、従来の理論的研究に欠如している視点を克服する立場からFD論を構築する必要があると考えている。

本稿では、専門分野の視点から大学教授職研究の必要性を提起した先行研究を踏襲し、FDの構造と機能に関して試論的ながら専門分野(academic discipline)の視点から科学社会学的に分析することに主眼を置きたい。具体的には、①大学組織とFD—専門分野の視点からの枠組み、②FDの定義、③FD研究の枠組み、④FDの制度化—国際比較、⑤FDの社会的条件と機能—制度化の現状と背景、⑥FDの課題、⑥結論—若干の展望、の各側面を中心に考察を試みる。

第一節　大学組織とFD——専門分野の視点からの研究枠組み

学問の府である大学は、知識を媒介に学問発展を目指しており、知識の発展を意図した学問発展促進活動に携わる以上、知識を抜きに大学を論じることはできない(クラーク、一九九四。有本、一九八九)。知識は研究を媒介に時々刻々と新しい専門分野を叢生しつつ、新陳代謝を展開すると同時に、細分化への自己完結化を辿るので、知識相互の脈略を喪失し易い傾向を有する。

知識と組織体

こうした知識特有の複雑なメカニズムを内包した組織体が大学であるから、必然的に知識の性質同様、複雑な活動を展開する。すなわち、知識の機能である発明発見、伝達、応用、統制が自己完結運動を帰結する時に生じる分極化、細分化、相互不信の矛盾を内包している。もとより発明発見は研究、伝達は教育、応用は社会的サービス、統制は管理運営の側面をそれぞれ意味し、知識の機能分化を具現し、自己完結の論理を追求する。

とくに新分野の独創的開拓に通じる研究は、大学の諸活動の基礎基本であり、大学存在の根拠や本質を構成しているとみなして差し支えあるまい。研究は論理的必然として細分化、個別化、タコツボ化への力学を内包する。他方、教育はこの分解作用に対抗して、専門分野間の架橋、融合、統合を企図する力学を内包しているにもかかわらず、実際には研究との対立を生じ、同時に教育内部にも対立を深める。専門分野に即した教育は、専門分野の教育すなわち専門教育と呼称できる活動であり、それは研究と最も密接した教育であるにもかかわらず、専門分野相互間の境界は一線を画され、共通土俵を喪失してしまう。実際には、重複したり、融合したりする領域が少なくなく、個々の専門分野に架橋し、統合し、総合した教育が必要になるのは明白であるが、現実には相互に垣根を作る傾向があり、その打開が要請される。専門分野の基礎に当たる領域や専門分野の前段階に当たる領域などでは、共通領域が増え、それに対応した適切な教育が不可欠である。非専門、前専門、半専門、専門基礎などの領域はタコツボ型よりもササラ型の領域であり、共通教育が成立するとみなされる。それはとくに教養教育（あるいは教養的教育）、市民教育などと呼称できる領域である。

社会的サービスは、知識の応用であり、社会への専門的知識の活用、社会的批判、啓蒙などの活動となる。組織体は知識の各機能を十分活用する時に知識の性質を反映した特色を発揮できるのであり、その場合には研究、教育、社会的サービスの活動が十全な作用を営む。しかし実際には個々の機能は共存、調和よりも葛藤、反目を来す場合が少なくない。とりわけ研究と教育は、前者が分化、後者が統合への力学をそれぞれ内包している以上、簡単に調整が成立する関係にないことは自明である。新領域の不断の開拓を目指す発明発見の先取権競争を追求する研究は、先見性、独創性、先端性を特徴とし、素人の参入を拒否する世界を構成する。その種の新知識や新発見を理解できるのは専門分野毎の専門家—科学者・学者・研究者—である（有本編、一九九四）。このような個別性、独自性、排他性を志向する研究が共通性、統合性、互換性を志向する教育と馴染まないのは当然であり、最新の独創的な研究が教育に直接結合するのは困難である。

このように組織体としての大学は、知識（上級知識、科学知識、専門分野）を媒介に成立し、その知識の機能に応じて研究、教育、社会的サービスなどの種々の活動を展開することが分かる。機能間の齟齬や葛藤を放置すれば、大学は機能障害に陥り、早晩解体を余儀なくされる。大学という組織体には、知識を機軸にした観点からの研究、教育、社会的サービスの機能の有機的統合が問われる。そこで、知識を組織体のレベルで統制、調整、統合する機能である管理運営が重要となるが、それは本質的には組織体の統合・統一を模索すると同時に、組織体の外部社会の変化への適応、あるいは変化からの齟齬、遅滞、時代錯誤を克服するために適切な管理運営が作用しなければならない。

組織体の維持と役割

かくして、大学組織体が自己維持を遂行せんとすれば、知識の諸機能の個々の独自性を追求すると同時に相互間の齟齬や葛藤を調整する必要があり、こうした統制、調整、統合の機能は社会的同調、適応、革新を果たすと同時に社会的責務の遂行を実現するものと期待される。この種の組織体の維持と発展にかかわる役割は、直接には管理運営に見出されるが、その制度的期待の直接の担い手は大学教員であり、期待の遂行はＦＤ活動となる。知識の機能に即したＦＤは、研究、教育、社会的サービス、管理運営を通じて組織体としての大学の維持、再生、発展を担う制度的役割として発現する以上、その制度化が実現しなければならないはずである。その意味で、ＦＤは知識を基礎基本に成立する組織体としての大学の論理自体であると言っても過言ではなく、ＦＤの制度化は大学の存在理由と密接に関係した当然の課題である。他方、組織体の主体的な構成員である大学教員においては、ＦＤは知識を媒介に学問の発展を模索する大学教授職の論理と関係が深い。

現在の組織体は、従来の大学観の転換を要請している。なぜなら、最大の要因は、社会変化の合理化要請や市場原理導入への動きとその影響によって組織体の拡大よりも縮小が課題の時代を迎えているからである。構造的な負債国債、財政赤字、経済不況、低成長などの諸要因は、組織体の合理化を求め、縮小、リストラ、淘汰、解体を大なり小なり要請している。拡小、改組、あるいは解体による再生が大学組織存続の鍵となっている現在、組織体の主要な構成員であり、組織改革の主体である教授職の使命、役割、機能においても、その何を存続させ何を切り詰め、縮小、改組、解体するかが必然的に問われる。少なくとも、ＦＤの広義の視座に立脚して、学問の府である大学の本質を問い直し、教育、研究、社会的サービスの再生を考えるには、管理運営を含めた組織体の構造・機能に関して自己研究、点検、評価する必要に迫られている。その逃避は、大学教授職の存立基盤の終焉に連結し、ひいては徐々に社会発展の阻害に帰結するはずである。

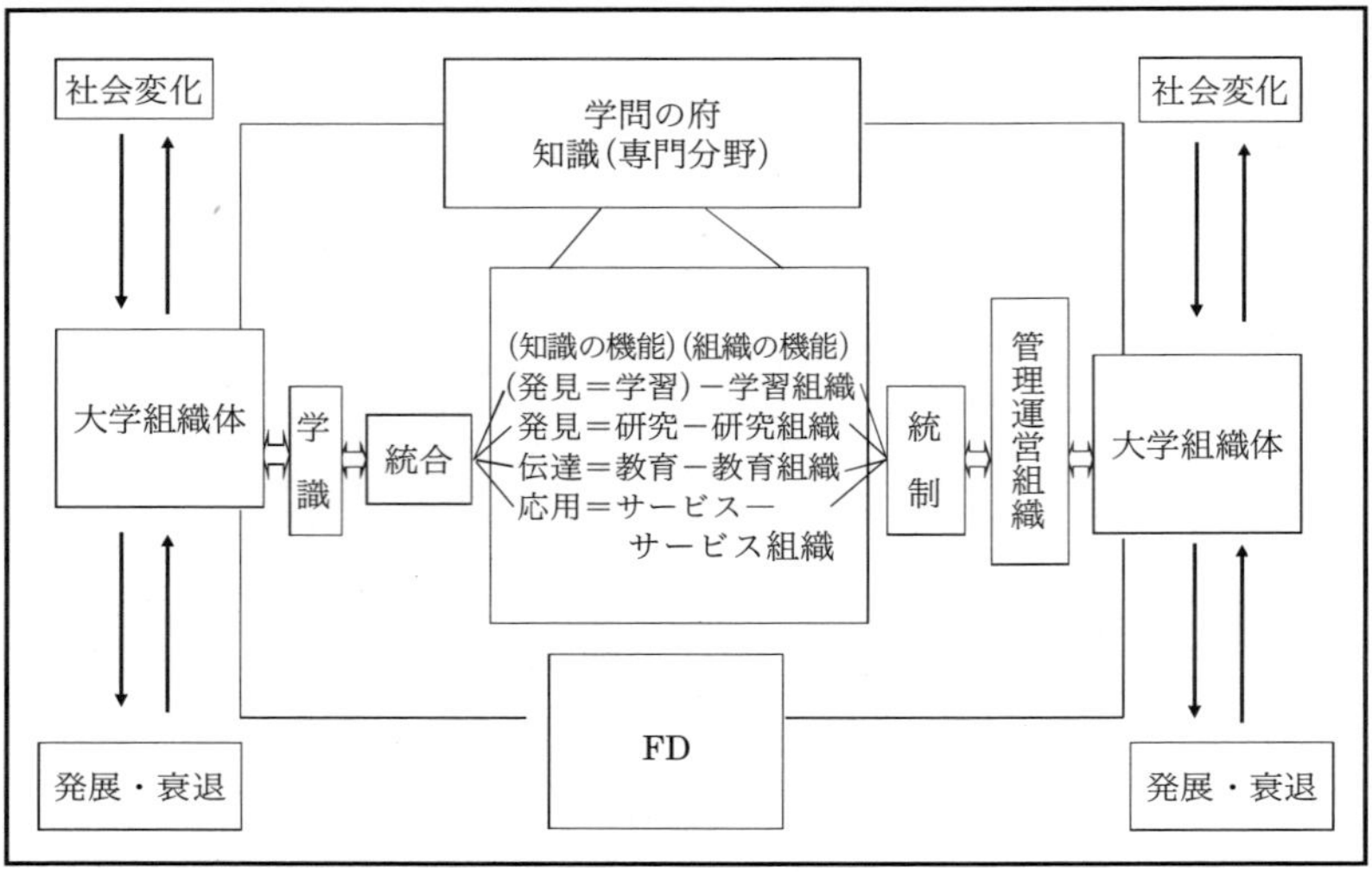

図2-1　FD制度の構造と機能に関する研究枠組み

第二節　ＦＤの定義

ＦＤ制度の主たる構成要素

図２-１に示したように、ＦＤは「学問の府」である大学制度の中に制度化されるべき構造や機能として把握できる。ＦＤ制度の主たる構成要素は、知識、大学組織体、大学教授職である。主体は大学人であり、主要には大学教授職を構成する教員（教授、助教授、講師、助手）である。ＦＤは大学組織体と大学教授職の両面から形成される制度である以上、規範（理念、目的）を持ち、社会的機能や構造を備えている。したがって、その定義を施せば、ＦＤ（あるいはＳＤ＝Faculty development/staff development の翻訳概念）は知識＝専門分野を素材に成り立つ学問の府としての大学制度の理念・目的・役割を実現するために必要な「教授団の資質改善」または「教授団の資質開発」を意味する、と考えられる。もとより「学者共同体」あるいは「科学者共同体」である「大学共同体」(academic scientific community) の主たる理念・目的・役割は、学

問発展による社会発展への貢献にある。具体的には、知識＝専門分野を素材（materials）として、発見（discovery）＝研究（research）、伝達（dissemination）＝教育（teaching）、応用（application）＝社会的サービス（social service）を追求する営為をその本質とする制度もしくは組織体である。（これらの前提に、一般には含められないが、学習機関あるいはとくに生涯学習機関としての大学に不可欠な知識の理解（understanding）＝学習（learning）を含める必要があると考えられるので、図には括弧で付している。）

科学制度としての大学には、科学者共同体の科学規範（例えばマートンの提唱したＣＵＤＯＳ）を成立せしめ、学問や科学のエトスは知識の諸機能の統合機能としてのスカラーシップ（学識）を構築している。このような規範の存在する大学において成立するＦＤは、大学教授職たる大学教員の資質、能力、技術等の改善を主眼とし、大学教員の活動の素材としての知識の諸機能とかかわる研究、教育、社会的サービスを統合するスカラーシップ、あるいは諸機能を統制する管理運営、等の役割全体にかかわると考えられる[1]。

大学組織体と大学教授職の両方からＦＤを捉えること、研究、教育、社会的サービス、管理運営の機能（組織の機能＝管理運営と知識の機能＝学識）とかかわることは前提であるが、その場合に、ＦＤは組織体と大学教授職（具体的には教授団、個々の教員として具現）の両方の自己研究（self-study）あるいは自己評価（self-evaluation）を必要とすることが重要な観点である。

広義と狭義のＦＤ

ＦＤは、一般には広義と狭義の解釈が成り立つ。広義には、広く研究、教育、社会的サービス、管理運営の各側面の機能の開発であり、それらを包括する組織体と教授職の両方の自己点検・評価を含む[2]。

狭義のＦＤは主に諸機能の中の教育に焦点を合わせる。この場合も知識の性質を反映することは回避できない。すなわち知識の縦軸と横軸への構造分化に対応する。縦軸は組織のティア(tier)に即した教育の段階に対応したＦＤである。学士課程と大学院課程の分化は、学士、修士、博士段階の教育とそれに呼応したＦＤを必要とする。横軸は組織のセクション（section）に即した教育の水平分化に対応したＦＤを必要とする。人文、社会、自然科学、文学、教育学、法学、経済学、理学、工学、医学といった学問分化に即したＦＤが可能である。専門分野毎の学問は相応の教育の文化、規範、風土、内容、方法などを形成し、固有のＦＤを要請する。各学問分野は研究の論理によって細分化するので、個別の教育と同時にそれを統合する教育が欠かせない。

こうした縦軸と横軸は理論的に分析できるが、縦横への無尽蔵な発展を可能とする知識の自由自在な性質を反映してモザイク状に錯綜しているのであり、縦軸と横軸の交差を超えた領域に成立する教育に関するＦＤが欠かせない。例えば、教養教育と専門教育は横軸での併存と同時に縦軸での分化を進行させるものである。

教育に関するＦＤは、総論的には教育の規範構造、内容（専門教育と教養教育）、カリキュラム、技術などに関する教授団の資質の改善を意味する(3)。

第三節　ＦＤ研究の枠組み

上記した図２‐１に示されるように、ＦＤ研究はＦＤ制度を成立せしめる大学制度＝学問の府の構図の中では、主要構成要素との関連性の中で基本的には構想され得る。ＦＤの大学制度の中への制度化は大学の社会的条件、社会的機能、社会的構造の中で規定される。ＦＤを構成する基本要素は、学問知識＝専門分野、大学組織体、大学教授職であるから、これらの関係を図式化すれば、ＦＤ＝専門分野＊大学組織体＊大学教授職の方程式が成り立つといえる。あくまで大学教授職が主体であるとしても、専門分野や大学組織体を無視しては、ＦＤは成立しないし、とくに専門分野の視点は、学問の府たる大学の存亡、ひいては大学組織体や大学教授職そのものの存亡をも規定する。

一　ＦＤの社会的条件の研究

社会的条件

これはＦＤの制度化を問題にする視点である。具体的には、社会変化に対応した大学組織体の維持、革新のメカニズムとＦＤは密接に関係していることを研究する。分析的には、社会変化がＦＤに直接影響を及ぼす側面と大学制度・組織を媒介にして影響を及ぼす側面が区別される。前者は理論的に考えられるものの現実的ではなく、実際には後者が問題とされるべきである。その場合、社会変化(発展期と縮小期を内包)の影響を受けて大学制度の内部にＦＤが制度化される。実際には制度の構成要素である組織体と教授職において制度化が実現し、組織体と教授職の相互作用からの出力としてＦＤが規定されるので、それは社会変化の発展期と縮小期によって異なる性質を付与される。発展期のＦＤと縮小期のＦＤという異なる性格が生じる。発展期には組織体あるいは教授職の拡大がともに可能であり、縮小期には組織体あるいは教授職の縮小がともに可能であるから、自ずとＦＤの性質は異なることにならざるを得ない。ＦＤは組織の維持、拡大、発展のときよりも、縮小、衰退、解体の危機に直面するとき必要とされ、制度化される度合いを強める傾向があるに相違ない。というのは、組織体や大学教授職の生存にとって余裕のある拡大期にこそ不断に必要であるにもかかわらず、現実には組織体の存亡や教員のリストラに直面する縮小期の危機的状況に対応して突然思い出したように行われる可能性が少なくないからである。

二　ＦＤの社会的機能の研究

社会的機能

これは、学問の府である大学が知識＝専門分野を素材に研究、教育、社会的サービスなど各種機能を発揮し、その成果によって社会的貢献を果たす点と密接に関係する側面である。この側面の研究は、まず知識＝専門分野の研究を必要とし、従来からも知識社会学や科学社会学が発達したことは周知のとおりである。科学制度と大学制度が重複する機能を果たす部分は、科学、研究の側面であり、科学社会学の理論や知見が応用可能である。ＦＤの機能の中で、研究機能は科学制度との関係を無視しては論じられないからである。他方、ＦＤの制度化は、大学制度の内部からの論理的必要性を持つ点に注目するならば、科学知識や研究のみに焦点を絞るのは自ずから限界を持たざるを得ない。大学は科学制度であると同時に教育制度やサービス制度として機能するからである。

知識の論理に従って、研究、教育、社会的サービスの統合機能を果たす高等教育機関としての大学を強調する視点から見れば、現在は研究よりもむしろ教育や社会的サービスの機能が重要性を帯びていると言わざるを得ない。またそれ故に狭義のＦＤが重視される現在では、知識の中の研究機能のみを抽出し、詮索し、研究対象に設定することには自ずから問題がある。科学制度と教育制度の重複部分にＦＤ制度は成立する。その意味で、教育やサービス機能に即した研究が必要であるし、知識の機能を統合する機能としてのスカラーシップ（scholarship＝学識）の概念や内容に注意を払い、学識論の研究が期待される(Moxley & Lenker, ed., 1995)。学識は同時に大学教授職の役割期待と結合するから、大学教授の役割や使命の研究と繋がり、具体的には、大学教授職が研究、教育、社会的サービス、管理運営などの活動を通じて、学問的生産性（academic productivity）と関係する点を研究する必要がある（有本編、一九九四）。学問的生産性には、研究生産性はもとより、教育、社会サービスなどの生産性が含まれるのであり、とくに、教育生産と関係する教育過程（入口―中身―出口の全行程）、授業の中の「教授―学習過程」が対象になる。

このように、ＦＤの社会的機能は、専門分野を媒介に成立する諸活動とその統合機能である学識を組み込んだ、大学組織体と大学教授職の専門職的仕事の所産＝学問的生産性によって社会発展に貢献するプロセスを有している。こうした機能の総体をとくに教育に焦点を合わせて研究対象に設定する。

三　ＦＤの社会的構造の研究

社会的構造

これは、大学に制度化されたＦＤの社会構造の中で、ＦＤ制度の規範、価値、価値の社会化、行為者＝教員の役割・役割セット、同調行動・逸脱行動、評価・報償体系などに照準した研究を導く。具体的には、組織体と教授職の相互作用によって社会構造は形成されているので、その両者の不可分な関係を研究することが回避できない。

ＦＤ制度の規範は、科学制度と大学制度の交錯部分に成立する。科学・研究に主眼を置く科学制度は広義のＦＤに科学主義・研究主義を要請する。他方、大学制度は知識の論理に従い、研究、教育、社会的サービスを統合した学識を対象に成立し、研究を重視するとしても、その一辺倒が陥穽に繋がる点を警戒しなければなるまい。とくに教育制度・組織としての大学は教育の規範、価値、価値の社会化、評価・報賞体系を当然重複するはずであり、その逸脱は高等教育制度としての存在理由を喪失する危険性があると危惧されるのは自然である。したがって、研究偏重と教育軽視の規範、価値、評価体系の追求は高等教育を標榜する制度・組織内部に緊張、摩擦、葛藤を強めるのは必至となる。

とくに、評価・報賞体系は、研究に重点を置くあまり、教育への力点を欠如した、ＦＤ制度化の未発達な場合には、研究主義型の傾向に陥る。これを研究対象として国際的に制度化の発達した国々と比較すると、日本の場合には研究パラダイムが支配的であり、教育の視点からの評価・報賞体系の確立が問われる度合いが高い（本書の一〇一頁、一九二頁、カーネギー調査の項目を参照）。研究者養成、任用、昇任のシステムが発達している半面、教師養成、授業、学生の学習支援を重視した視点からの評価、処遇、報賞が十分に発達していないことが明確になる。

価値の社会化は、大学教授職の「社会化」(socialization)の研究であり、同調行動や逸脱行動が評価・報賞体系(evaluation and reward system)によって規定されるメカニズムを研究する。教授職は、大学の制度的期待に見合う役割や役割期待を遂行するように、制度の統制と社会化のメカニズムに組み込まれている。知識・専門分野の論理を組み込んだ大学制度の制度的期待は、大学教員に研究者、教師、奉仕者、管理・運営者などの役割を遂行するよう要請する。大学社会が存続するには、教授職を統制しつつ個々の教員の社会化によって大学社会の制度を維持する存在に仕立てるのであり、他方、教授職はかかる社会を個人化することによって自らのアイデンティティ＝自己像を形成する。当然、この両者の側からのアプローチには緊張や葛藤が伴う。大学組織体はこれらの間の葛藤を調整し、組織的統合を追求する。教員は、社会の期待と個人の選択との間の葛藤に直面しながら、アカデミック・キャリアを形成し、アカデミック・ライフを送り、これらの研究、教育、サービス、管理運営などの役割セットを遂行しているので、自己自身の内部で役割葛藤を調整する課題を課されている。役割間での各種活動の分担、役割セットのライフサイクル内での分担は、葛藤を解決する方法であるが、ＦＤの視点からの研究や提言は立ち遅れたままである。知識を媒介に学問発展に貢献する営為を展開している大学制度・組織の最先端では、この種の役割間、あるいは役割セット間の緊張、対立、葛藤とその調整が日常的に進行しているのであり、その社会過程の分析が欠かせない。

第四節　ＦＤの制度化――国際比較

これまでのところでは、ＦＤが大学組織および大学教授職に占める制度的位置を専門分野との関係で捉えることの重要性を指摘し、その観点からの定義、研究の枠組み、研究の必要性を指摘してきた。ＦＤの基本的構成要素は、知識＝専門分野、大学組織、大学教授職である以上、これら個々の独自性と相互の関係の研究が欠かせないことが分かる。したがって、そのことはＦＤの制度、組織、風土、行動、意識などを社会学的に問題にするのであるから、これらの視点を制度化(institutionalization)の必要性、現状、課題の視点に集約して論究する必要があると考えられる。

制度化の必要性

第一に、制度化の必要性を考えると、それは学問の論理を組み込んだ大学制度の導く必然の帰結という他ないだろう。現在、ＦＤが必要なことは大学組織が学問の府としての社会的重要性を高めており、その存在理由を鮮明にするために、「自己研究」に基づいた改革以外にないことを想起すれば、明白である。専門分野の発展に貢献する大学は、その論理を十分に遂行しているか否かを自己研究、自己評価によって明確にするとともに、その成果を社会的に発信し説得する以外に特別な策は無いに等しい。学問の府であり、最高学府である大学の存在理由は知識の機能を十分に発展させ、学問の発展に貢献する以外に社会発展に寄与する方途はない以上、具体的には教育、研究、社会的サービスの向上による社会的貢献に専念するのみである。翻ってそれは学事従事を生業とする専門職者たる大学教授職の職務に他ならず、しかも同じく知識を媒介に諸活動を展開する典型的な職場に拠点を構えている以上、知識の機能を包括するスカラーシップの在り方を問いつつ、自己自身がアカデミック・プロフェッション＝大学教授職の資質向上を図ること以外にアカウンタビリティ＝説明責任を果たす方途はないと考えられる。その意味で、広義のＦＤの遂行はもとより、とくに現代の大衆高等教育段階にあっては狭義のＦＤの遂行によって、教育改革に資することがＦＤの中核の問題として問われているはずである。

英米の歴史と特徴

第二に、欧米での制度化の歴史を見ると、ＦＤは決して新しい概念とは言えず、むしろ古くて新しい概念である。大学組織や大学教授職の本質である学問探究と密接に関係するとの視点からすれば、起点は八〇〇年前の中世大学誕生と機を一にするはずだが、現実には大学教授職がそれを体系的に意識した歴史は先進国の英米を例にとれば近々一九七〇年前後からであり比較的新しいことは否めない。だとしても、ＦＤ論議が登場したばかりの日本に比較すると、その起点はやはり古い。

その本場と目される米国と英国の中でとくに米国に注目すると、二〇世紀前半から大学教員の資質改善への取り組みが開始され、その時点から大学の質的水準ならびに大学教授職の確立を模索した動きが開始された（有本編、一九九二）。この時点から大学の社会的比重が増大し、大学の教育研究を土台とした質的水準が問われ、教員の専門職の力量が吟味される必要性が生じたと推察される。とくに、最初の段階では、大学組織にとっても専門職にとっても、当時の学問中心地であるドイツ大学との格差是正が意識されたので、研究や科学の側面の改善が課題であったのであり、研究水準の向上に主力を傾注したのは当然であった。その意味では、この段階ではスカラーシップとは研究や科学と同義の段階にとどまったのであり、ＦＤの主領域はもっぱら研究に置かれた。

米国の事例を瞥見すると、外圧に伴う制度化を余儀なくされた点はあるとしても、ＦＤの精神が大学や大学教授職の自主性、主体性、自律性、自己統制を重視する視点にある点を最初から意識している兆候のある点を見逃せない。本格的な取り組みは、一九六〇年代以降、とりわけ一九八〇年代後半以降である点は考慮する必要があるとしても(Astin, 1985, p.163: ボイヤー、一九九六)、比較的早くからアクレディテーション方式の評価が開始されている事実は、その証左となろう。つまり、一九世紀末から二〇世紀の初頭にかけて、いち早く教授職の向上が意図されていることが分かるのである。

他の特徴としては、最初は研究中心のＦＤが展開されたとしても、次第に教育への比重が高まった点に見出される。その動きの集約は現在のスカラーシップ(学識)が研究のみではなく教育との統合の中で考えられている点に見出される(ボイヤー、一九九六)。その前哨として、とくに教育の見直しが開始されたのは一九六〇年代以降であるが、そこでは研究パラダイムが優勢を占める中で教育軽視の反省が生じたこと、あるいはとくに一九六〇年代に進行した高等教育大衆化と学生増加に伴い教員の資質開発の必要性が生じこと、さらに一九七〇年代には伝統的学生人口の減少に伴い、大学淘汰や合併の可能性が高まった事実を背景に成人学生層の大量入学政策が招来され、多様化する非伝統的学生層を対象とした教育改革が必至となったこと、等が大きな原因を構成している。こうした米国の先例は、基本的には高等教育の大衆化がいち早く到来した事実、あるいは進学人口の縮小に伴う経営危機の到来に対して、遠くは中世大学の学寮制に淵源する英国大学から継承された大学教育の伝統、すなわちアングロサクソン的な教育に対して熱心な伝統も手伝って率直な対応を行ったことに他ならない。

第五節　ＦＤの社会的条件と機能──制度化の現状と背景

日本の現状

米国に比し、日本での制度化が遅滞している事実は明白である。日本の場合は、ＦＤが大学の自己研究機能の一環として重要であるにもかかわらず、現実には教職員の関心は依然として低調であるし、大学の教職員の間に共通理解を得る段階にはほど遠い状態に低迷している。加えて、学問発展、社会変化に伴う教育環境が変貌を遂げ、高等教育の大衆化段階が深まり、授業や教育の構成要素に変化が生じ矛盾が生じ、その放置は教育の悪化を一層深刻にすると予想される。その制度化は早晩回避できない。(このような二〇世紀後半に観察された事実は、二一世紀の初頭を迎えた現在では、かなり改善されたことは否めないが、それでも大同小異の傾向を示していることは、本書の他の部分で論じているとおりである。)

何よりも学問発展は、知識＝専門分野を素材にした制度である大学固有の論理であるから、大学の本来の機能からの要請である。さらに情報化、国際化、成熟化、産業構造の変化、経済的緊縮、伝統的学生人口の長期逓減、市場原理大学政策の導入、など外部環境変化が教育環境の見直しを迫っている現在では、教育環境を成立させる条件としての社会環境の変化は教育革新を回避できないし、その回避はアナクロニズムに陥るのである。大学を取り巻く情報・技術革命・施設設備・文化などの変化は、大学の教育過程へ反映するのであるから、それに対応した環境整備が急がれるのである。例えば、国際化の影響一つを見ても、国際化は日本の大学の唯我独尊を許さないし、世界に通用する教育の中味、技術、水準等を要請する。従来の日本の大学教育は世界的に評価が低い傾向は否めなかったが、それを克服していわゆる世界への共通性、通用性、互換性を備えたカリキュラム、試験や評価の手順、学力水準、が整備される必要に迫られる。

これら制度化促進要因の全部を扱う紙幅がないので、それは別の機会に譲り、ここではＦＤの教育の視点に関連した部分に限定して、研究の枠組みで描いたＦＤの社会的条件と機能の両面の考察を行うことにしたい。

一　学問の発展と論理――研究と教育の齟齬

教育の観点

まず、ＦＤの社会的機能の側面を先に見ると、何よりも、知識＝専門分野の未曾有の発達がＦＤの制度化を無視できなくしている点に注目すべきである。知識、上級知識、専門分野を素材として成り立つ大学組織体にとっても、大学教授職にとっても、その発展は無限の影響を与える。総論的なＦＤが学問の発展を意図する限り、研究重視は当然としても、研究のスピードに教育、その他の活動が遅滞を起こし、学識が奇形化し、大学自体の存在価値が問われる状態になれば、それはもはや看過できない。学問の新陳代謝が活発に展開され、専門分化が進行している現在は、ともすると学問の最先端のタコツボを無数に産出する陥穽に陥る。専門分野をベースにした講座、学科、研究所、学部が叢生する。それを放置すれば、研究や研究主義の論理が支配し、跋扈し、学問と学問の繋がりは希薄化し、脈絡がない状態が出現する。学生は学問の荒野に投げ出され、無数の学問の連携、統合、統一を手探りで模索せざるを得ない。学問の持つエントロピーの拡大は、教育の学識を機軸にしたＦＤを必要としており、大学教員は、それら分化した学問の有機的関係や統合によって、学生の教育に責任を持つ必要が高まらざるを得ない。タコツボに即結する専門教育と同時にササラ型の教養教育の比重が高まっており、専門領域を研究すれば、そのまま学生の教育ができるという予定調和の時代は終わり、教員の側における教育の観点からの研究や学習が不可欠になっているのである。

カリキュラム編成

こうして、細分化する学問の現状に教育の観点から再構築の試みを挑戦することが不可欠である。例えば教育学の場合、戦後の教育学が学問的構造の摸索を図って形成した学科・学部編成を乗り越え、現代の教育学の構築の視点から、社会変化の中での人間形成の観点からの教育学の構築を模索する必要があるとすれば、こうした学問変化をカリキュラムに移行させ、それを的確な方法論によって学生に教授するためには、教員のスカラーシップや技術の革新が必要と言わざるを得ない。そこに学問研究の論理と対峙した教育のＦＤを帰結する必然性があるはずである。

例えば、カリキュラムは学問の発展を媒介に革新を迫られているにもかかわらず、古い構造を温存しており、最新の学問の発展や学生、社会のニーズとの乖離を深めている。現在の学問は、各専門分野の細分化が急速に進行しているため、他の学問分野との連携や統合を失って、タコツボ化する傾向を持っている。これは学問の研究から必然的に生じる現象であるが、この研究の側面で生じる傾向を放置するのではなく、教育の側面では克服する必要が生じている。カリキュラムは研究で発明発見された知見や知識を学生に伝達するために適切な教材に編成するのであるから、いわばタコツボの中の研究を連関させササラ型の構造に再編成するために有機的に統合を試みる必要がある。同時に、専門領域に即した教育は専門教育には有利であるが、教養教育（教養的教育）には不利である。その意味から、現在は専門教育と教養教育を統合したカリキュラムの形成が困難となっている。

研究優先、教育軽視の傾向がある教員自身は、教育を考える場合でも専門教育重視の傾向に陥りがちである。それにもかかわらず、むしろ現在は学生の多様化の進行に伴って、教養教育の必要性が高まっており、教養教育の重視は、専門分化した学問を整理し、学際的あるいは学融的な観点からの優れたカリキュラム＝教材・教育内容の構築とその教授の必要性が生じている。このようにして、現在は学問発展とカリキュラム編成との間にズレが生じており、カリキュラムへの適切な対応が欠かせなくなっている。ＦＤの視点はもとより、学問、大学教育の視点から見ても、カリキュラムの研究は重要性を高めているのである。それにもかかわらず、カリキュラム研究は、高等教育研究の中では最も立ち遅れた領域の一つになっている現実があるのである。

二　高等教育の大衆化段階の進行

授業について行けない学生

次に、ＦＤの社会的条件を見ると、種々の要因が存在するが、概して重要な点は、高等教育の大衆化への転換が急速に進行している現在、ＦＤを誘因する直接の原因がそこに見られることである。マーチン・トロウ（Trow, 1974）のいうエリート型から大衆型の高等教育への転換は一九六〇年代半ばに形態的かつ物理的には生じている。日本では欧米に比し、急速に大衆化を実現した（市川編、一九九五、一七頁）。学生の大衆化、多様化は高等教育の大衆化段階への移行によって、新しい学生層（成人学生、パートタイム学生、留学生、女子学生、リカレント型学生など）の大学進学傾向を強めている。米国はその先進国であり、その対応がいち早く要請された（江原、一九九四ａ・ｂ）。これに対して、日本では時間的に遅滞があったものの最近急速に遅滞を縮小している。米国にいち早く出現した学習意欲・基礎学力・資質の低下現象は徐々に進行し、現在では全国調査では「授業についていける学生」は四割に過ぎず(日経リサーチ、一九九五、六二頁)、また授業にリメディアル教育=補習教育が必要となっている(荒井編、一九九六参照)、などの事実が報告されている。学生と教員の間の距離、亀裂、齟齬が顕著になっているのである。

学生と教師の間の距離

例えば、戦前の一〇%未満が大学生になる時代と、今日の四〇%以上が大学生になる時代とでは、同質の大学教育を期待するのは困難であり、ある意味では天動説から地動説へのパラダイム転換が求められている。それは、リースマンの説を援用すれば、教員中心型革命から消費者中心型革命への転換といってもよい(リースマン、一九八六)。日本は米国が経験した大衆化の内実を追走し、経験していると言っても過言ではない。とくに現在のユニバーサル・アテンダンスからユニバーサル・アクセスの時代に突入しているポスト大衆化段階では、教育の量的拡充よりも質的充実が課題であり、量的効率追求から質的効果追求が問われる。右肩上がりの時代の大衆化に成功を収めた放任型の教育観では、組織のリストラ、教員の合理化、あるいは量的拡大期の教育インフレに伴い進行した学生資質の多様化には対処できない。大衆化の量的発展と質的保証との間に矛盾が蓄積し、小手先だけの対応では追いつかなくなり、遅ればせながら教育改革が不可欠になったのであり、とくに学生の多様化に応じた教育内容、教育方法、教育環境の整備が欠かせなくなった。しかし、それに対処すべき教員の大衆化・多様化も進展し、全体に老齢化が進行し、年齢・世代間のズレ、学問分野集団間の断層が存在し、意志疎通を欠如する傾向がある。この現実への対応はＦＤへの要請を促すと言わなければならない。

三　市場原理の導入と大学組織体の改革——説明責任の重要性

社会が右肩上がりの時代には、大学組織も発展を持続するので、FDが大学の論理であるにもかかわらず、直接それを意識せず、等閑に付す傾向があるし、それは従来の日本の大学の慣行や風土を示した。その放置はツケを蓄積したが、現在の右肩下がり気味時代の到来は、その放置は組織自体の存亡に直結するのであり、一日延ばしの先送りは許されない。

市場原理の深化

大学は市場モデルの時代へ突入しつつある（天野、一九九四）。その点、市場経済の強化に伴う合理化、効率、構造改革の論理によって、大学の経営的側面の重視、それとの関係での組織や活動の見直しが必要とされる。いわゆるアカウンタビリティ（accountability＝説明責任）の側面は市場原理や経済合理性の視点から大学の存在理由の追及を迫る。これは世界的現象であり日本のみの現象ではないが、日本の場合には、国債発行に見る国家や地方自治体の四八八兆円（二〇〇四年現在では七四〇兆円とも言われている）もの構造的財政赤字やバブル崩壊後の企業の不良債権処理などに見られる経済的危機、戦後システムの制度的疲労などの深刻な状態が顕在化する状況の中で、経済、財政、行政などの抜本的構造改革を回避できない事態を迎えている。国際的枠組みの中で構造改革の立ち遅れた日本社会の現実を直視すれば、大学の構造改革を度外視することは不可能である。

一連の答申は政府や社会が投資に見合う生産性を大学へ求め始めた動きに他ならないし、今後その度合いは一段と強まる見込みである。こうして、端的に言えば「臨調路線」が大学世界へ浸透し、組織体の改革を迫っているのである。

例えば、臨時教育審議会は各種の提案を行い、大学改革の必要性を指摘したが、そこから誕生した大学審は各種提言を行っており、その出発点には大学改革案（一九九一年の文部省令によって明確にされる施策）を提言した。この系譜を辿ると、大学は無駄を廃し、効率や効果を追求し、社会的レリバンスを問われる度合いを強めたのであり、個性化、重点化（資源の傾斜配分）、大学評価などはその所産である。要するに、大学への経済投資に見合う効果が要求され、税金の無駄遣いを廃し、質の高い教育への要求が高まり、大学教育の品質管理が問われるようになったのである。大学組織の縮小、衰退、解体は決して空論ではなく現実のシナリオと化した。（実際、一九八七年の大学審答申によって、加速され、二〇〇四年の国立大学法人の実施、機関別認証評価の導入などは、このシナリオを推進することになった。）

売り手市場の大学

研究者が大学淘汰時代の到来を予告して以来一〇年近い歳月が経過せんとしている現在、その時代は漸く現実味を帯びる段階に入りつつある（喜多村編、一九八〇参照）。シュミレーションに従えば、学生人口の変化が生じ、今後二〇年間に八〇万人近い伝統的学生が減少するとの統計が予想されており、現在の二〇〇万人から一二〇万人と四〇％もの減少が見込まれることから、相当数の大学が淘汰されてもおかしくない現実が待ちかまえている。大学は学生を選ぶ時代から学生によって選ばれる「消費者主義の時代」へと着実に展開し、「買い手市場」から「売り手市場」へと転換する中で、大学間での学生争奪戦争が熾烈化し、魅力のない大学は確実に市場価値を失うと予測される。

企業は、不況の時代には、終身雇用、年功序列から能力主義への転換を図り、生き残るために優れた人材を血眼で求めるから、大学卒なら誰でもよいというバブル時代、あるいは右肩上がりの時代の慣行は俄然色あせる。大学は経営合理化を進め、教員の質の向上を画策せざるを得ない。

こうして、大学のサバイバルのためには教員の資質向上は、基礎基本であり、それなくして学生に魅力ある教育や付加価値の付与は不可能であるとの認識が高まることになる。アカウンタビリティ、レリバンス、大学淘汰、市場価値、市場競争は大学組織の経営努力を期待し、学問的生産性の中身を問い、学生の学力や付加価値を吟味し、ひいては大学教員の品質保証や品質管理の期待を強めずにはおかない。

四　設置基準の大綱化――市場原理の中の学問の自由

設置基準の大綱化は現実の政策として導入されたが、省令という外圧によって旧来の教育の見直しを教員に期待することになった。全学での教養教育への取り組みは、すべての学部での学部教育の見直しを必要としており、専門教育型ではない教養教育型の教育への参画を教員に期待するのである。全学部での教養教育型の教育の摸索は、教育に対する教員の意識、態度、資質、技術、哲学を根本的に考え直さずして、この新しい改革に取り組むことはできない(有本・山崎編、一九九六)。かくして、大綱化と組み合わされて導入された自己点検・評価を起点にして、さらに相互評価や他者評価(外部評価)を導入する時代が到来している。大学改革の起点となった文部省令は、いわゆる大綱化とか規制緩和であるが、その範囲内での自由を大学に付与することを条件に、自ら質の統制と維持を期待し、自己点検・評価をワンセットとして導入した。この時点ではまだ外部評価を義務づけなかったことは、大学人への信頼と責任を担保している事実であり、評価されるべきである。すなわち、大学評価の基本はあくまでピアレビュー型の評価であり、これを欠如するならば大学はもはや「学問の自由」を維持できない恐れが多分にある。

学問の自由の追求

学問の自由の追求は、他者評価以前に教員自身が自己研究によって資質を高める必要があることを示すものであり、それはアクレディテーション型の評価が基本であるが、日本では立ち遅れたことを勘案すると、まず「自己研究」の確立が期待される。ＦＤはこの種の学問論理に根ざした主体的評価を伴う運動であり、大学組織が生き残るためには当然のことである（有本、一九九四）。（このような段階から、一九九八年の大学審の答申によって、第三者評価の導入が提言され、実際に二〇〇〇年から大学評価・学位授与機構によって第三者評価が実施に移されることになったが、その点は本書の他の部分で扱うことにしたい。）

五　「学歴社会」から「学習社会」への転換――教育過程の品質保証

これは、ユニバーサル・アテンダンス型からユニバーサル・アクセス型への構造転換を意味し、進学率を高める時代から、教育＝学習の中身を問題にする時代への移行を意味する。量＝効率の追求から質＝効果の追求の時代であり、外国を目標に追いつくための定量的競争から、モデル無き時代におけるモデルの模索であり、定性的競争の試行である。

図らずも、大学審審議概要（大学審議会、一九九六）は、計画整備の基本が従来の一八歳人口の進学率ではなく、成人学生あるいは外国人留学生の増加を計算に入れた想定に変更したが、これは生涯学習の受け皿を大学に期待する時代が到来したことを物語る。成人学生は、パートタイム学生、非伝統的学生の増加を意味するのであり、フロントエンド型の教育から就職への接続ではなく、就職から教育へのリカレントを含む以上、大学教育の内容、技術、付加価値付与などに革新が欠かせない。こうした非伝統的学生の間では量としての学習から質としての学習が一層問われるに相違ない。学歴よりも学力・付加価値・学習効果の重視(to get型から to be型の教育への転換)が問われるはずである。

質的保証の時代

従来の入口重視型の大学から出口重視型への移行は、出口での「品質管理」の強化を教育機関としての大学に求め、スループット部分の充実＝教育過程(その中心は授業)の見直しを要請する。大学は教育の終着駅ではなく、生涯学習の一時停車駅にすぎない。その意味で、stop out が生じたり、再教育の必要性が生じる。社会人学生にリカレント教育やリフレッシュ教育として門戸開放を行うのは自然である。

上述した高等教育の大衆化段階への移行によって、新しい学生層(成人学生、パートタイム学生、留学生、女子学生、リカレント型学生など)が大学進学機運を強め、学歴・肩書き・レッテルよりも学力・付加価値・学習効果、さらに自己実現が一層追求される度合いは高まる。こうして、教員の役割の転換は避けられず、注入型から学習者支援型へ、講義型から少数ゼミ型への革新が不可欠となる(有本、一九九五。示村、一九九六)。従来の入口重視型の大学から出口重視型へ移行し、出口での品質保証・管理を強化することは、教育機関としての大学にますます求められるはずであり、そのことはスループット部分＝教育過程(その中心は授業)の充実の見直しを要請している。

以上から、総じて大学教育のＴＱ(Total Quality)を重視し、質改善の持続(Continuous Quality Improvement)を追求する「質的保証」の時代が到来しており、入り口から出口までの全体的なプロセスを十分に考慮した教育革命が欠かせない(cf. R.G. Lewis & D.H. Smith, 1994, p.11)。

第六節　ＦＤの社会構造——大学教授職の風土

大学教授職の実態

ＦＤの社会構造には、種々の研究領域があり、そうした各領域の研究が欠かせない。とりわけ知識＝専門分野の統合を目指す「学識」の側面から教授職へとアプローチすること、同時に知識＝専門分野の統制を目指す管理運営組織の側面から組織体へとアプローチすることは、重要である（図２－１参照）。管理運営組織から分析する視点は別の機会に譲り、ここでは主体である大学教員＝教授職の実態のみに若干触れる。その実態を見ると、教育を軸にしたＦＤへの取り組みが弱いことが分かる。喜多村は、一九八〇年頃、外国人教師に関する広島大学大学教育研究センター調査を分析して、日本の大学教員は、①研究志向、②系統的カリキュラム不在、③授業形態・方法が画一的、④教師と学生はなれ合いと甘えの構造になっている、⑤一方通行授業が支配的、だと指摘した（喜多村、一九八八。このような全国的な現実は、一五年以上経過した今日改善されたかといえば、多少の進展を見たものの基本的には同様の問題が横たわっていると観察されるに違いない。）実際に教育への取り組みが弱い点をみると次のような事実がある。

一　ＦＤの規範構造——研究志向と教育志向の亀裂

ＦＤの規範やエートスは学識を機軸に構想されるが、研究と教育は両輪であり、とりわけ教育が中心を構成する。しかし日本の教授職は教育への志向が依然として弱い事実は各種調査の分析によって明確になる。

カーネギー調査の警鐘

例えば、最近のカーネギー国際調査によれば、日本は研究志向であり、教育への関心が世界的に下位にランクされ、教育軽視の傾向が指摘できる(Boyer, Altbach, Whitelaw, eds., 1994)。「関心が教育と研究のどちらにあるか」に対して日本は七三%が研究志向を示し、男性、若手、理工系にとりわけ研究志向傾向が強い。世界的には、ラテンアメリカ型(メキシコ、チリー、アルゼンチン)は教育志向、ドイツ型(ドイツ、オランダ、スウェーデン、イスラエル、韓国、日本)は研究志向、アングロサクソン型(英、米、オーストラリア、香港)は教育・研究志向、となる(有本章、一九九六。有本章・江原武一編、一九九六)。日本の大学は戦前以来、ドイツモデルを移植し、研究と教育の統合を学部の中で実現する方途を探ったが、実際には教育よりも研究が優位を占め、研究大学型の風土が全大学および教員の間に醸成、蔓延し、現在もそれを克服していないのである(有本章編、一九九三。広島大学自己点検・評価委員会、一九九四。有本章・山崎博敏編、一九九六。日経リサーチ、一九九五参照)(4)。

こうして、とくに教員の資質の向上が追求される必要性が生じているにもかかわらず、教員の多くは自己の授業に自信を保持していると考えている節がある。徳島大学の事例では、「八〇%以上の教員は自分の講義を学生の半分が理解できているはずと考えているが、学生の意見によると、半分以上理解できた学生は三七%に過ぎないとし、教員と学生のギャップが少なくない」と報告されている(青山、一九九五、三三-三五頁)。この結果は、高等教育のエリート段階の教育スタイルはもはや現在の大衆段階の学生には通用しないことを示唆している。

二　研究大学モデル支配とFD制度化の遅滞

現状の教育不振を克服するには、その原因の診断と処方が欠かせない。簡単に対症療法が可能になるほど原因は明確ではなく、種々の要因が複合して、長い時間をかけて教育不在あるいは不振の兆候が形成されている点を見逃せないという状況が存在する中で、概して研究モデルの超克が問われるはずである。

「帝国大学」の鋳型

まず第一に、制度的背景を探ると、日本の高等教育の規範構造に問題があることが分かる。高等教育の在り方を規定する鋳型の役割を果たしているのは「帝国大学」モデルの大学像であり、そのコロラリーとしての大学教育像である。それは少数精鋭のエリート型教育に見合い、研究と教育の予定調和説を志向している。移植元のドイツモデルは本来研究と教育の統一を追求したものの研究主義支配を招く結果になった。一九世紀のドイツ大学は、現代の大学の原型の一つを形成しており、上述の国際調査でもその研究主義はオランダ、スウェーデン、イスラエル、韓国、日本などのシステムに広く刻印されている。日本では、「帝国大学」の権威を強力にする国策を踏襲し、新制大学制度の下でも当モデルは君臨し続け、後発大学の追随する鋳型となった。天野が指摘した「帝国大学」と「専門学校」の格差は戦後拡大再生産されたにもかかわらず（天野、一九八六参照）、両者間には画一化が進行した。高等教育の大衆化段階に見合う大学像の構築が画策されるはずの戦後制度にあっても、この鋳型からは画一的な大学像や教育像が再生産され続けた。その所産としての大学の文化、風土、土壌を一挙に転換することは至難の業となるのは不思議ではない。

制度的鋳型の強力な作用を支えているのは、研究主義の規範と一体化した評価・報賞システムの存在であることは明白である。研究重視は、大学が専門分野に依拠し、研究によって学問発展に貢献する制度である限り、重要な役割期待であり、それを放棄することは大学の存在理由の放棄を意味するから、今後も高い価値を付与されてしかるべきである。その意味では、教員の任用・昇任・各種称号の付与などの人事では、教育よりも研究が選考基準として優勢を占める理由がある。

一元的評価

すでに本書の中で若干触れたように、大学にはアカデミック・ドリフト現象が見られ、学問中心地の主要機関をモデルにして他の機関が競争を展開するが（クラーク、一九九四）、頂点に君臨する大学が単一の大学像を描くならば、他の機関もそれに追随して画一化する結果が生じる。研究主義一辺倒はその具体例に他ならないし、そのようなシステムでは、大学間や大学内での役割分担の未発達状態が見られ、学部での教育と研究の調和の美名の下に研究主義が跳梁し、各大学が研究大学に追随しても奇異ではない。大学の個性を鮮明にする評価機能は作用せず、作用する必要はない。研究という一元的尺度に依拠した評価は、戦前からの伝統を持つ研究大学を頂点に簡単に識別できるし、確立した権威体系を打破する方向に働くこともない。こうして大学評価は発達せず、それを任務とするはずの大学基準協会の形骸化が生じ、アクレディテーション型評価の長期間にわたる不毛で未発達な状態を導いても不思議ではない。

学歴社会

第二に、産業社会の選抜装置として機能した学歴社会の存在が大きい。右肩上がりの大学進学率が顕著な時代は、学問の府は、大学教育の中身よりも入口での選抜と出口での配分が支配的であっても、社会的な批判を免れ得るし、総じて質よりも量の追求に陥り、教育を数量化した学歴・肩書き・レッテルが跋扈する結果を招いた。教育の品質管理が等閑に付された学問の府は、選抜装置と化し、学習の儀礼化、学歴偏重、学歴主義の現象がはびこる学歴社会を構築することに加担したことは明白であると言ってもよかろう。

大学社会の内部が自己の使命の自覚を放棄した背景には、社会自体が大学教育に関心を示さず、むしろ大学の入口

（入学・入学試験・偏差値）に関心を集中させ、高騰する授業料に見合う教育の中身を詮索することに無関心であったことに起因する。学生も教育の実質に関心を払わず、偏差値、輪切りによって大学を選択する傾向に拍車をかけた。産業界は大学教育に期待せず、受験競争の勝者が獲得する競争力、忍耐力、根性などをリクルートの基準にした。大学の教育力が等閑に付され、個々の学生の学習力や学力を吟味するよりも、指定校制を敷いて、学校としての威信や偏差値を重視する風潮が支配した。それは四年間のなんら大学教育に期待しない風潮を瀰漫させた責任を問われるが、ましてや青田刈りや早苗刈りに走った責任は一層重いと言わなければならない。

教育改革の立ち遅れ

第三に、大学改革の先送りの問題がある。社会の責任が大きいとしても、大学の責任が皆無とは言えないし、むしろ大学は固有の使命、目的、役割の追求を十分自覚するに至らなかった責任は重い。社会や企業に従属するのではなく、大学は学問による社会発展への貢献を責務とする使命を担っている以上、その放棄は大学の名に値しないのは道理である。戦前からの研究主義を継承した規範、文化、風土が強いあまり、大衆化が進行し、教育不在のツケが限界に達し、改革が不可欠になった時点でも大学内部からの教育改革への動きは遅々として生ぜず、停滞した。この責任の一端は専門職を自認する大学教員の無自覚、消極性、手抜きに帰因すると言わざるを得ないだろう。最近ではＦＤを基軸とし、梃子とした改革の推進に対して総論賛成の方向に歩み始めている兆候は認められるものの、総じて意識改革の遅れは総論賛成各論反対の段階にとどまり、ＦＤの制度化や体系性を喪失したままの教育論は旧来のカン・コツの域を脱皮していないのである。

第七節　ＦＤの課題――構造と機能の改革

授業の三点セット

ＦＤの現状が不振である以上、ＦＤの構造と機能の諸領域に即した改革が欠かせない。総論的にはＦＤの制度化を阻止してきた上記の各種要因を克服することが欠かせない課題となる。各論的には今日のＦＤの中心課題が教育改革にあるとみなせば、制度や組織の見直しを授業中心に教育過程や教員へ焦点を合わせた視点から取り組む必要があるはずである。ＦＤの主体である組織体と教授職の双方からの有機的な取り組み以外に有効な方法はないだろう。授業の改善を行うには、授業の要素に注目し各要素に即したＦＤの取り組みが課題となる。

一　授業構成要素の改革

授業の基本的な構成要素は学生、教員、カリキュラムである。学生は主要素であるから、これを尊重するのは当然であるにもかかわらず、従来は学習者中心に学習者の学習支援が重視されるよりも、教員中心に教授―学習過程(teaching-learning process)が成立した。そこでは、学習の主体である学生の現状への配慮が欠如する傾向を生んだのは当然の結果である。しかしながら、その間に学生の多様化（不本意入学、一般学生、無気力、学力低下、私語・無語・死語現象など）が進行している実情を無視しては、現代の授業は活性化できないことは自明である。

カリキュラムは優れた教材・教育内容の作成を学問発展の現状を踏まえて実現するべき領域である。高等教育研究で最も立ち遅れている領域であるが、優れた授業の構築には不可欠であり、体系的取り組みが期待される。世界的に生態・環境破壊、人口爆発、民族紛争、人権、医療、等々、の診断、処方、解決をめぐる学問の必要性が高まりつつあるし、それを的確な方法論に依拠して研究し、成果をカリキュラムに編成し、教材化する作業は研究と教育の両方に責任を負う大学人の使命である。研究と教育を学識の観点から統合するＦＤの主領域として改革が追求されなければならない。

教員資質の改善はＦＤの根幹であり、自己研究を土台に教育環境の変化の分析と対応等が必要である（下記参照）。

二　教育過程の改善

授業を核にした教育過程全体の改革はＦＤの大きな課題である。さまざまな観点からの取り組みが必要であるが、とりわけ組織体の構成要素や教員に即した観点が中心となる。

規範の構築

第一に、組織体全体におけるＦＤの規範構造の構築が課題である。戦後一貫して、各大学が教育改革に消極性を示してきた背景には、大学が教育に関する的確な規範を保持せず、組織の中枢に的確な価値が提示されていなかったことが大きい原因を構成している。大学の理念・目的およびそれとの関連で大学教育の理念・目的を十分に確立した上で、大学教育を軸にしたＵＩ（大学のアイデンティティ＝自己像）の構築が、畢竟はＦＤの推進を実現する大前提である。

組織体の改革

第二に、組織体の縦横の各レベルの具体的な取り組みが不可欠である。まず講座、研究室、学科などの組織体のボトム部分を構成する運営単位では、教育組織の再編成と関連してチーム・ティーチング、モニター制、授業参観、ポートフォリオ(Portfolio＝教育業績に関する自己申告)などの体系的な導入が必要であるのであり、学問の最先端に直接取り組んでいる研究者が教育者としての力量を発揮するには、この部分での自発性が十分発揮される可能性が強いし、そのエネルギーを枯渇しては、上部の活力へと連結しない。

その上の、学部レベルの教育に関する自己点検・評価あるいは研修活動は次第に導入される傾向にあるものの学部による格差が少なくない。積み上げ方式の学問体系を特徴とし、資格試験の合格が求められる領域、とりわけ理系の専門分野の授業では、例えば工学教育、医学教育などでは概して熱心な傾向を観察できる。

さらに、全学レベルに至ると、授業研究室やセンターの開設などのFD体制の早期制度化が期待されるものの、現実にはその緒に着いた段階にすぎない。全学レベルの自己研究装置(institute for institutional study)の制度化が徐々に整備されつつあり、大学教育研究センター等の設置はその一端を示すが、実際には授業開発に焦点を合わせた装置は意外に少ない現状にあるから、その革新が問われる。授業に関する訓練を全学レベルで取り組むことは少数の大学で開始されたに過ぎない。ちなみに、そのような訓練のフォーマルな装置の設置と同時に、全国的なネット・ワークによる協力体制が必要である。(国立大学では全国大学教育研究センター等協議会を一九九六年に創設したが、その後徐々に発展して、二〇〇四年現在、全大学八九大学の中で漸く二五大学が参加するまでに至った。)

教員評価

第三に、教員に関しては教員評価の改善がＦＤの具体的推進の上で不可欠の里程である。にもかかわらず、実際には国際的に見た場合、日本では教員自身からの反対が強く進展しない傾向にある(有本、一九九六)。教員評価には、主として教員による教員の評価、学生による授業評価を通しての教員評価、同窓生による教員評価などがあるが、卒業生の学力資質の向上を図る視点からこれらのそれぞれの制度化が図られることが期待される。上司が人事考課のために行う「形式的評価」と同僚がモニター制によって相互評価しあう「形成的評価」があるが、これも後者のボトムアップに対してトップダウンの前者も必要であるとしても、長期的にＦＤの質を高めるにはボトムアップの後者を中心に発展が期待される。

研　修

また、若干の大学が着手している初任者研修の他に、現任者を対象にＯＪＴを加味した研修・再研修・ワークショップなどが欠かせない。これらの企画主体はＦＤ委員会、あるいは自己点検・評価委員会、教養的教育検討委員会、大学調査室、さらには大学教育研究センターなどが担当する場合が少なくないだろう。これらの企画実施主体が公開研究会を開催し、あるいは学内の併任研究員を活用することは実質的である。また、必ずしも学内制度に依存する必要はなく、大学セミナー・ハウス、全国大学教育研究センター等協議会、学会など大学横断的な組織が適切な企画、実施に関与することは今後必要性を増すに違いない。その意味で、ＦＤの研究および実践の観点に即して各種の教育関連の学会や協会を整備する必要性が増すはずである。

三　教員資質の改善

資質の改善

第一に、広義のＦＤ概念に即して資質改善を模索することが課題である。具体的には、①大学の自己評価機能の開発、②個人と組織の研究機能の開発、③個人と組織の教育機能の開発（大学教員研修）、④個人と組織の社会的サービス機能の開発、⑤教員人事機能の適正化の実現(大学教員評価)、⑥管理運営機能(マネジメント能力)、⑦教員のライフコース、ライフサイクルの見直し、などが考えられる。この中、ライフコース、ライフスタイルの見直しは、実際の国際調査等でも明確になっているように、大学教員は種々の属性によって異なる素顔を持っていて、それを一様に扱えない点から起因する。一般に日本の若手教員は研究志向、年長教員は研究志向ながらも教育志向への比重が増大する事実が認められる(有本、一九九六。有本・江原編、一九九六)。FDが教育の観点を重視する場合、若手教員と年長教育への対応を一様にするのではなく、特性を考慮した対応が可能であろう。研究の観点のみに留意しても、研究生産性は三〇歳前後と定年前に高揚する傾向があるので、おおむねラクダのコブ曲線を描きながらも、専門分野毎に異なる形状を具現することから(ボイヤー、一九九六)、ライフサイクルでの役割分業と統合が現実に即して構想され得るはずである。また、そのような観点を踏まえると、教員の時間の使い方の見直しが再検討される必然性があり、教育や研究の本質的活動へ集中できるような体制の模索と整備を欠かせない。サバティカル・イヤー(研究休暇)が制度化される必要は、時間的余裕の確保から現実性を帯びているが、その場合、研究よりも教育の側面からの見直しが留意される必要があろう。

学識の再考

第二に、教員のスカラーシップ＝学識の再考は、FD先進国のアメリカで現在論議され始めた事柄であるため、今後の展開が注目される問題であり、日本においても当然論議されるべき課題である。従来の学識の中枢に位置づいてきた研究主義からの解放は大学の規範や理念の問い直しと密接に関連する問題であると同時に、FDの実践論とも深い連関性を持つ。

報賞システムの見直し

第三に、教員の処遇、報賞システムの見直しは、教育規範の見直しとともにきわめて重要な課題であり、FD制度化の実質を左右する度合いが大きい。従来は、研究至上主義の評価体系、報償体系が成立していたため、それ以外の教育や社会サービスへの同調度が低調を極める原因になったことは明白であるのであり、この点を勘案すれば、教育を重視し、適切な処遇を行う制度を確立しない限り、現状の弊害は一向に改善されないに違いない。

四　教員養成の改善

大学院教育

第一に、大学院教育は、研究中心主義の規範、評価・報賞体系に組み込まれているので、FDの観点からは改革を要する問題が少なくない（米国の場合は、Astin, 1985：ボイヤー、一九九六参照）。少なくとも、研究中心の大学院から教育も重視する方向の模索、教育実習の導入、優れた教師への接触、などは改革されるべき課題である。

教員人事

第二に、教員任用・昇任・退職など教員人事の改善もまた、教育の視点を重視して、模擬授業、初任者・現任者研修などとの関連の中で改革されなければ、旧態然とした状態を脱皮できない。従来の研究のみを偏重するのではなく、新しい学識観に立脚した人事政策が樹立される必要があり、契約、任期、終身在職権などの制度にかかわる人事政策においてもしかりである。その場合、FDが教授職の専門職性や学問の自由などと密接に関係する以上、専門職の主体性を基調に置くことは留意すべき重要な視点である。例えば、教育実績の評価を樹立する方向で見直しを必要としている任用・昇任人事の場合の評価は、教員自身の教育に関する実績を重視する方式、例えば前記ポートフォリオを基調にする方向が望ましいはずである。教員がＦＤに主体的に取り組む視点は、この種の改革への契機であり、発展のバネであり、それを欠如して、徒に統制したり強制したりする方式は、大学教授職の活力を阻害し、大学の長い目で見た場合の改革推進に接続連携しないと見込まれる。

結　論――若干の実践課題

以上、縷々論じたように、ＦＤの推進には、知識・スカラーシップを軸に教授職と組織体レベルの双方からのＦＤへの取り組みを車の両輪とする必要がある。ＦＤの計画、実施、自己研究（点検・評価）、が基本過程である。ＦＤのPlan-Do-Check-See である。結論として、大学教授職の現状から生じる実践的課題を整理してみる。

個人の側からの課題

第一に、個人の側からは、①教師としての自己像の確立、自己研究による教師の自覚、教師としての責務遂行の問い直し、大学の理念ならびに大学教員（大学教授職＝専門職）の使命の自覚、などが欠かせず、②授業に関する資質、基礎学力、モラールを身につけるのはもとより、各種研修への参加による付加価値の付与が欠かせず、③学生による授業評価や教員評価を尊重し、学生と教員の増大しつつある意識の乖離を克服する試みが欠かせない。授業の自己点検・評価はＦＤの原点であるから、ポートフォリオ方式による自己研究を基本とし、さらに相互評価や他者評価の導入が客観化のために必要である。改善には、主観（カンやコツ）から客観化（点検・評価）による検証が必要であるから、モニター制、チームによる相互評価などが含まれる。

組織体からの課題

第二に、組織体の課題としては、上部・中部・下部に取り組む課題がある。①大学教育の理念・目的を設定し、大学の自己像＝UIの確立を達成すると同時に、自己研究による教育過程の質的水準の設定を明確にする。②FDの実践を上述したような広義のFDの実践と狭義のFDの実践によって遂行する。③大学教育（学部教育、大学院教育）の自己点検・評価を推進するために、各レベルの自己点検・評価委員会を設置し、学部教育運営委員会（この中に教育方法委員会＝学部教育の自己点検・評価）を設置すると同時に、教授団の資質開発の問題点と課題を明確化し、フィードバックによって次の達成目標設定の明確化を図る。

学識＝スカラーシップ

第三に、今述べた第一と第二の観点を学問の論理＝専門分野の視点から統合する機能を果たすのはスカラーシップであるから、両者の関係に注意を払う必要がある（Moxley & Lenker,ed.,1995）。その視座を踏まえ、大学組織体と大学教授職の統合を目指した再考が課題である。総じて、教育に関する理念・目標・規範の確立が曖昧であった従来の大学教育の在り方を反省することによって、新しい大学教育の規範を設定し、教員資質の形成を模索することが課題である。すなわち、現在は、専門分野を素材に成立する大学組織体と教授職の規範・目的・機能、それと連関したスカラーシップの総合的な観点からのパラダイムの確立が問われているのである。その意味で、四層構成の構造として描かれるボイヤーのスカラーシップ・モデルは示唆に富む（ボイヤー、一九九六参照）。

discovery　発見＝研究の学識
integration　統合＝専門分野間の関連を明らかにする学識
application　応用＝学問の成果を社会に関連づける学識
teaching　教育＝発見・統合・応用を有機的に統合する学識

重要な点は、スカラーシップは、単なる知識伝達以上の意味を持ち、知識を総合・統合し、学問発展に寄与することに関連することである。このモデルでは、ＦＤの主体たる大学教員の資質の前提は、あくまで研究能力に置かれながらも、それをティーチング（教育）と意図的に総合させる点が重要である。従来のように、研究と教育を二本立てと考えるのではなく、四つのスカラーシップをティーチングによって総合する試みが新しい教員資質の形成である。

こうした資質開発はすなわちＦＤの意味内容に他ならないが、その意味でＦＤの推進は教員個人の側と大学組織の側から取り組みが期待されるのであり、その両方が同じ規範や目的を分かち合い、足並みをそろえるとき効果が高まる（図2－1参照）。しかしＦＤの制度化が期待される現段階では、個人側よりも、機関、制度、組織の側への期待がなお大きい。こうした資質の形成は、教員個人レベルではなく、大学の組織レベルならびに教授団レベルでの開発として構想されなければならないのであり、ＦＤは教員ではなく「教授団」の資質改善あるいは資質開発と称する理由がそこに見出される。

評価システム

最後に第四に、組織と教員の評価システムの確立が課題である。新しい教員資質を模索するには、大学の機能を見直し、同時に大学教員の活動を見直し、その活動に対する評価の在り方を見直すことを意味する。とくに、教員の教育能力の評価は重要な課題となる。教員に求められる資質は、大学の教育理念そのものであり、大学の教育理念を実現するために教員の存在があり、その資質を開発することが重要であることが理解できる。その意味でFDは大学の論理そのものである。したがって、大学内外の外圧に押されて仕方なく教育改革に取り組むのでは、大学の主体性、主導性、独自性は無いにも等しいし、学問の自由や大学自治を標榜する論理に乏しく、それでは大学が社会をリードし、社会発展や社会改革への発信基地になることは到底おぼつかない。大学の役割期待は本来、学問発展に貢献する点に見出されるはずであるし、そのためには研究と教育は車の両輪である以上、教育改革は他者からの要請ではなく大学制度自身に本質的に内在する要請に他ならない。大学制度が依拠する学問、知識、専門分野に内在する論理である。

注

⑴　大学セミナー・ハウスの広義の定義は「①大学の自己評価機能の開発、②個人と組織の研究機能の開発、③個人と組織の教育機能の開発(大学教育研修)、④教員人事機能の適性化の実現(大学教員評価)、⑤管理運営機能(マネジメント能力)」であるとされる(大学セミナー・ハウス編、一九九五、一四六頁)。この定義は、結果的に筆者の定義と重複する部分があるが、上述のFDの構造と機能の概念からすれば、専門分野の視点から組織体と大学教授職を問題にする視点を明確にする必要があろう。

⑵　知識を媒介に考える活動の大前提に学習機能の存在する点を見逃せないが、大学教授職を中心に論議する本論では、とくに分析していない。学習を含めた場合には、教員の活動は、学習、研究、教育、社会的サービス、管理運営などとなる。教授―学習過程の学生を対象に入れれば、学習を前提にした理論的な構造を考える必要がある(Astin, 1985: 有本、一九九五、参照)。

⑶　例えば、絹川は「①大学の理念・目標を紹介するワークショップ、②ベテラン教員による新任教員への指導、③教員の教育技法(学習理論、教授法、講義法、討論法、学業評価法、教育機器利用法、等)を改善するための支援プログラム、④優秀教員の支

援と表彰、⑤カリキュラム改善プロジェクトへの助成、⑥教員の研究支援、⑦アセスメント（学生による授業評価、同僚教員による教授法評価、教員の諸活動の定期的評価）であるとしている（絹川、一九九五、一八一頁）。この定義では必ずしも明確にされていない専門分野とＦＤの教育関連構造を明確にするには、例えば学問の専門職たる大学教授職が自らの質的水準を高めるためにスカラーシップの構造や機能との関係の中で学問的社会化（養成、任用、昇任、退職を含めたライフコース）と評価・報賞体系の関係等を体系的に定義する必要があろう。

(4)　個別大学の事例としても、例えば全教員を対象とした広島大学調査から理工系の若手教員が研究志向が強いことが判明している（広島大学自己点検・評価委員会、一九九四）。また、教員の研究志向に対して学生は教員をやはり研究志向で教育に不熱心との見方をし、教員が教師としての役割を果たしていないと見ている。例えば、一・三年生対象の調査中、三年生は専門教育に関する質問に対して「開講されている授業は満足できるものが多い」（反対五六％）「内容の豊富な授業が多い」（反対五七％）、「わかりやすい授業が多い」（反対七〇％）、「ワンパターンでなく、教材がよく研究されている授業が多い」（反対七七％）、「進んで受けたい授業が多い」（反対六九％）、などネガティブな反応が約六割から八割に達している（有本・山崎編、一九九六）。全国調査でも、「教員の授業内容」（不満三五％）、「教員の授業方法」（不満四二％）などの数字が見られる（日経リサーチ、一九九五、三四頁）。

参考文献

青山吉隆、一九九五「学生と教官の意識ギャップ―徳島大学工学部の場合―」『ＩＤＥ』№368。

天野郁夫、一九八六『高等教育の日本的構造』東京大学出版会。

――、一九九四「高等教育システムの構造変動―計画モデルから市場モデルへ―」『大学論集』第二四集。

荒井克弘、一九九六『大学のリメディアル教育』（高等教育研究叢書四二）。

有本章、一九八九「大学教授職の国際比較研究における専門分野の視点」『大学論集』第一八集。

――、一九九四「大学評価の方法」『大学ランキング・九五』朝日新聞社。

――、一九九五「大学改革の中の生涯学習」『日本生涯教育学会年報』第一六集。

――、一九九三「大学教授職の現状と課題―カーネギー国際調査の分析―」『大学論集』第二四集。

――編、一九九一『諸外国のＦＤ・ＳＤに関する比較研究』(高等教育研究叢書一二)。

――編、一九九三『大学評価と大学教授職―大学教授職国際調査［一九九二年］の中間報告』(高等教育研究叢書二一)。

――編、一九九四『学問中心地の研究』東信堂。

――・江原武一編、一九九六『大学教授職の国際比較』玉川大学出版部。

――・山崎博敏編、一九九六『学部教育の改革と学生生活―広島大学の学部教育に関する基礎的研究(二)』(高等教育研究叢書四〇)。

Astin, A.W., 1985 *Achieving Educational Excellence: A Critical Assessment of Priorities and Practices in Higher Education,* Jossey-Bass Publishers.

Boyer, W., Altbach, P., Whitelaw, M. (eds), 1994 *The Academic Profession: An International Perspective,* Princeton: The Carnegie Foundation for the Advancement fo Teaching.

Ｂ・クラーク、一九九四(有本章訳)『高等教育システム―大学組織の比較社会学』東信堂。

Ｄ・リースマン、一九八六(喜多村和之・江原武一他訳)『高等教育論―学生消費者主義時代の大学』玉川大学出版部。

Ｅ・Ｌ・ボイヤー、一九九六(有本章訳)『大学教授職の使命―スカラーシップ再考』玉川大学出版部。

江原武一、一九九四『現代アメリカの大学―ポスト大衆化をめざして』玉川大学出版部。

――、一九九四『大学のアメリカ・モデル―アメリカの経験と日本―』玉川大学出版部。

広島大学自己点検・評価委員会、一九九五『広島大学白書二―新しい大学像をめざして』広島大学。

市川昭午編、一九九五『大学大衆化の構造』玉川大学出版部。

伊藤彰浩編、一九九〇『ファカルティ・デベロップメントに関する文献目録および主要文献紹介』(高等教育研究叢書四)広島大学大学教育研究センター。

Kerr, C., 1994 *Troubled Times for American Higher Education: the 1990s and Beyond,* Albany: State University of New York Press.

喜多村和之、一九八八『大学教育の国際化―外から見た日本の大学―』玉川大学出版部。

——、一九八九『学校淘汰の研究—大学「不死」幻想の終焉—』東信堂。
絹川正吉、一九九五『大学教育の本質』ユーリーグ。
Moxley, J.M. & Lenker, L.T., ed., *The Politics and Process of Scholarship*, Greenwood Press, 1995.
日経リサーチ、一九九五『大学改革の今後の課題についての調査研究報告書』。
R.G. Lewis & D.H. Smith,1994 *Total Quality in Higher Education*, St. Lucies Press.
示村悦次郎、一九九六『大学改革の実施状況に関する調査報告書』大学基準協会。

大学審議会、一九九六『高等教育将来構想部会における審議の概要』(部会から総会への報告)。

大学セミナー・ハウス編、一九九五『続大学は変わる—大学教員懇談会一〇年の軌跡』国際書院。

Trow, M., 1974 "Problems in the transition from elite to mass higher education", *Policies for Higher Education, Paris*: OECD.

II部　アメリカのＦＤ

三章　アメリカにおけるＦＤ活動の動向

ポスト大衆化の段階を迎えた高等教育システムは、限られた資源を有効に活用しながら、教育研究の質的維持を模索しなければならないという課題に直面している。伝統的な教育、研究、社会サービスをはじめとする高等教育の社会的機能の問い直しが行われているが、その背景には高等教育の社会的比重が高まるにつれ、公的性格を持ちはじめ、国家、政府、企業、消費者など社会各層の関心を引き付け、教育投資の重要な対象となっていることが指摘できる。経済的投資に見合うだけの有効な資源活用と生産性がみられるか否かを問う、いわゆるアカウンタビリティの問題が引合いに出される度合も一層増大した。

ＦＤ・ＳＤ（FD: Faculty Development＝「大学教員資質開発」・SD: Staff Development＝「大学教職員能力開発」）は、このような社会的背景のなかで、高等教育あるいは大学の見直しの一環として登場してきた(1)。とくに、世界的にみても高等教育大衆化をいち早く達成したアメリカでは、経済的問題や伝統的学生人口の減少といった社会的影響によって高等教育の動向が左右される度合が高まらざるを得ない構造を世界の国々に先立って達成した。実際、その種のインパクトをいち早く被ることを余儀なくされたとき、大学教員の資質を高める取り組みの成否はそのまま大学存亡を左右する鍵となった。大学の重要な担い手である教員の資質の向上、アカデミック・キャリアの見直し、アカデミック・プロフェッションの力量形成は、大学組織の活性化の原点として注目されることになったのである。

今日、財政、学生人口、消費者主義、大学淘汰、大学評価、国際化などのキーワードに象徴される社会変化の問題をかかえる点では、日本を含めた世界の国々は大同小異であり、大学教員に対する社会的期待はますます高揚している。その意味で、ＦＤ先進国の一つアメリカの動向は、これらの国々の取り組みや今後の発展に対しても影響力や示唆をもつに違いない。本章ではまずアメリカのＦＤ論に焦点を合わせて、研究と実践の両面における動向を探ってみるのであるが、そこからは、定義の多様性、研究領域の拡大、実践的活動の粗密などが見られるために、ＦＤを一様に解することは至極困難であるという印象が得られるであろう。それにもかかわらず、全体的には初期の授業に重点を置いたＦＤ論から、最近のアカデミック・プロフェッションや大学システムをトータルに問題にするＦＤ論へと着実に動いていることが理解できるのでもある。

第一節　ＦＤ活動の発展

一　ＦＤの定義

アメリカ合衆国におけるＦＤ活動の動向を見る場合、まずＦＤの定義が問題になる。定義づけは多様化しており、一つの定義にまとめるのは簡単ではない。例えば、次のような種々の定義が見られるのである。

① ガフは、「FDとは教授団のとくに教育者としての役割の側面において、その才能を豊かにし、関心を広げ、能力を改善し、あるいは、その専門職的かつ個人的成長を促進していくこと」と述べている(Gaff, 1976)。

② バーグクイスト＝フィリップスは、「主要な関心は授業過程に向けられるが、とくに授業方法、授業技術、および学生の授業評価に向けられる」と述べている(Bergquist and Phillips, 1975)。

③ クロウ＝ミルトンらは、「FD・SDは教授団構成員のトータルな発達――個人としての、専門職人としての、大学共同体の一員としての――である。この定義は、……教師としての発達を超えて、集団とともに個人としての発達を含むのであり、その個人の専門職的役割における発達に焦点づけるのである。」と述べている(Crow, Milton, O., Moomaw and O'Connel, 1976)。

④ マジスは、「FDは、専門職的活動における能力との関係で教授団構成員のトータルな発達に対して一層の関心を払うようになった、高等教育の最近の動向に顕著に言及している。FDの関心は、専門分野における研究や学問あるいは教室の授業から、教員自身の専門職的キャリアの管理に至る範囲に及んでいる。」と述べている(Mathis, 1982)。

⑤ クラーク＝ルイスは、「活力(vitality)は目的にかなった生産を可能にする個人と機関の本質で、しかも触れることのできないが確実に存在する性質に言及している」と述べている(Clark and Lewis, 1985)。

⑥ シュースターは、「……FDの総括的アプローチは、アカデミック・キャリアを積極的に見直し、これらキャリアを総括する組織的関与の促進を含む。この新たな関与、そして新たな考え方はアカデミック・キャリアと新たな活力との融合にとって前提要件になる。」と述べている(Schuster, 1990)。

定義の多様性はFDの活力

これら①から⑥までの定義は、ＦＤ提唱者の数だけ定義があると言われることを裏書きしているかのごとく、まさに多種多様であり、これを一つの定義に集約しようとしても困難だと言わなければならない。内容論はもとより、語義の上でも、集約は簡単ではない。ＦＤの原語の"faculty"は教授団や教員と訳しても大差はないと思われるが、"development"の場合は「開発」と「発達」の両義を含意するので、そのいずれに訳すかでニュアンスが異なる。本論では開発としたものの人間の成長発達に言及して発達と訳す方が適切と言える場合も少なくないように思える。また、ＦＤは米国、ＳＤは英国で起源をもつため、前者は米国、後者は英国と豪州（あるいはドイツなどの欧州）で使用されるのが一般的理解であるが、米国でも使用されている例があるので、厳密にはＦＤ・ＳＤと表示するのが望ましいだろう（本書の他の箇所で論議しているように、その後一九九〇年代後半から現在、日本ではＦＤを使用し、ＳＤは職員開発に限定する方向が定着した）。このような解釈が成立すること自体、ＦＤの概念や活動の多様性、曖昧性、包括性を物語る証拠でもある。

このように考えてみると、内容論、語義、用語の表示方法などが割り切れないままであること、つまり多様性こそがむしろＦＤの活力を示すものであって、それを一つの定義づけを追究したり、割り切ろうとすることに固執する必要はないように思えてくるのは、筆者だけではあるまい。とりあえず「ＦＤとは大学教員の資質の改善を目指す取り組みである」と概括的な定義を下しておいてもさしつかえあるまい。ただ、そのような解釈をするとしても、傾向的には、初期の定義が教育や授業の側面に焦点を合わせているのに対して、次第にアカデミック・キャリア、専門職（academic profession）、ライフサイクル全体に幅を広げると同時に、活力（vitality）、再生（renewal）、生産性（productivity）などを総合的に問題にするようになって来ていることは疑えない。その点は、上記の定義を歴史的に比較しても言えるし、さらに以下の考察においても明確になるだろう。

二　ＦＤの領域

対象領域の多様性

ＦＤの定義と同様、対象領域も大学教授のキャリア論、専門職論、大学組織論などを中心にしながら、大学教授または教員の資質改善全体の問題に及んでいると言える。例えば、一九七〇年代に強い影響力をもったバーグクイスト＝フィリプスの分類では、組織開発 (organizational development)、教授開発 (instructional development)、個人開発 (personal development) に分類している (Berquist and Phillips, 1975)。ガフは、ＦＤが、①広く高等教育や学生の開発概念、②授業に関する新しい教育学的視点と革新、③組織としての機関、などの内容を含むとした (Gaff, 1976)。リーグルは、授業、専門職、組織、キャリア、個人の各側面の開発を含めた (Riegle, 1987)。さらに一九八〇年代を踏まえた一九九〇年の時点で、メンジス＝マジスは、高等教育の教育過程には、授業、研究、カリキュラム、ＦＤが含められるとし、さらにＦＤには大学教授のキャリア開発、教師としての開発、個人としての開発、組織開発などを含めている (Menges, 1988)。こうしてＦＤが広く大学教員の資質改善を主眼とするならば、高等教育の教育過程と有機的にかかわり、教育、研究、カリキュラムなどと密接な関係を持ち、同時に、教員のキャリア、教師、個人の各側面の開発、あるいは大学組織の側面の開発とかかわると見なす視点は回避できなくなってきている。

三　ＦＤ活動の起点と発展

広義のＦＤ

ＦＤ活動は、広義に捉えれば、教育と研究を基軸に大学教授職の資質改善を目指す運動と見なすことができる。実際、アメリカにおけるＦＤの発達を辿った場合、アカデミック・プロフェッション、つまり大学教員の専門職としての資質改善運動としてみることができるのであり、それは二段階に分けられる。広義のＦＤ活動の開始がその一つであるが、それは一九世紀後半から展開された教員の資質改善の動きとして認められる。一八七六年に従来のカレッジとは異なるユニヴァーシティ（総合大学）がジョンズ・ホプキンズ大学の誕生を皮切りに陽の目を見たとき、何でも教えるゼネラリストとしての教師から専門分野を担当するスペシャリストとしての大学教授の時代が幕を切って落とされた(2)。爾後今日まで研究パラダイムの時代が続くことになる。研究が重視され始めたこの時期にも、一九一〇年に大学教育の質を点検し維持するための組織的取り組みとしてのアクレディテーション・システムが導入されており（Young, Kells, and Associate, 1983）、これは研究よりもむしろ大学教育そのものの水準を維持する側面を問題にし、大学教授の教育の在り方を見直す動きとなっている点が見逃せない。この動きに見られるごとく、この時期以降、大なり小なり研究と教育の両側面を視界に入れた取り組みが不可欠になったことによって、研究と教育の両立がますます困難な時代を迎えることになった。このことは、両者の統合を目指した大学教授の専門職的資質の向上を追求することの必要性が意識されるようになって来たことにほかならないのであり、したがって、この時点以降を以て、広義のＦＤ活動が開始されたと解されるのである。

ＦＤの起点

ＦＤ活動が出発したのは、これら広義のＦＤ活動の起点まで遡るという見方もできないことはないが、その後一九六〇年代までの数十年間は、やはり研究パラダイム優位の時代であり、概して研究至上主義の支配が強まるなかで、大学教員の資質向上といっても、専門分野や知識の発展を目指すことに主眼が置かれたことは否めない事実である。その点を考慮すると、一般にはそこまで遡及しないとみる解釈がふつうである。現在の定説では、セントラが指摘しているように、一九六〇年代以前にはFDに関する正規の「プログラム」も文献も存在していなかった(Centra, 1976)。バーグクイスト＝フィリプスが指摘しているように、仮にFDが成立しているとしても、その時代はあくまで研究パラダイムのもとで研究休暇(sabbatical years)、教育負担の軽減、一人当り学生数の減少などの方策を通じての研究機会の増大が考えられる段階にとどまったと見なせる(Bergquist. 1977, p.4)。大学教員の資質の中で知識伝達を主とした教育者的資質よりも、知識生産を主とした研究者的資質の改善がもっぱら重視されたことは否めないのである。

なぜＦＤは重要になったか

かくして、ようやく狭義のＦＤ活動が展開される段階に至ったとされる一九七〇年代になぜＦＤが重要になったのか、その背景を探ってみよう。ガフは学生数減少、教員ポスト減少、テニュア(終身在職権)の獲得の困難性、学生の質的低下と多様化、新しい教育方法の登場、教育内容の学際化、などに伴う教育方法改善と教授団活性化の必要性を列挙している(Gaff, 1976)。マジスは、この他に消費者主義の台頭、教授団の老齢化、財政削減に言及している(Mathis, 1982)。

メンジス＝マジスは、大きな要因を二点ほど指摘している(Menges and Mathis, 1988)。第一には一九六〇年代後半から一九七〇年代初頭にかけての学生反乱(student protest)とそれに触発された教育改革への要請の動きが見られたことである。当時の教員は学生の要望や学士課程教育に対する関心よりも、あくまで研究、研究費、研究者のキャリアといったものに関心を示していたので、大学教員が授業や教育への関心を高めることが課題とならざるを得なかったのである。第二には、第二次大戦後持続した高等教育拡大の趨勢が一転して衰退の徴候を示しはじめるという、大学をとりまく社会的環境の急速な変化が存在したことである。つまり外圧が従来の大学教授職の在り方に大きな転換を迫ったのである。専門職の資質を自ら錬磨するというFD本来の趣旨からすれば、外圧によって仕方なく自己の資質向上を模索するというのではあまりにも消極的過ぎると言わざるを得ないとしても、現実には学生数の減少、アカウンタビリティの要請、財政緊縮などの外圧の増大と進行に伴い、教育の質的見直し、教員の資質改善を含めたFD活動の遂行が各大学に欠かせない課題となって出現した(3)。こうして、軌道に乗り、急速に進展したFD活動を評して、バーグクイスト＝フィリプスは「一九七〇年代後半にFDの分野は十分な発展をみた」(Bergquist and Phillips, 1977)と述べるまでに至った。また、全国学会の「高等教育の専門職・組織開発ネットワーク」(Professional and Organizational Development Network in Higher Education)は季刊誌を発行し、全国学会を開催する運びになった(Shuster, Sheeler and Associate, op. cit., p.6)。

四　FD活動の今日的課題

学会結成の次段階

専門学会の成立はFD研究を主体にする専門分野が誕生したことの象徴的出来事を意味するため、この時期がFDの学問的市民権を一応達成した画期的な時期だという観測が成り立つ半面、一学問分野としての成立はFDの発展を約束する必要条件ではあっても、決して十分条件にはならないという観測も成り立つ。刻々と変化する大学と大学教員をとりまく環境変化に対応して、適切な活動が遂行されるには、学問レベルの理論的発展と現実活動との乖離が大きいほど、かえってジレンマに陥ることにもなりかねない。むしろ学会の成立は理論と現実への架橋という、現実への積極的関わりが改めて課題となり、理論と現実への有機的取り組みを不可欠とすることを意味するようになったとも解釈できるはずである。換言するならば、大学教員の専門職的資質の向上を目指すFDが統合的でしかも体系的なプログラムであるという観点に立つとき、環境変化に即応する課題解決をますます問われることになったと言えよう。この問題意識から見るとき、アメリカのFD活動は決して完成したのではなく、むしろ最近種々の課題に直面しそれを克服するために、新たな取り組みが持続される必要があるとの認識が欠かせないことに帰結する。

八種類の環境変化

実際にもそのような課題を考える視点から当面の課題を論究している、シュースターの見解が参考になるだろう。彼は一九八〇年代後半の段階で、大学教員のキャリアを左右するような大きな環境変化が生じているという認識に立脚し、それが大学教授職をますます困難な仕事にさせていること、そして一九八〇年代後半現在八種類の環境変化が存在することを指摘している(Shuster, 1990)。つまり、①大学教授の労働条件の悪化、②一九七二―七三年のピーク時以降における大学教授の俸給の減少、③大学労働市場の活力減退、④大学教授の役割葛藤の増大、⑤大学教授の高齢化、⑥教育志向よりも研究志向の増大、⑦上昇移動の閉塞状態、⑧大学教授のモラール停滞、などである。こうした環境変化をリアルに捉える視点を踏まえるならば、FDの必要性とその積極的推進はますます必要不可欠となり、その文脈から現実の実践場面を直視するとき、一九六〇年代後半以降の狭義のFD活動がもたらした種々の理論、実践、プログラムを踏まえた、FDの見直しが不可欠であるとの認識を導くに至るに相違ない。

その点、一方では、すでに膨大な著作、論文、実践報告などの文献が蓄積されている事実によって、アメリカが世界のＦＤ／ＳＤ活動をリードする先進国になっていることが例証されると言って過言ではあるまいが、それでも他方、個々の大学や教員の現実に目を転じると、実践の度合は区々であるから、いかに理論を実際に移し、いかに個々の大学や大学人が実践に取り組むかが今日的な課題になっているという実態が厳然と存在するのも否定できない。必ずしも十分な成果が上がっていないという報告書（Berman and Weiler, 1987）も見られるのは、このような事態の一端を物語っているのである。

第二節　ＦＤに関する研究の動向

米国が英国とともにＦＤ・ＳＤの発祥地であることは、すでによく知られており、また論文、翻訳、文献目録、文献解題などもかなり多数出版され、日本に紹介されているのであるから、研究動向についても、それらを参考にすれば一応の状態が理解できる（伊藤、一九九〇。注(1)の文献参照）。それら文献に譲れる部分は譲るとして、ここでは最近の全体の動向を把握することにねらいを定めて、アメリカのＦＤ活動をレビューした二つの文献に注目してみたい。一つはメンジス＝マジス編、他の一つはブランド＝シュミッツ編という、主として最近（一九九〇年時点）の二つの文献である。

一　ＦＤ研究の分類

まず、メンジス＝マジス編『授業、学習、カリキュラム、及びＦＤ』の第五章「ＦＤ／ＳＤ——目的、動向、およびアプローチ——」に従うと、上述したＦＤの領域も研究動向も、キャリア開発、教師開発、個人開発、組織開発、の各領域に分けられる(Menges and Mathis, 1988)。

① キャリア開発の領域は、ＦＤとキャリア開発を接合した観点から、大学機関が教員の生涯キャリアを問題にする立場に立ってＦＤを扱うことを主眼としている。この領域では、アメリカ高等教育学会が一九七九年にこの観点を公式に確認し、一九八一年にはキャリア開発のプロジェクトをレビューした、という事実がある。その後さらにその他の各種研究がなされる段階に達し、教員が自己のキャリアに積極的な関心を持ち、大学機関が教員の専門職的技術を活用するのを支援することを強調するようになり、また教員の授業機能が機関の生産性を高める点を強調するようになっていることがうかがえる。

② 教師開発の領域は、アカデミック・キャリアのなかで授業が重要であるにもかかわらず、研究パラダイムの支配する時代では曖昧になっていること、教育よりも研究に報賞の比重が置かれること、などに鑑み、ＦＤでは授業が最も重要な要素であることを強調している。この領域では効果的授業やその在り方が研究の焦点になっている。

③ 個人開発の領域は、ＦＤのなかで看過されやすい、教授団構成員一人ひとりの個人開発を問題にする領域である。学究生活のなかに現われる仕事上の緊張、新種の大学病(academic disease)としての燃えつき病(burnout)、ストレス病、などを成人開発(発達)の理論を援用しながら究明しようとする動きが見られる。

④ 組織開発の領域は、アメリカ高等教育システムやそれを構成する組織に関する文献がＦＤを考える上で影響力を持っている点に注目して、その種の文献に注目している。この領域では、外圧によって変化を余儀なくされる大学組織、変貌するアカデミック・ワーク(学事)のもとでのアカデミック・キャリアの魅力の保持、官僚制と学

問、大学組織の国際比較、教員の仕事組織、学長の役割、高等教育費、テニュアや定年の問題、など広範なテーマが扱われ、教員とその役割の研究への関心を高めている。

二　ＦＤ研究文献の分類

つぎに、ブランド＝シュミッツ編「教授団の活力に関するレビュー――回顧と展望――」および「教授団と機関的活力に関する研究動向」(Clark and Schmitzs, 1988, 1990)を取り上げてみよう。これら二つの資料は同一著者の作品であり、内容的には後者は前者を踏襲したもので、一九六五年から一九八五年までのデータに一九八五年から一九八七年までのデータを追加補完したものが後者の文献である。ERIC, Psych Abstracts, Sociology, Medline などを使用して、キーワードである faculty development、faculty、institutional vitality などを基準に検索された三一五の文献(公表物のみ)を基にして分析がなされている。対象は総合大学、単科大学、プロフェッショナル・スクールの活動である。これは網羅的な調査に基づいている点で、今日(一九九〇年前後)のアメリカのＦＤの研究動向をうかがうには格好の資料を提供していると考えられる。以下には、このレビューに依拠して主たる特徴を拾ってみることにしたい。

文献の急増

まず第一に、文献の類別をみると、①現場からの報告、②事例研究、③報告と評価、④重要な実践例、⑤文献レビュー、⑥「活力」、といった基本概念の論議、⑦ＦＤプログラムの計画モデル、⑧ハンドブック、⑨資源案内、などに分かれており、文献の領域が多様化していることが一目瞭然である。これらの全文献の九三%は、一九七六年以降出版され、ほぼ半数が一九八一年から一九八七年に出版されていることから、最近一〇年間に文献は急増している事実がうかがえる(Bland and Schmitzs, 1988)。

活力という概念

第二に、ＦＤの中心になる概念の有無を問題にすると、著者たちはこれら文献を通じて、ＦＤ概念の背景にあっていまだ曖昧ではあるが、大学教員個人にとっても機関にとっても不可欠な概念として、「活力」(vitality)という概念を摘出できると指摘している。これは上で指摘した事実と符合する。「活力が重要なのは、それが教員とスタッフのエネルギーを彼ら自身のキャリアと機関の使命の実現の双方に不断に組み込むことを支援する、組織的戦略を創造し支えるための大学特有の能力を問題にするからである。」(Maher, 1982, pp.3-6) マーハーの言うこの種の活力は、個人、機関、社会環境などの要因を考慮するとき、きわめて変化に富む概念であり、そうした活力を促進したり阻害したりする条件に満ちているのであって、とくに社会変化に応じて変化し、しかも個人のライフサイクルによっても変化を余儀なくされているのである。機関の発展期や社会環境の追風の時期と、沈滞期や逆風の時期では、同じ活力を問題にしても、大きな差異が認められることになる。その点で、ＦＤに関する文献の内容を仔細にみると、初期のものが主として教員の研究休暇、ワークショップなどに焦点を合わせ、教員の疲労や教育技術などを改善することによって、活力が達成されると考えているのに対して、現在では教員個人の活力に焦点を置き、教員の研究時間の確保や教育技術の改善が重要とみなすよりもむしろ、学科のテニュア問題、学生人口の動態、マーケティング問題、時代遅れのカリキュラム、大学世界における「機会構造」の欠如、給料の実質的目減り、仕事環境の悪化などに活力を脅かす根源が存在し、これら要因がすべて教員のモラールに影響を与え、ひいては活力の停滞を惹起するとみなされているのである(Bland and Schmitzs, 1990)。このような文脈から、従来の狭い範囲のＦＤ概念は今や「教員と機関の活力」という概念によって代置されていることが理解できる。

レビューによれば、文献数は多いにもかかわらず、専門職的活力（Professional vitality）または教員再生（renewal of faculty）についての経験的文献はそれほど多くないという傾向が見られ、授業改善プログラムの効果に関するメタ分析としては、レヴィンソンローズ以外に経験的研究が乏しい、と分析されている（Levinson-Rose and Menges, 1981）。しかしながら、アメリカのFD研究がすでに相当の蓄積を誇っている事実も否定できるのではなく、むしろ現在すでに活力論議の時点まで研究が到達した事実自体にそうした研究蓄積のトータルな到達点が如実に反映されていると考えられる。

教員の資質と機関

それでは第三に、活力を問題にする場合、いかなる観点が重視されているのかという点を問題にすると、教員の資質と機関要因との因果関係を問う視点が一つの焦点になっていることが分かる。多くの研究は教員の研究者と教師としての資質を問題にし、具体的には知性、訓練、関与、社会化の要因を取り上げているが、この点をマクロにみると、ボウエン＝シュースターの論調に見られるごとく、現代アメリカの大学教員は史上最強の資質を誇っていると指摘されている（Boewen and Schuster, 1986; 有本、一九八八）。これに対して、機関的要因が活力に影響を与える側面に関しては、個人的要因以上に影響力が大きいとみなされており、この点に関する研究では、とくに学問的生産性の中で研究生産性の側面において、ブラックバーン、アンドリュースなどが組織的要因の重要性を明らかにしている（Blackburn, 1979; Andrews, 1979）。つまり、大学教員の出身校、才能、仕事負担、前任機関などよりも、物的資源、内的コミュニケーション過程、集団的風土の質、リーダーシップ、政策決定過程、共通の価値、目的、そして同僚性の感覚、といったものが大きな比重を持つという結果が指摘されている。この観点は、科学社会学との接点にある点で興味深い(4)。

他の一つの焦点になっているのは、機関の使命と個人の目標が一致するとき、活力が生じることを吟味する研究である。文献調査の結果、目標、遂行、報賞、要望に関して機関と教員に齟齬が生じるとき、システムは効果を喪失し、したがって、個人と機関の要求を結合できないプログラムは成功しないことが証明されているといえる。かくして、活力は①教員の特質、②機関の特性、③教員の目標、④機関の使命、という四つの要因と関係しているのであるから、これら要因を考慮しなければ、教員と機関の活力を高めることはできない、と結論されるのである(Bland and Schmitzs, 1990)。

再生プログラムの状態

第四に、再生プログラムの計画と活用に関していかなる状態にあるのかを見てみると、初期の授業に焦点を置くプログラムや研究から、現在の包括的な活力を重視するプログラムや研究への発展によって、個人と機関の目標を充足する方向で教員の活動を考えることを帰結したことが分かる。ブランド＝シュミッツは、一四一人の著者から得られた一七八の提言を整理して、「教員と機関の活力増進計画のための提言」として、次の二〇項目に整理している(Ibid., pp.49-50)。**表3－1**参照。

表3－1　教員と機関(＝大学)の活力増進計画のための提言

1　個人の発達計画および活動を組織的要求および目的と連携させ調和させること。
2　教員が自己自身の資質の発達に時間を割き、しかも長期計画を立てるよう奨励すること。
3　教員活力プログラムにおいて教員の自主性と計画を確保すること。
4　ＦＤ活動に昇任、テニュア、補償などの報賞を組み込むこと。

5　大学キャンパス組織においては主たるFD管理者を高い地位に配置すること。その管理者は、テニュア所持の準教授または教授、卓越した教師兼研究者、機関の文化に造詣が深い人物、さらには、政治的政策決定に携わり、しかも観念、支援、物的なものなどに関する学内外のネットワークを持っている人物であること。

6　ＦＤを機関の統合的・持続的・可視的な部分、さらには財政的に重点が置かれ、重要であって、しかも顕在的な部分にすること。

7　個々の教授のキャリアに関する種々のニーズに見合うように、種々の活力戦略を提供すること。

8　活力を促進するためにリーダー（学科主任、学部長など）を養成すること、その際にＦＤプログラムの計画・実行・評価の各方法を含めること。

9　教育研究活動および多様なキャリアを促進するために、その機関の政策・報賞・資源を活用すること。

10　ＦＤと教員評価を結合するか否かを決定すること。

11　活力が授業・個人・組織の各側面にかかわる総合的プログラムを開発すること。

12　個々人と機関に見合うように活力プログラムを見直すこと。

13　機関内の影響力の大きいオピニオンリーダーによって開始すること。

14　特定プログラムや活動に任意に参加すること。

15　教員のキャリア、教員と機関のそれぞれの活力、それら活力を促進する方法などに関する研究を支援すること。

16　教員活力プログラムを開始する前に先行の知識と経験を考慮すること。

17　特定のＦＤ活動を計画したり、始めたりする前に、教員および機関の活力を高めるための十全な計画を練ること。

18　教員の伝統的支援プログラム(休暇、研究休暇など)が廃棄されないよう保証すること。

19　教育研究にかかわる価値や目的と同様に機関にかかわる価値や使命を考慮すること。

20　教員のキャリアの定義を拡大すること（なぜなら、あまりにも構造化され、柔軟性を欠いたものと考えられ、一つの人生、一つのキャリアに断定されているから）、そして、教員がもっと広く定義されたキャリアを達成する機会を提供すること。

再生プログラムの特徴

これらの提言を分析すると次の重要な特徴が見られると著者は指摘している。①教員と機関＝大学が共通の目標を持ち、教員と管理者が主体的にプログラムに取り組み、お互いに協力しあい、責任を分担することが重要。②ＦＤプログラムを大学の活動の中心に据へ、優れたテニュア身分の教授を配し、ＦＤプログラムの責任者には組織の中で高い地位を付与し、活力向上の活動には十分な財政投資を行う必要性が指摘されていることが重要。③再生プログラムが総合的であるべきであるという論調が重要。④再生プログラムのシンボル的または抽象的な特徴にかかわる提言も見られることが重要。とくに大学の伝統的な価値が重要だと指摘する提言は、教員が伝統的な大学観に案外強く惹かれていることを裏書する(Ibid., pp.48-51)。

さらに、教員再生を促進する特定戦略としては、機関、学科・カレッジ、個々の教員または管理者の三類型に分けられ、各戦略が分析されている(Ibid., pp.53-56)。表3-2参照。

表3-2 機関、学科・カレッジ、個々の教員または管理者のためのFD戦略

Ⅰ 機関
1 使命・目標の再定義
2 教育研究に関する計画、システム全体の再計画
3 授業と専門職的開発のための機関内センター
4 機関間共同、プログラム
5 代替的な人事政策
6 機関全体の実用的支援(図書館、託児、駐車場)
7 機関的研究の計画
8 報賞システムの再調整・再考

Ⅱ 学科・カレッジ
10 組織開発
11 教員退職
12 専門分野内および専門分野間のカリキュラム改革
13 学科のプログラムと過程に関する評価
14 学科全体の実際的支援、技術的援助、コンピューター、図書館、研究、授業、助手
15 スタッフ整備の諸類型

Ⅲ 個々の教員または管理者
1 研究休暇と休暇
2 専門職的な会議、組織、会合、旅行、ネットワーク化
3 自己学習(教材、メディア、学習室)
4 開発機会および機関的ニーズに関する教員およびスタッフの教育
5 セミナー、シンポジウム、フォーラム、昼食会(brown-bag lunches)
6 ワークショップ(学内、短期)

7 技術訓練(授業科目、マイクロ・ティーチング)
8 授業科目再計画
9 第二専門分野の学習
10 授業、研究、あるいはカリキュラムに関しての専門家への相談
11 チーム・ティーチング、客員講師、学科間授業
12 特別サービス任務(機動部隊、特別委員会)
13 寄贈講座、教授職
14 客員研究員
15 教員のコンサルタント活動(外部)
16 コンサルタント以外の専門職的活動(専門職的雑誌の編集、プログラムの委員長やグラントの審査員)
17 昇任見込み契約(growth contracts)
18 再訓練
19 キャリアのカウンセリング、人生設計
20 契約期間(release time)
21 教育研究以外の研修と転職プログラム
22 教員交流
23 外国の大学への就職機会
24 学生と教員の同業者主義の強化
25 新任教員のオリエンテーション
26 教員役割への社会化
27 管理者開発
28 助言者
29 卓越者への機関的報賞、承認
30 グラントと特別資金
31 フェローシップ
32 非形式的、非伝統的出版活動と他の出版
33 教員個人による学科内および学科間協力
34 教員評価
35 同僚教員との授業に関する相談

個人戦略を重視

第五に、これらの戦略の中では、いかなる特徴が見られるのかを問題にすると、著者が注目しているのは、学科や機

関に比して個人レベルの戦略が多く論議され、個人戦略は学科戦略の八倍、機関戦略の六倍も論議されている点である。これは活力がもっぱら教員の問題であって、必ずしも学科や機関の問題であるとは言えないとみなす初期のＦＤ論の影響を反映していると考えられる。ちなみに、すべての論議の中で最も頻度の高い項目は、ワークショップ（八〇件）、研究休暇と休暇（五六件）、教員評価（五三件）、昇任見込み契約または専門職的開発計画（四五件）、といった状況になっていることが、そのような傾向を示していることになる(Ibid., p.52)。

機関レベルでは人事政策

レベルごとに特徴を見ると、まず第一に機関レベルでは、人事政策がこの時期（一九六五－一九八七）において頻度の高い戦略として提言されていることが分かる(Ibid., p.52, pp.56-57)。このカテゴリーに含められるのは、中年時のキャリア転職、柔軟な利益、大学院生の早期任用、柔軟なスタッフ雇用政策などである。テニュア、昇任、定年、年金、奨励金、給与支払い計画などの政策見直し論もここに含められる。また、機関戦略の中で困難なのは機関の使命や目標の再定義問題であり、さらに、革新的戦略としては、機関間の共同体制と機関的研究センターの設置が注目されている。

学科レベルでは組織的開発とカリキュラム改革

第二に学科レベルでは、頻度が最も高い戦略は組織的開発とカリキュラム改革であることが分かる。この点では、小規模のリベラル・アーツ・カレッジが活発であったが、州立大学の中にもこれらの戦略を活用したものが見られる。柔軟なスタッフ雇用政策の必要性は、初期と最近の双方の文献にみられるが、最近の文献では組織的開発、カリキュラム改革、実際的支援（機関レベルでは駐車場や図書館の改善、学科レベルでは事務系職員による支援、研究助手、コンピューター、編集補助者などを意味する）が重要な戦略として指摘されている。

個人レベルではワークショップ

第三に個人レベルでは、専門職開発と個人開発において、ワークショップが最も頻繁に論議されている戦略であることが分かる。歴史的にはワークショップはＦＤと同義語であったが、最近では教員を報賞したり、承認したりすることが重視されている。助言者、同僚との相談、専門家との相談、新任教員の社会化、教員交流、学科間共同授業、再訓練などが活用されている。

三　ＦＤに関する研究の新しい動向

焦点の移行

これら二つの情報源を中心にした文献整理と分析を通して、新しい研究動向が見られるか否かを探ってみると、①活力の概念は最初の教員個人に焦点を置く概念から、現在の組織へ焦点を置く概念へと発展していることが理解できる。とくに最近では、②授業そのものや、教育そのものに焦点を合わせるよりも、専門職全体とか高等教育機関全体へと焦点が移行している。大学教員が社会的に果たす役割から考えて、その活力の有無は国家全体の活力の有無と関係するという視点は、上述のボウエンらの論調にも典型的にみられるところであり、今や国家レベルにおいて優れた学者の任用や引き留め措置を真剣に考える時点が到来しているという論調が強まっている。こうした論調をもつ文献によれば、①入学者数の短期的停滞が生じている時期に新しい教員を任用するための資金を大学に投資すること、②大学院生から将来の教員を早期任用すること、③テニュア授与のリスクを少なくするようテニュア規定を見直し、できるだけ多くの教員がテニュアを獲得する機会を増やすこと、④中年期の教員の個人開発を支援すること、⑤教員の給与を増額すること、といった提言がなされていることが分かる (Ibid., pp.57-58)。さらに、州の興亡は大学教員の資質の向上にかかっているという論調も見られる。また、最近の論調の特徴として、教員の活力を高めるためには、コミュニティの感覚、ユニークな文化、管理運営に参加する機会、生産性の高い同僚、快適な雰囲気、即応力のある管理体制、といった仕事環境の在り方が重要であること、さらには、給料、オフィス施設、教室設備、実験室の建物など教員の生活の具体的側面の充実を図ることが重要であること、などが指摘されており、物的環境が活力に与える影響力もとみに重視されていることが分かる(Ibid., pp.58-59)。

第三節　ＦＤに関する実践活動の動向

多様な実践の動き

研究動向はＦＤ活動の重要なアウトプット部分であるが、ＦＤ活動全体のなかに占める位置は、海面より姿を現している氷山に匹敵するとみなせるはずであり、その意味で海面下の活動はさらに大きな広がりを持つに相違ない。そして膨大な機関にはそれぞれユニークなＦＤ活動が展開されているので、実践の動向は個々に見れば、多種多様であり、それをつぶさに把握する作業はおそらく至難であろう。そこで既存の調査に依拠せざるを得ないが、例えば、セントラによれば機関類型によってＦＤ活動の傾向に相違が認められるとされており、具体的には次の四点が指摘されている。すなわち、①小規模カレッジではＦＤへの教員参加が良好、②大規模二年制機関では授業助手の問題が重要、③大規模カレッジや総合大学では休暇やコンサルタントの活用などの活動が中心、④二年制機関では評価が強調されること、などが指摘されている(Centra, 1978, pp.151-162)。文献によれば、優れた実践を展開している大学は、数多く紹介されている。

優れた実践例

例えば、エブル＝マッキーチのミネソタ、ノースダコタ、サウスダコタを中心にFDを研究したブッシュ財団援助の研究によれば、名門私立大学の例として、カールトン・カレッジ、セイント・オラフ・カレッジ、大規模公立大学の例として、ミネソタ州立大学、ノース・ダコタ州立大学など(Eble and McKeachi, 1985)、また、シュースター＝ウィーラーは、成功例として、ジョージア大学、ネブラスカ大学、ロヨラ大学、フェアレイ・ディキンソン大学、などをそれぞれ紹介している(Schuster, et.als., op.cit., 1990)。ここではその全部を紹介する余裕がないので、一例として、ジョージア大学の事例をみておきたい(Simpson, 1990)。

ジョージア大学の事例

ジョージア大学はいわゆる土地交付大学として誕生した州立大学である。一九六〇年代に教育とFDを扱うユニットを創設する試みがなされたが、哲学的かつ財政的問題のために時期尚早であったため軌道に乗らず、ようやく一九七〇年代に別の試みによって「授業開発研究室」(OID: Office of Instructional Development)が開設された。一九八一年から専任の室長を得て本格的な活動を開始したものの、その時は大学教育を改善するという使命以外に十分に目的が確定されていなかったので、ＦＤプログラムを十分に発展させるには、次のような課題が存在すると当事者達は考えた。つまり①学術副学長との連携を密接にして、管理的側面からの支援と協力を得ること、②教員の理解と援助を十分に取り付けるために、研究室に協力する全学委員会を設置すること、③従来のカリキュラム開発、授業計画、教育メディア、あるいはＦＤといった狭い概念や機能ではなく、教授学習はこれら活動を支持する風土を持った環境のなかで最大の効果をもたらすとの考えに依拠して、環境的ないし機関的アプローチを採用すること、④いかなる取り組みを行うにしても最善の努力をして、最高の質を達成することが重要であるが、機関的アプローチをとるにしても教員の要求を基調にすること、⑤種々の柔軟かつ創造的な試みを行うこと、などである。

実際の活動に際しては、上記②に述べられている、一三学部と学生部、企画部、継続教育部を代表する一八人の委員から構成される委員会とさらにその下位専門委員会の位置付けが重要である。当委員会の委員は、学者として著名であるばかりでなく、大学の教育的使命に深い関心を持つ教員であることを重視して選ばれ、委員会は毎月開催され、必要に応じて専門委員会が設置された。そして、一九八三年より全学の会議が開催され、授業開発研究室は一九八六年に最初の全国会議を主催し、一九八九年にも同様の会議を開催する傍ら、過去五年間にリリー財団の援助を受けて、約一〇〇件のセミナーを支援した。個人的な問題と専門職的問題を同時に解決することが、これらセミナーで重視されたが、それは、個人のライフサイクルを通じて、適切な再生プログラムを用意することに他ならない。

再生プログラムの開発

大学院で研究ばかりに没入し、教育技術についての指導を受けていない若手教員には十分なオリエンテーションが欠かせないし、年輩の優れた教師を役割モデルにすること、指導者を得ることなどが欠かせないのであるが、中年教員には家族、健康、再就職などの問題が生じ、また研究と教育の調和、他の学科や大学への移動、管理運営業務への参加、など専門職とかかわる問題が生じる。テニュアを取得した教授には中年期特有の人生の岐路が待ちかまえており、適切な指導が欠かせないかもしれない。年輩教授は教育に興味を見いだして、授業に精力を注ぎ、若手教員よりも無心に機関の発展に尽力する傾向がある。同時に、定年前後の教授にはまた別の問題があるに違いない。研究に貢献してきても、日新月歩の学問の進歩の中で自信を喪失しているかもしれない。しかしこれら年輩教授の素晴らしい経験と知見を教育に生かす方途は、アメリカの大学においても概して十分に考えられていない傾向があるのであるが、ジョージア大学では、一九八八年に合衆国教育省の三年間のグラントを得て、これら定年を迎えた年輩教授を再度学士段階教育に招聘するプログラムを導入している、と報告している。

第四節　今後の展望

多様な実践の展開

全体の研究や実践活動の動向、あるいは活動の事例を見てきた。文献を主体にした考察を通して一応の傾向は捉えてみたものの、すでにその範囲においてすら著しい多様性の存在する事実が認められるし、加えて現在三、四〇〇〇（三〇〇四年現在は約四〇〇〇だから、なおさら多様化しているのだが）の高等教育機関が存在している米国の状況を考えると、多様性の度合はさらに深まるに相違ない。この事実を考慮すると当然ながら、FDにおいて単一のプログラムを描くことは到底できないばかりか、さまざまな現実が横たわっていることを推測せざるを得ない。ウィーラー＝シュースターもこの種の多様性を意識した上で、現時点で重要な点は、①FDの概念化、②FD発展の増進、をいかに進めるかであると指摘している（Wheeler and Schuster, 1990）。前者については、FDは専門職的開発（授業開発を含む）、個人開発、組織開発、の各側面の総合的開発が欠かせず、これら三つの側面を実現するためには適切な調整と体系的なアプローチが必要であること、また後者については、いかなる大学も最初からＦＤに成功を収めているのではなく、三つの開発を成就するにも十分な取り組みを達成しているのではなく、したがって各大学の実情を踏まえて、何れの側面が弱点であるかを点検して、一層の実践が必要であることになること。そしてそのためには、①一般的原理、②新プログラムに対する戦略、③既成プログラムに対する戦略、④大学間の調整戦略、が考えられるとしている（Ibid., pp.281-293）。

一般的原理の一四点

まず、一般的原理で必要とされている一四点を簡単に紹介してみるとつぎのようになる（Ibid., pp.281-286）。①大学教員の「オーナーシップ」(ownership) 意識を強調することによって、専門職開発プログラムに大学教員が強く参加すればするほどそのプログラムの重要性を認識するようにさせることができる事実がある。②大学教員の助言委員会を活用して、その活動が実質的になればなるほど、大学教員はよりプログラムを支援し活用するようになる。③ＦＤ活動の成否を握る鍵は大学の管理組織からの物的・人的側面における積極的な参画が得られるか否かにかかっている。④ＦＤに関する専門的な管理運営体制を確立して、他の業務が中心を占めＦＤへの専門的取り組みが手薄になる傾向を改善することが必要である。⑤大学の組織的構造とＦＤ活動がいかに統合されるかが、活動の効果の決め手になる。⑥専門職的プログラムの試みは、最初から完成しているのではなく、小規模なものから出発して、次第に専門職的、組織的、個人的、という三つの主要開発領域を包括した総合的プログラムへと発展する必要がある。⑦専門職的かつ個人的プログラムの長所を強化するとともに、教員の自己活性化の推進を促進するために教員自身の積極的な取組の側面を助長し強化するよう、管理者と教員のリーダーシップが十分機能することが重要である。⑧大学全体に成功をおさめた先進的なプログラムの内容を教員に説明して、多数の教員が関心を示すように配慮する。⑨いかなるＦＤ活動が教員によって必要とされ、しかも重要であるか教員自身のニーズを十分に調査する。⑩一九九四年に予定されている定年年齢の引き上げは、大学教員の人口動態に未曽有の変化を来すが、これらの影響の下で、いかなる教員のニーズの変化が生じているか人口動態を的確に把握し、対応する必要が生じる。⑪女性とマイノリティーの要請への対応。⑫教員の退職パターン、退職希望の有無など教員自身についての機関レベルの研究がなされなければ、FDのプログラムの発展は望めない。⑬財政難の時代に、FDプログラムは費用がかさみ、しかも政策的にも危険性が高いという懐疑的な意見が見られるので、これらに対してFDプログラムの利益を明らかにすることによって理解を得る必要が生じている。⑭種々の試みが、米国の大学で試みられているが、個々の大学で成功を収めたプログラムも他大学に移植してそのまま成功するとは限らないので、各機関の最適条件を探る努力が欠かせない。

これら一般原理は従来のFD活動の理論と実践を踏まえて、現時点で整理されたものであるから、FD先進国アメリカにおいて一応の到達点を表していると考えられる。

著者が指摘している点で、もう一つ重要なのは、個々の大学の経験を尊重しながらも、その限界を克服するために大学間の機関的連合組織による調整や共同活動を重視している点である(5)。

総合化の視点が重要

最後に、これまでの動きを踏まえた上での今後の展望としては、FD活動の総合化の視点がとくに重要になってきていることが理解できる。それは、上述の各側面の調整と総合を意味するのであるが、ウィーラー＝シュースターはさらに、①キャリアの再概念化によって学究生活から中途で他のキャリアに転職する場合を常態と位置づけることを提唱している。また②キャリア援助の概念によってキャリア変更に対する専門職的カウンセリング、雇用援助プログラムなどの人的・技術的援助の必要性を提唱している(Ibid., pp.276-279)。これは大学にのみ限定しないで、大学教員の才能・興味・資質などを含めた専門職的かつ個人的成長を十分に達成することに主眼が置かれることを意味している。このような指摘は、アメリカの大学世界においても、従来のように大学人が大学のみでキャリアを遂行し全うするという伝統的概念は、現在確実に変容を迫られていることを意味することに他ならない。彼らが指摘している③専門職的発達と個人的発達の融合という視点も、おそらく今後重要になるに違いない(Ibid., pp.279-281)。

新たなＦＤ戦略

従来の伝統的なＦＤ戦略では、個々の大学教員開発は概念的にも実践的にも専門職開発と分離され、その結果個々の大学教員の要求を組織的期待と統合するのに失敗したのであり、その理由は個々人の問題が専門職的領域とは関係ないと考えられたからである。したがって、その反省と見直しの動きは、ＦＤの総合的プログラムにおいては、個人のキャリア開発と専門職開発には相当の重複する側面と統合できる側面があるとする見解が成立することを示唆するのである。そこから、大学教員のキャリアを生かすために個人の活力と大学機関の活力を融合させるときこそ、大学の使命を充足するために、その大学が擁している能力を確かなものにできる、という一応の結論が帰結するだろう。

注

(1)　ＦＤ・ＳＤの定義等については、次の文献参照。馬越徹「ヨーロッパにおける大学教授法(College Teaching)研究の動向」『ＩＤＥ現代の高等教育』No.212、一九八〇年八月、六七-七四頁。喜多村和之編『大学教育とは何か』玉川大学出版部、一九八八。有本章「外国の大学授業―ＦＤ／ＳＤの動向と実態―」片岡徳雄・喜多村和之編『大学授業の研究』玉川大学出版部、一九八九。関正夫編『大学教育改革の方法に関する研究―Faculty Development の観点から―』広島大学・大学教育研究センター、一九九〇。

有本章編『大学教育の改善に関する調査研究』広島大学・大学教育研究センター、一九九〇。

(2) それは、ジェームズが嘆息したように、蛸の触手の形をしたPh. D.の威力がものをいう時代の到来を意味していたことは後知恵的に指摘できる事実であるが、後塵を拝したドイツの科学水準に素早く追いつくことを模索する段階にあった当時としては、止むを得ない選択であったかもしれない。それにしても大学教授は一九世紀の後半から単なる教師ではなく、専門分野(academic discipline)を専攻する科学者や研究者としての役割を担うことを余儀なくされたのである。

(3) シュースターはこの時期の発展を別の角度から述べており、とくに次の点を指摘している。大学教員の役割の見直しが教育とくに授業を中心に考えられ始めたこの時期、バーグクイストらは3巻からなる『ＦＤハンドブック』を著したこと。ガフは基本的枠組みに大学教員の再生(renewal)の概念を用いたこと(Gaff, J. G., Toward Faculty Renewal: Advances in Faculty, op. cit.)。専門職としての大学教員や教育改善の試みが機関レベルで注目され始め、Lilly, Kelogg, Danforth といった主要財団の援助によって、あるいは専門分野の学会の後援によって、各地の大学に授業改善の施設が整備されることになったこと。Schuster, J. H., Wheeler, D. W., and Associate, *Enhancing Faculty Careers: Strategies for Development and Renewal, op. cit.*, p. 6.

(4) 科学社会学における「科学的社会化」の視点は共通の問題を扱う。有本章「科学的社会化研究の視点と枠組み」『教育学論集』第一一号、一九八二。

(5) アメリカ諸州には、すでに実績のある連携プログラムが存在しており、著名なものも少なくない。例えば、上記した「ジョージア大学授業開発研究室」以外にルイズビル大学のＦＤ・ＳＤセンターの「ケンタッキーＦＤ共同組織」(Kentacky Consortium for faculty development, Center for Faculty and Staff Development, University of Louisvile)、「ネブラスカ大学ＦＤセンター」(Center for Faculty Development, University of Nebraska)などが紹介されている。*Ibid.*, pp. 290-293. さらに州レベルのモデル的な取り組みとしては、ニュージャージー州高等教育局(Department of Higher Education, State of New Jerjy)。またＦＤの専門学会としては、一九七〇年代初頭に創設され、年次大会、各種の実践的出版、セミナーおよびワークショップ開催を行っている「高等教育の専門職的組織的開発ネットワーク」(POD Network, Professional and Organizational Development Network in Higher Education)があり、コミュニティ・カレッジレベルでの同様の活動を行っている、「全国ＳＤ・ＰＤ・ＯＤ協議会」(NCPOD, Natioanl Council for Staff, Program, and Organizational Development)がある。全国の一五〇大学が参加している。「全国大学教員交流」(NEF, National Fuculty Exchange) は、教員の交流によって大学教員の活性化を図るプログラムであり、エクソン教育財団およびフォード財団の援助を得て一九八三年に設立され、ニューヨーク州立大学バッファロー校に事務局を置いている。なお、FD活動に積極的に援助を行ってきた財団には、上記したエクソン、フォードをはじめ、ダンフォース、ケロッグ、メロン、リリーの各財団が重要であり、地方的なものとしては、ミネソタ州とダコタ州に援助を行っているブッシュ財団、あるいはノーストウエスト・エリア財団などがみられる。

参考文献

Andrews, F. N., ed., 1979 *Scientific Productivity: The Effectiveness of Research Groups in six Countries,* Cambridge University Press.

有本章、一九八八「アメリカの大学教授職の衰退の徴候とその背景」『教育学論集』第一七号。

Bergquist, W.H., and Phillips, S.R., 1975 *A Handbook for Faculty Development,* Vol. 1., Council for the Advancement of Small Colleges.

Berman, P. and Weiler, D., 1987 *Exploring Faculty Development in California Higher Education,* Vol. 1, 2, Berkeley: Berman, Weiler Associates.

Bland, C., and Schmitz, C.C., 1988 Faculty Vitality on Review: Retorospect and Prospect, *Journal of Higher Education,* Vol. 59, No. 2, March/April .

—— ,1990 An Overview of Research on Facluty and Institutional Vitality, in Jack H. Schuster, Daniel W. Wheeler and Associates, *Enhancing Faculty Careers: Strategies for Development and Renewal,* Jossey-Bass Publishers.

Bowen, H.R., and Schuster, 1986 J.H., *American Professors: A National Resource Imperiled*, New York: Oxford University Press.

Clark, S.M., and Lewis, D.R., 1985 *Faculty Vitality and Institutional Productivity,* Teachers College Press.

Gaff, J.G., 1976 *Toward Faculty Renewal: Advances in Faculty, Instructional, and Organizational Development,* Jossey-Bass.

Crow, M.L., Milton, O., Moomaw, W. E., and O'connel, W.R., Jr., eds., 1978 *Faculty Development Senters in Stouthern Universities,* Atlanta: Southern Regional Educationa Board.

Centra, J.A.,1976 *Faculty Development Practices in US Colleges and Universities*, Educational Testing Service, NJ: Princeton.

—— , 1978 "Types of Faculty Development Programs," *Journal of Higher Education.*

Eble, K.E.E., and Mckeahie, W.J., 1985 *Improving Undergraduate Education through Faculty Development*, Jossey-Bass Publishers.

Gaff, J.G., 1976 *Toward Faculty Renewal: Advances in Faculty, Instructional, and Organizational Development,* Jossey-Bass.

—— , 1979 "The United States of America: Toward the Improvement of Teaching," in Teather, D.C.B., *Staff Development in Higher Education: An International Review and bibliography,* London: Kogan Page .

伊藤彰浩編、一九九〇『ファカルティ・デベロップメントに関する文献目録および主要文献紹介』広島大学・大学教育研究センター。

Levinson-Rose, J., and Menges, R.J., 1981 "Improving College Teaching: A Critical Review of Research," *Review of Educational Research.*

Mathis, B.C., 1982 "Faculty Development," in H.E. Mitzel, ed., *Encyclopedia of Educational Research, 5th ed.,* Free Press.

Maher, T.H., 1982 "Institutional Vitality in Higher Education," *Research Currents*, June.

Menges, R.J. and Mathis, B.C., ed., 1988 *Key Resources on Teaching, Learning, Curriculum, and Faculty Development: A Guide to the Higher Education Literature,* Ossey-Bass Publishers.

Riegle, R.P., 1987 Conceptions of Facluty development, *Educational Theory,* Winter, vol.37, no.1.

Schuster, J.H., 1990 "The Need for Fresh Approaches to Faculty Renewal," in J.H. Schuster, Wheeler, W.H. and Associated, *Enhancing Faculty Careers: Strategies for Development and Renewal,* Jossey-Bass Publishers.

Simpson, R.D., 1990 "A Multidimensional Approach to Faculty Vitality: The University of Georgia,"in J.H. Schuster, D.W. Sheeler and Associated, *Enhancing Faculty Careers: Strategies for Development and Renewal,* Jossey-Bass Publishers.

Young, K.E,, Chambers, C.M., Kells, H.R., and Associate, 1983 *Understanding Accreditation: Comtemporary Perspecitives on Issues and Practices in Evaluating Educational Quality,* Jossey-Bass Inc., Publishers.

Wheeler, D.W., and Schuster, J.H., 1990 "Building comprehensive Programs to Enhance Faculty development,"in J.H.

Schuster, D.W. Sheeler and Associated, *Enhancing Faculty Careers: Strategies for Development and Renewal,* Jossey-Bass Publishers.

四章　諸外国とアメリカにおけるＦＤの制度化

一九九〇年代初頭において、諸外国を対象にＦＤ・ＳＤ活動の動向を探ってきた。それは現在（二〇〇五年）の時点から顧みれば、一〇年以上遡る時点であるから、概して各国の初期の状態を知る上で興味深い。対象国には、アメリカ合衆国、イギリス、ドイツ（旧西ドイツ）、フランス、韓国、タイ、中国が含められた(1)。これら世界八カ国の動向を探ることを試みたその時点で、現代の高等教育、とりわけ大学にとって教職員の資質改善が国際的に重要な課題となっていることを改めて痛感せざるを得ないことが分かった。歴史的、社会的、文化的な背景が異なる各国には、同じＦＤ・ＳＤ（以下では必要なとき以外ＦＤと省略）を対象にしながらも、その概念、内容、性格、特質などに相当の幅がある。それにもかかわらず、早くは一九六〇年代、遅くとも一九八〇年代までに、高等教育の大衆化やそれと関連した環境変化の影響を受けて、ＦＤが高等教育改革や改善の中枢的地位を占めるに至ったことが明白に認められるのである。

本章では、そこで報告された内容を踏まえながら、ＦＤの制度化の観点から若干の整理と比較を行うことにしたい。ＦＤの制度化には、国家システム、中間システム（各種協議会、委員会、学界など）、大学機関、大学教員の各レベルにおける、ＦＤに関する理念、目標、定義、概念、内容などの要因が吟味される必要があり、これら諸レベルの状態を把握することが制度化の度合をみる目安になる（有本、一九九〇）。ＦＤ活動は授業、カリキュラム、大学人、学生などの範囲に及ぶから、これら個々の側面とそれらを包括した全体活動をトータルに解明することによって制度化の実態を見極めることができる。その点、各報告は、主として各国の高等教育システムの位相を問題にしているため、大学機関に関する事例は若干みられるものの、これら各側面の個々の記述には必ずしも統一がなされているとは言えず、とくにカリキュラム、学生、教員個人の個別位相に焦点を合わせた事例は殆どないと言ってよい。したがって、システム位相を中心にした記述の範囲内で国別の制度化を判断せざるを得ないという制約があると言えよう。

結論を先に言えば、対象にした諸外国は、いずれもシステムレベルの制度化においては少なからぬ進展を示していることが分かる。以下では各国とアメリカの報告に基づき、ＦＤの定義、起点、発展の動向、問題点と課題などに整理しながら、ＦＤ制度化の実態と類型論を考えるとともに、最後に日本の現状との関係を考えてみたいと思う。

第一節　各国のＦＤ／ＳＤの制度化

一　各国におけるＦＤ／ＳＤの定義

まず、各国のＦＤ／ＳＤの制度化を目標や定義など理念的側面に注目してみると、国毎にかなりの多様性が認められる。

㈠　アメリカはＦＤという呼称、定義、概念の発祥地であるが、本来、専門職の資質発展の運動として出発したせいも手伝ってか、ＦＤ唱道者の数だけ定義が存在すると言えるほど複雑な実態を呈している。個々の定義づけをみると、大枠で大学教員の資質の開発と改善である点では共通性が見れるとしても、個人、授業、専門職、組織、高等教育システムなどの広範な領域にわたって多種多様な定義が行われていることが分かる。傾向としては、初期の授業、教育を中心にした定義から、最近では専門職、個人、機関、システムの活力、再生などを問題にするようになり、総合的なアプローチからの定義が顕著になっているところに特徴が見られる。

㈡　イギリスではＦＤよりもＳＤの概念が使用されている。これはアメリカとは独自の文脈で定義、概念、内容が発展したことを物語っており、その意味で今日、アメリカとともに広義のＦＤ（ＦＤ／ＳＤを含めた意味）の発祥地となっていると見なして差し支えあるまい。狭義のＦＤであるＳＤは「大学における自助努力による人的資源の開発と活性化を目的とする」と定義されている。

㈢　ドイツにおいてＦＤ／ＳＤに対応する概念は「大学教授学」(Hochschuldidaktik) もしくは「継続教育」(Weiterbildung) であるとされる。語源的には、米英の語彙と厳密に対応しているとは言えず、そこにドイツの独自性がみられるし、米英流のＦＤとは必ずしも同一ではないことが理解できるものの、それでも内容的には大学教員の資質改善を追究している点で、広い意味ではそれらと符合するといえる。

㈣　フランスでは、ＦＤのように短縮形で表現できる明確な定義はいまだ存在していないが、それでも教員の「養成、初任者研修、教育学的訓練、継続教育」を包括する「ホルマシオン」(formation) が内容的に関連性が強いとされている。フランスの場合もドイツと同様、アングロサクソン諸国の動静から距離を置いた形をとりながらも、内容的にはほぼ同様の活動が含意されていると解釈できよう。

㈤　欧米からアジア諸国に目を転じると、タイと韓国の事例にみられるとおり、そこでは独自の呼称、定義、概念、内容が発展したというよりも、欧米モデルとりわけ米英のＦＤ概念が下敷になっていると見なせる。内容的にも符合していて、やはり大学教員の資質の向上、とりわけ教授能力（teaching ability）の開発・改善を主たる目的としていることが分かる。

㈥　中国では、欧米の影響を受けながらも、中国固有の文脈のなかで、「教師の陣容整備」という呼称や概念をとりながら、内容的にはＦＤとほぼ共通する活動が展開されている。教師の陣容整備は「①大学の教師陣を総体的に絶えず良質化させること、②教師個人に自らを育成するチャンスを与え、その能力水準を絶えず向上させることを指す。」とされており、その主な目的は授業の改善に置かれている。この定義のなかの「良質化させる」「向上させる」といった文言に見られるように、やや上からの命令調のＦＤ活動が展開されているところに、中国式ＦＤ活動の一つの特徴が見られると言えるかもしれない。

二　ＦＤ／ＳＤの起点と契機

㈠　アメリカでは、狭義には一九六〇年代から、本格的には一九八〇年代から、活動の起点が認められる。その契機は広義には一九世紀以来開始された大学専門職の資質の向上運動と連動するが、直接的には、高等教育の大衆化とかかわる社会的変化の影響によって教育・授業を中心とした大学教員の資質改善が必要になった点が指摘できる。高等教育の大衆化の第一段階である学生数の増大の時点よりもむしろ、他の諸国よりも足早に遭遇することになった第二段階である大衆化のツケへの対応、さらには第三段階での学生人口の減少、大学淘汰の危機、高等教育費の削減などの要因とかかわって生じた、経営改善、教員配置の見直しなどが教育の中味や教員資質改善を要請する大きな引金になった。こうした契機を持つFD活動は、国家レベルからの圧力や指導の下に開始されたのではなく、個々の大学や大学人レベルからの自発的な取り組みが起点となった。

(二)　イギリスでは、一九四〇年代から大学教員任用の問題と関係して資質の向上問題が論議されて来た経緯があるものの、直接には一九六〇年代に高等教育の量的拡大の影響を受け、質的低下を来すという危機に直面し、それを克服する方策の一つとして、大学教員の教授能力、研究能力、管理運営能力の開発・向上を目的として登場した。

(三)　ドイツでは、大学大衆化の影響を受けた一九六八―六九年の大学紛争を契機に大学教授学が重視されるようになり、その後、他の先進国と同様に量から質の転換の時代に直面し、大学教育の活性化のために、大学教師の力量形成がますます回避できない段階に到達している。

(四)　フランスは、一九五〇年代末から一九七〇年代まで続いた大学大衆化に呼応する大量教員採用によってもたらされた偏差を是正する問題が、ＦＤ取り組みの一つの契機となっていることが分かる。そして大学教員の資質改善の試みは、ほぼ一九七〇年代半ばから、とりわけ一九八〇年代に入ってからクローズアップされてきた。そして国家レベルからの各種改革案の提出が起点になっているところに、フランスの特徴が見いだされるかもしれない。例えば、その契機は大学教員の身分格差是正に関して、ド・バエック・レポート(一九七四)とケルモンヌ・レポート(一九八一)が刊行された点に見いだせるであろう。後者では、大学教員の「自己継続教育」、教員自身による自己評価、大学教員候補者の研修体制の導入が提唱された。ローラン・シュヴァルツが総括した答申書『教育と学術発展』(一九八二)は「人材のゴミ捨ておき場」となっている第一課程の改革、新博士号制定、大学評価委員会設置(一九八五年)など大学教育改善の動向に影響を及ぼした。同様に、『国民教育体系の教員養成』として刊行された「プレッティ報告」は「大学教員のホルマシオン」を扱い、これを受けて『大学教員のホルマシオンに関する委員会レポート』(一九八三)が出された。また、デュリィ・レポート(一九八八)は、大学教員の給与改定、研究―学生指導、大学行政の遂行度に応じた特別手当などを盛り込んだ大学教員待遇改善策を打ち出した。

(五)　アジア諸国では、FDの起点は一九七〇年代以降とされるので、時期的には、欧米諸国からそれほど遅滞が見られるとはいえない。また、その契機も高等教育の量的拡大あるいは大衆化のツケとして生じた教育研究の質的低下、とりわけ大学教員の質的向上の問題であり、その点でアジア諸国共通の動きが存在すると指摘されているが、同時にそれは欧米諸国の契機との共通性を形成しているのでもある。つまり高等教育の大衆化という構造変化は欧米アジア諸国を問わず、共通に経験するべき時代的要請となったといえよう。これらアジア諸国はモデル的には先進国アメリカやイギリスを範としているのであるが、アメリカモデルを導入しながらも、大きな相違点として指摘できるのは、アメリカのようにボトムアップ方式ではなく、タイや韓国の事例に典型的にみられるように、最初は政府主導のトップダウン方式によって着手されている点であり、その点に大きな特徴が認められる。

(六)　中国では、一九八〇年代に入って、大学教員の人口、年齢、学歴の各構成がきわめて不十分な構造を呈していることに鑑み、教師陣の質的向上を図るための陣容整備が緊急の課題になったことが理解できる。その背景には文化大革命の影響が影を落としているものと推察できるが、そのような不十分な構造の改革を期して、国家教育委員会における教師事務局の設置、各大学の教師事務局による取り組み、高等教育管理研究会の結成（一九八五年）などが見られるようになった。

三　FD／SDの発展の動向

㈠　アメリカでは、一九八五―一九八七年の時期をカバーしたFD活動に関する文献の分析によると、文献の領域が多様化していることと、ほぼ半数の文献が一九八〇年代（一九八一―一九八七年）に入って出版されていること、が認められる。FD活動の起点が古いと同時に、最近になってますます活発の度を高めている状況がこうした数字に反映されているといえるだろう。FDは大学や大学人レベルから自発的に出発した専門職改善運動であるが、最近では、大学教員の資質がシステムレベルで問題にされる傾向を深めており、教員、機関組織、システムのトータルな活力が重視されるようになっている。実践レベルでは、大学機関の実践が多様化するとともに、機関的連携や学会の創設など、FDの制度化が着実に進展している。著しく活発な活動を展開している機関も数多く紹介されている半面、FD活動が新しい時代的、社会的要請のなかで、大学や大学専門職が質的改善を迫られることから、従来の取り組みが必ずしも十分でないという認識も高まっているといえる。従来の研究や実践の業績を踏まえ、それらを連携させ、新たな課題に対応する創意が求められている。しかし、過去の研究と実践の豊富な蓄積は他の諸国の追随を許さない水準に達していることは否定できず、全体にその種の蓄積が物語るごとく、個々の機関や大学教員がきわめて多様な取り組みを展開しているところに、良くも悪しくもアメリカ型FD活動の活力と本質が如実に具現しているように思われる。

㈡　イギリスは、いわゆる「イギリス病」によって、高等教育財政の逼迫を他の先進諸国よりも深刻に経験した。そのことは、限られた財政条件の範囲内で高等教育の質的維持と改善を模索しなければならないという色彩をより強めることになり、とくに一九八〇年代に入ると、ＳＤの本来の目的である教育研究の改善のための訓練や開発は、大学組織のマネジメントによって代替されることになった。サッチャー政権による大学改革が進行した(Mclean, 1990)。その間、大学組織や教員個々人の生産性や活動実績を点検評価する大学評価の時代へと急速な転換を示した。

㈢　ドイツは、大学教授資格試験が導入された経緯があり、この制度によって大学教員の資質維持に一定の歯止めをかけたのであるが、このようなＦＤ活動の前史をひもといてみるとき、それによって大学教師の資質を維持するべく力量形成が十分に達成されたかというと、必ずしもそうではなかったようである。一九世紀には各種の大学教育論議がなされ、また大学教育組織改善を目的とした大学教育学協会(一九八七年)の設置をみたのはその一端を物語る。これらの古い取り組みは、かねて大学教育論議がくすぶってきた経緯を如実に物語り、それに関する学問的蓄積がなされた事実を裏書している。最近では、「教授資格」とは別に「教授権能」の考え方も出現している。こうした背景のなかで、大学教授学が従来の大学教育に関する学問的蓄積やあるいは大学の大衆化現象の影響を受けて登場し、そしてハンブルグ大学を中心に大学教授学センターが設置され活動するに至っている。また大学機関の枠を超えた連合組織としての大学教授学協会(一九六七年)が設立され、活動を展開している。こうした一連の動きは、ドイツ大学人が自らの主体性を基盤にして、ＦＤ活動に徐々にではあるが着実に取り組みつつある事実だと解せられるように思われる。

㈣　フランスでは、「プレッティ報告」の「大学教員のホルマシオン」と、これを受けた『大学教員のホルマシオンに関する委員会レポート』(一九八三)がＦＤ関係の報告として重要であるとされる。ホルマシオンでは、研究者教育と教授者教育が区別できる。前者では、大衆化段階に大量採用された大学教員が定年を迎える時代が迫り、年々五、〇〇〇人もの大量の若手教員が不足することが予想される中で(Guin, 1990)、第三期課程の改革によって、アメリカのPh. D.相当の新博士号を制度化し、従来より早期に博士号取得が可能になることを見込んでいる。また、後者では、教育学的教養と企業社会へ対応する能力の涵養を指導能力として重視している。大学養成センターの設置も構想されている。こうした動きは、教育学の重要性を高めるものと予想されている。フランスでは、各種改革案による上からの教員の資質改善を画策する動きとは別に、大衆化のツケを大学レベルで解消しなければならない現実も深刻の度を増し、教員自らの実践が不可欠になった点も見逃せない。高等教育の大衆化に伴い、第一課程の学生が十分な教育を受けられず、実に三〇%から六〇%が第二課程へ進級できない状況を生んだが、その改革に取り組む大学も見られるようになり、パリ第一一大学がそのモデル校になったとされる。また、第一課程学生の就職問題にもリール大学を中心に積極的に取り組む動きが見られる。

㈤　アジアでは、タイと韓国の事例に見られるように、ともに政府主導を起点にし、次第に大学機関レベルの取り組みへと移行している。タイでは、修士学位に焦点づけた教員資格の改善、大学庁やチュラロンコン大学を中心とした教授技法改善、産学共同や教育・研究休暇を導入した専門的知識開発、大学組織の体系的な支援を盛り込んだ研究能力改善、などの事業が開始されている。次第に大学レベルの活動も活発になりはじめており、チュラロンコン大学は、一九七六年というかなり早い時期にＳＤＵ(Staff Development Unit)を開設し、以後活発な活動を展開していることが紹介されている。同大学には、大学教員や大学行政官の専門的資質の向上を目的に、高等教育学科という大学院修士コースが開設され、FD活動の核になる人材が養成されている。

他方、韓国では一九七〇年代に、エリート大学を先頭に「実験大学」方式による各種改革が行われ、その成果に応じて優遇措置がとられた。この取り組みのなかで、全国の大学教員が研究だけでなく教育に取り組み、FD活動に携わる動きが生まれたという。こうした上から下への改革は、成功した半面、大学人を半ば強制することにもなり、不満を高める結果をもたらしたが、一九八〇年代に入って、韓国大学協議会の設立（一九八二年）をみることになり、大学の自主性を尊重する気運と連動して実現したこの設置は、結果的に教育研究改善と直結した研究が展開される結果を招き、FD活動とFDに関する研究開発に大きな役割を果たすことになった、とされている。

(六)　中国の場合、国家政府からの大学改革政策の一環として、教師の陣容整備が開始されたが、実施に際しては、国務院や国家教育委員会の規定や条例に従って、各大学の実情を踏まえた方法が採用された。例えば、終身制の改定、職階毎の職責や資格、資格審査などの規定に従って、教員採用を厳しくし、教員の教育活動を点検し、学生や同僚による評価を導入し、教学優秀賞を実施する、などの試みが行われていることが理解できる。大学院での助手研修クラスや現職教員研修、各大学での新任教員の研修などによって、教育資質の向上が模索されており、講師以上の職階では、学術研究能力の向上にも力点が置かれている。他大学教員を受け入れて、教育、研究の指導を実施している大学も見られる。専門分野学会、高等教育学会、多くの大学の高等教育研究室（所）などの活動も、大学教師の陣容整備に良好な役割を果たしているとされている。

具体的事例として、北京大学と上海交通大学の取り組みが紹介されている。これら事例を見ると、北京大学では授業の質的向上と教師陣整備のために教育評価室が導入され、学生と教師による授業評価が実施されている。また全学教員の三％ほどに教学優秀賞が授与されている。授業の質は教師にかかるとの考えから、授業が重視され、その観点から大学院生の指導、若手教員の基礎授業の担当を重視する方策が全学と学部の各レベルに応じてとられている。実際の指導は国家教育委員会の教師事務局の指導下にある大学人事課の教師事務局が担当している。以上のような動きが見られる。

他方、上海交通大学は、「三包一評」政策によって各学部に自治を持たせながら、同時に大学当局が学部の教育研究に関する評価を二年に一回づつ行うという方式によって、教師陣容整備に着手している。評価項目としては、授業の質、教授陣の構成、卒業生の状況、研究の状況、省市、国レベルの評価得点、などが盛られているとされる。教員の研究重視が強い傾向のなかで教育活動に重きを置き、その観点から若手教員の養成にも乗りだしている動きも認められる。

四　各国のFD／SDの問題点と課題

㈠　アメリカでは現在、高等教育の拡張期の後に訪れたポスト大衆化の停滞期を、ＦＤ活動の振興によって乗り切る政策は一応成功したかに見える。いわゆる「大学淘汰」の危機をまずまず乗り越えた背景には、このような政策が奏功した事実が横たわっているとみて差し支えあるまい。しかしシュースターの指摘したごとく、新たに直面している八種類に及ぶ環境変化に対処することが当面するＦＤの問題点であり、同時に深刻な課題であるとみなされる。一九七〇年代中盤から一九八〇年代にかけて、大学環境を取り巻く物的条件の悪化に伴い生じた大学教員の疲弊は、国家社会の存亡にも影響を与えかねないという論調を惹起させることになり、同時に従来の狭い範囲のＦＤ論から、専門職全体や高等教育機関全体を包括したＦＤ論の総合的アプローチへの移行を余儀なくさせたことは、否定できないだろう。この動きは、大学教員の資質改善論議が高等教育機関内部のもはや部分的な問題ではなく、高等教育システム全体の在り方の問題になりつつあることを示唆している。有史以来、最も優秀な大学教員を擁しているとされる半面、今日の米国大学には、大学をとりまく物的環境の悪化によって、アカデミック・プロフェッションに対する魅力の減退、大学院生のアカデミック・キャリア離れ、といった後継者養成の困難、現職教員の離職希望の増大など、黄信号、否むしろ赤信号が点滅しているという観測もみられる。加えて、近未来に予定される定年制廃止(実際には一九九三年に廃止)は、大学教員の人口構造における老齢化傾向に拍車をかけ、若手層を欠いたいびつな年齢構成になることが予想されている。これらの問題を克服して、大学組織、大学専門職の従来の活力を維持し、一層発展させうるか否かが今後のＦＤ活動の課題となっている。

㈡　イギリスは、経済政策が大学政策をもろに直撃した結果、唐突に大学評価が持ち込まれ、大学の自治や学問の自由を享受してきた従来の学究生活との亀裂を深めることになった。アメリカでＦＤが遅ればせながらシステムレベルの問題に浮上しつつあるとするならば、一九八〇年代からのイギリスは、明らかにシステム全体にわたる大学教員の資質改善を問題にし、それを全国的に査定する動きとして進行した。経済不振と大学のアカウンタビリティを問題にする点で、大学組織の合理的効率的運営の在り方、あるいは大学教員資質の見直しが国家的関心に急浮上してきた。強引とも思える大学評価の導入によって、政府と大学人の間に不協和音が高まり、その結果大学教員のモラルやモラールが減退することを帰結することになるならば、せっかくの大学活性化の試みもかえって逆効果を招来しかねないし、合理化や効率化を性急に追究することが、教育の営為と調和しない場合は、教育的生産性は上がらないかもしれない。今日のＳＤの動向をみる限り、評価の側面を一段と強めており、この種の摩擦、葛藤、緊張が高まっているようである。いわゆる市場の論理やアカウンタビリティが問われ、大学評価がなんらかの形で制度化されつつある世界の動向からすれば、イギリスの動きは一つの典型を示しているように思えるが、それにしても種々の問題がある以上、それらをいかに解決し、ＦＤ本来の目的である専門職の向上を達成できるか否かが今後の課題となっているように思われる。

㈢　ドイツでは、大学教授学の発展により、ＦＤ活動の一応の成果が見られるし、大学間に連携の動きが見られる。しかし、今後の発展が円滑になされる見込みは、必ずしも明るいとはいえず、とくに大学教授学の発展を阻害する要因として指摘されている大学自治、研究重視、学習の自由、大学教授学の科学的弱さ、大学教育の貴族的性格、といった伝統や志向を見ればそのことが如実に察知できる。伝統や風土の転換は、大学人の主体性と直接かかわる側面であり、アカデミック・ギルド特有の伝統を今も根強く残している学部自治的慣行の強い大学組織のなかで、大学人自らの合意と納得が得られない限り遅々として進行しないのは、無理からぬことでもあろう。現在の時点では、ＦＤは各大学の自由裁量に委ねられて展開されているとの印象を与え、国家政府とは一定の距離を置いているかに見える点で、英仏とは異なった歩みを続けていると見なせる。大学自治の伝統が根強いこと、あるいはドイツの経済状態が他の諸国に比較して良好であったため国家レベルの対応を抑制したこと、などの要因がこの種の傾向を生む要因として作用したのであろう (Frackmann, 1990)。その意味で、例えば大学評価の問題が国際的にますます重視されてきている時、他の諸国とは異なる動きを示してきたドイツが、東西両ドイツの統合を踏まえながら、ＦＤ活動とかかわって今後いかなる発展形態をとるかに関しては、その動向が注目されるであろう。

㈣　フランスでのＦＤの取り組みは、制度的改革によって推進されているが、上からの改革が、ＦＤ本来の専門職的資質向上運動と接続しない限り、やがて緊張をもたらさざるを得ないと推察される。その点で、現場レベルでの取り組みがいかなる進展を示すかが問題点や課題と直接関係してくるのは明白である。現場の状態として報告されている事例を手がかりにすると、第一課程の実際の実践活動に見られるように成果が上がっている部分がある半面、教員の疲労困憊が進行し、研究への支障が生じてきているという事実は、先行き不安を示唆している。若手教員のホルマシオンの在り方がこのような先行き不安を解消するのか、あるいはさらに深刻の度を深めるのかの鍵を握ると指摘されているが、その点ではＦＤの成否はむしろ今後に持ち越されたとみなせるのであって、今後の動きから目を放せないと言わなければならない。

㈤　アジアでは、高等教育改革に積極的に取り組んでいる国ほど、高等教育政策の一環にＦＤ活動を位置づけて支援していると報告されているから、これらの国における政府主導方式のＦＤ導入は、一応軌道に乗っているとの印象を与える。先進諸国の高等教育モデルを政府主導で移植する伝統の強いアジア諸国では、このようなトップダウン型の制度導入が奏功しやすく、制度化の定着を容易にするとみなして差し支えないかもしれない。しかし一見成功しているかに見えて、現実には十分に本来の機能を果たさない場合も少なくない。外国のアカデミック・モデルが土着の大学が持つ伝統や風土と調和しないこと、上位下達方式が大学人の「学問の自由」や「大学自治」の意識と葛藤を生じること、などが少なからぬ原因となると考えられるからである。報告にもあるように、実際には大学人が自分自身教育されることに抵抗を持っているため、これらアジア諸国のＦＤは十分に進展してい

ると は言えない実情も作用していることが窺える。政府主導のいわばお仕着せ型の高等教育研究も大学人には不満であり、大学の自主性を尊重する気運と連動して実現した韓国大学協議会は、その意味で成功をおさめた例であるが、それでも協議会の主催するＦＤ活動は、教員サイドでは上からの研修活動と映っているようである。教員の自主性に基づく地域や大学レベルのＦＤ活動の活発化が今後の課題と見なせることになる。

㈥　中国の状況は、大学教員の統計調査の実態に示されるごとく、従来の大学教員養成に起因する歪が露呈していること自体が問題であり、資質改善政策を推進することが当面の課題とならざるを得ない。実際にも国家の重要な方針としてその推進に着手しており、事例報告に見る限り、かなりの成果を上げているように思われる。しかし、二大学の事例は、一、〇七五を数える大学群の頂点に立つ名門校であるから、これらの事例をもって全国の大学が同様の良好な傾向を示していると判断する訳にはいかないのは自明である。むしろ、現実にはＦＤ活動が遅々として進展しない状態が存在するかもしれない。国家教育委員会を中心とした中央集権型高等教育政策が実施される構造は、大学の構造や活動の改革を高等教育システム全体にわたって効率よく手掛けられる構造を自ずから秘めており、その点では、全国的改革が比較的迅速に達成される可能性を秘めているとの解釈が成立するに相違ない。中央と直結する大学当局が積極的に主導権を掌握してＦＤ活動を推進している事実は、学部自治を尊重するあまり改革がなかなか進展しない他の国々の構造とは異なる。

　そのような構造のなかで、上海交通大学のように、敢えて学部自治を高めながら、大学評価を導入する政策は、注目すべき一つの形態を形成していると見なせる。その半面、大学人個々の創意工夫や試行錯誤から多様なＦＤの実践活動が展開される時点に到達し、多種多様なアイデア、概念、モデルなどが開花する段階に到達する可能性を、果たしてこのような現実の構造から期待できるのかどうか疑問視する観察もできるはずである。したがって、上海交通大学の事例は、さらに学部の自主性、教員個々人の主体的な活動を尊重する観点から、教員の資質改善の理論、アイデア、実践、研究、評価がいかに展開されるかを把握できる実験的試みでもあるから、その成果は全国的ＦＤ活動の将来的成否を占う一つの鍵になるようにも思われる。いずれにしても、緒についたＦＤ活動にはこうした問題点があり、これからの積極的取り組みが期待される段階にあると言わなければなるまい。

第二節　ＦＤ／ＳＤ活動の類型論

以上、各報告に基づいて、外国のＦＤ／ＳＤの活動状況に関する動向を整理してみた。報告の基調を踏まえながらも、筆者の解釈と論評を加味した点を断わっておかなければならない。それにしても、各国が固有の起点を持ち、独特の発展経緯を辿っているので、ＦＤに関する画一的なイメージを得ることは改めて至難であると再認識せざるを得ない。以下には敢えて多少の類型に整理する試みを行い、同時に日本への示唆を探ることで結論にかえたい。

一　社会変化との関係

まず、高等教育機関や大学は、れっきとした社会的制度であり、社会的存在であるから、社会的条件という物差しを当ててみるとき、ある種の共通性を見いだせるはずである。一定の社会的条件が整わない限り高等教育システムの発展を期待できない以上、ＦＤが一九六〇年代から一九八〇年代にかけて、なんらかの発展を遂げた背景には、この種の一定の社会的条件が作用したとみて差し支えあるまい。具体的には、高等教育システムの大衆化とポスト大衆化を誘引するインパクトが世界的に作用し、時期的ずれは多少あるとしても必然的にFDの制度化を招来せざるを得なくなったと解せるに違いない。学生人口の量的拡大をいちはやく経験した先進諸国は、世界に先駆けてシステム、組織、活動の整備を急がなければならなかった。大学の社会的存在理由である研究教育の質の点検は、大衆化という構造変化が進行するなかで早晩問題化する必然性を備えていた。米英独のように、FDのなんらかの前史が存在していた国々においても、社会的条件の影響が極限に達するに及んで、十分な制度化に踏み切らざるを得なくなったし、アジア諸国もこれらの構造変化に対応し、欧米モデルの移植によって制度化を推進したのである。

二　大学の社会的機能との関係

大学の社会的機能は通常、研究、教育、社会サービス、とされる。これらの中で一九世紀以来の大学は、概して学術研究が重視されたため、研究パラダイムが支配することになった。エリート段階の大学は教育よりも研究中心に機能しても教員と学生が研究機関としての大学像を共有することができたため、十分成立し得たが、大衆化段階では一般学生、不本意就学、成人学生、留学生などの増加とも相俟って、少数のエリート候補生のみを対象とした、いわば予定調和的教育には限界が生じるのは必至であり、ようやく教育の見直しが真剣に考えられなければならなくなった。国際比較すると、社会的条件の影響がのっぴきならない形で先行した先進諸国を中心にその波紋が広がった経緯を看取できる。教育や授業を中心にしたFD活動が各国で注目されはじめたのは、社会的条件のインパクトと直接の契機としつつも、そのような社会的機能の見直しがもはや猶予できない段階に到達したからであるとみなせるはずである。

中世の「親の肩代り」(in loco parentis) 以来、カレッジ教育を中心に教育熱心な伝統を誇るイギリスとそれを継承したアメリカなどのアングロサクソン諸国ではリベラル・アーツ教育を通じて教育を培う文化風土がみられ、もともと教育改革に熱心になれる基盤が存在している。そして概してFDの取り組みには積極的である。だが、直接的には大衆化による量の問題を契機に質の問題が惹起され、FDの実質的活動に着手したのである。そして学部教育の改善を中心にFD活動が展開され、一定の成果を収めた(ボイヤー、一九八八)。しかし研究志向との葛藤は少なくなく、これらの国々でも今日、研究志向の大学院やプロフェッショナル・スクール部分でのFDの取り組みが遅々として進行しない悩みが露呈している。

ドイツは、ベルリン大学創設以来、もともと研究モデル大学の拠点とされてきたごとく、教育よりも研究志向の風土が存在するが、それでも社会的変化に応じて次第にFDへの取り組みを深めたことが理解できる。フランスも社会的時代的要請に対応している。アジア諸国は、これら欧米の動きを敏感に察知して、FD概念を輸入して、やはり社会変化に対応した大学の役割や機能の見直しに着手した。

こうして大学の社会的機能の見直しは、高等教育システムを超えて、世界の学問中心地から次第に周縁部へ波及する形をとりながら現代的な課題となりつつあり、そしてその中心にFDが位置づいたと言って過言ではあるまい。この点において、大学改革や改善が学問中心地の「良さ」を他の国家や大学が追究し追い越そうとするアカデミック・ドリフト (academic drift1) の動きとして読みとることは、決してむつかしくはない。この動きが学問中心地の動きに対応する動きと解釈するならば、学問中心地の「良さ」あるいは「価値」は、教育研究の質的優位性によって地位と威信を付与されているのであるから、教育のみにとどまらず、研究やその他の機能を含めた部分の質の見直しを伴っていることを見落としてはなるまい。ＦＤ活動は、大学教員の教育に関する資質の向上を中枢に据えるとしても、大学の社会的機能は教育のみで成立しているのではないことから必然的に帰結するように、研究、社会サービス、管理運営、財政を含めた諸機能とトータルにかかわるアカデミック・プロフェッションやアカデミック・ライフを問題にすることへと展開されずにはおかない。ＦＤ先進国アメリカは、すでにその段階に到達していることが理解できる。早晩、他の諸国もＦＤが大学機能のトータルな問い直しを追究する方向へと発展する契機をもっていると見てさしつかえないだろう。

三　国家との関係

一国の高等教育システムが、社会変化との関係で機能的かつ質的見直しを迫られるに至る時、国家政府が高等教育政策によって対応する動きを示すことになるのは、当然の成行きかもしれない。その動きの有無は、高等教育システムが中央集権的か地方分権的か、単一セクターか複数セクターか、官僚制支配かアカデミック・ギルド支配か、はたまた市場型調整支配か、といった高等教育システムの特質に依存する度合が少なくない。アメリカシステムは地方分権、複数セクター、中間官僚制、市場型調整などが優位な点に特色を発揮し、上からよりも下からの改革や活動が展開されており、そこに組み込まれたＦＤ活動の多様性が大きな特徴になっている半面、全国の活動は多種多彩のあまり無秩序とも思える状況を呈している。

アメリカのレッセフェール型市場モデルに対して、イギリスはＵＧＣとその後続ＵＦＣ（一九八九年）が大学機関の質と効率を重視した予算配分に踏み切ったように、高等教育システムの質と効率を追究する国家統制が強まっているように見えるし、他方、ヨーロッパ大陸では次第に地方分権に向い、大学機関の自主性を重視する政策を取り始めているように見える（Neave, 1990）。それでも同時期のフランスは各種改革案によって国家レベルからの高等教育改革を方向づけているとの印象を与える。英仏ほど国家的統制を強めているようには見えないドイツも、世界的な構造変化の時代に直面していかなる対応をするか、今後の展開が注目される。タイ、韓国を事例とするアジア諸国、そして中国はいずれも、トップダウン型の政府主導の改革が進行しており、国家によるかなりの統制力が作用している（Korean Council for Higher Education, 1990）。

四　大学機関および組織との関係

高等教育システムの枠組で観察する限りでは、集合的な全体像が問題にされてしまうから、個々の大学機関や組織の特性はなかなか見えにくい。各国報告には事例が挿入され、いくつかの個別大学の活動が紹介されているので、多少はその限界が緩和され、大学の素顔や個性が読み取れる。一口に大学といっても、千差万別である。設置者、規模、タイプ、専門分野、地域性、伝統などによって多種多様である。したがって、上で大学の機能を問題にしたが、その場合でも、研究型大学（大学院など）、教育型大学（教養大学など）、サービス大学などタイプによって、個々の大学の機能の内容に差異が認められるのであって、全体に、学生の学力が重視され、教育や授業が見直されるようになったとしても、それがFDとして大学に制度化される場合にはセクターや機関の類型によって相当の差異が認められる。

アメリカの報告でもみられたが、短期大学と四年制大学と大学院では同じ制度化といっても差異がみられる。さらに、同一タイプの大学内部にも、FDの実践には多様性がみられるはずである。大学機関は、知識の組織であり、専門職の組織であり、利害集団の組織であり、アカデミック・ギルドの組織であるから、これらが引き起こす一種の化学反応によって、決して一様には発現しない。学部や学科毎に社会変化への対応の仕方が異なり、社会環境の動きに敏感であったり、緩慢であったり、あるいは鈍感であったりするのは、扱う専門分野の性格をかなり反映しているに相違ない。純粋科学と応用科学、ソフト科学とハード科学によっても差異が生じるはずである。またエリート大学、重点大学、実験大学などは国家政策に対してかなり積極的反応を示すかもしれないし、アカデミック・ギルドの伝統の根強い大学は、国家政策にかなり批判的であるかもしれない。

こうしてFDが社会変化、機能の見直し、国家政府の奨励といった動きの中で全体的に必要になり、次第に制度化され始めたとしても、これら個々の大学のもつ諸特性を反映して、実態は区々であってしかるべきである。そのあたりの動きは、今度の報告では事例的にしか察知できないが、さまざまな要因と制度化の関係を問題にする視点から、類型別分析をさらに必要としていることを指摘しておきたい。

五　専門職との関係

種々の定義を擁して成立しているとしても、FDは要するに大学教員の資質改善に主眼がある。社会的要請と呼応して、大学制度、機関、組織の改革や改善が不可欠となり、大学の機能の見直しが必要となるとき、それら制度や機関や組織を改革改善する担い手は、教育研究の主役たる大学教授職（academic profession）に存在する。その意味で専門職の重要性の認識はますます高まっている。大学教員の資質改善を主たる目的とするFD活動が大学内外から注目されるに至るとき、あくまで大学人自らが率先して資質改善を模索することが課題になるのである。大学教員は個人であると同時に、大学、社会、そして専門職の各成員という側面をそなえ、これら各側面は個々ばらばらに孤立したものではなく相互に連関していることが分かる。大学教員は専攻する専門分野を媒介に学問と所属機関との両方から課される使命を遂行すべき専門職者としての大学教授職の役割を果たすことによって、大学や社会の発展に貢献しているのであるから、これらの各側面は専門職によって統合されながら有機的関係を持っているのである（有本、一九八九年）。

こうしてFDは教員資質の錬磨を主眼とする以上、個人、大学、社会、専門職とかかわる資質を錬磨し、とりわけ専門職の資質を涵養しなければならず、専門職を基軸に教員個人がアカデミック・キャリア、大学組織、社会との各関係を通じてFD概念や活動を発展させることができるのである。その意味からすれば、アメリカのFD活動が当初から大学人自身の意思と主体性によって専門職の力量を開発し、形成し、発達させることを主眼としていることは重要な点であり、そこに単なる一過性の活動ではなく、大学存続とかかわる半永久的な営為としてFD活動を捉える視点が見いだされるはずである。英独にも、大学人自身が専門職的資質を問題にして出発した経緯がみられる。

この文脈を重視するならば、FD活動は、大学人の手を離れたところで、国家政府、官僚制度、各種圧力集団などによって半ば強制的に不本意ながら展開されている限りでは、いまだ十分に成立しているとはいえないことになるに相違ない。その点、諸外国の実情は、すでにかなりの水準を極めている段階から、いまだ大学人自身がFD活動の担い手になっているとは言えないのではないかと見なせる段階までまさに区々であり、その間に相当のギャップが存在するように思われる。

もっとも、知識の生産、伝達を主たる役割としている大学専門職は、知識を扱う専門分野を媒介に国際的な学界に所属している点で、個々の大学や社会や国家の境界を超えて世界的に共通する性格を持っている。そのような共通性格を持つが故に、「良さ」を不断に追究するアカデミック・ドリフト現象が生じるのであるから、これらのギャップは早晩埋められる方向に力学が作用するかもしれないのであり、それは今後のＦＤ活動が世界的広がりのなかで発展する方向として期待される課題であろう。専門職としての大学教員とは何か、という問題は、今後、重要な研究課題や実践課題になるものと予想される。その核心にはＦＤの要素が存在するのである。同時に、比較研究の視点からすれば、各報告が国毎にＦＤ活動が制約され、固有性を色濃くしている点を描出してみせたが、そのような固有性、独自性を客観的に見極める作業を継続するとともに、大学教授職という専門職の直面する問題点と課題をグローバルに解明し、比較研究する視点をさらに要請しているのでもあると考えられる(Ginsburg, et.als., 1990)。

六　日本のＦＤ活動との関係

諸外国のＦＤ研究は、日本のＦＤ活動を考える上で示唆を与えることが期待されるはずであるが、今回の各報告はその観点をとくには強調せず、ひたすら外国の動向を探ることに力点を置いているので、その種の成果を多く期待することはできないと言わなければならない。報告書のタイトルを「比較研究」としたのは、その意味でやや誇張があると言えるもしれない。ただ、各報告を綿密に読むならば、他の国との比較が含意されているし、ＦＤ自体の比較を意識しているし、比較的視点がないのではないし、また日本のＦＤ活動の状況と比較して示唆に富む事実が多く含まれている点も少なくない。そこで比較の観点から、本章では諸国間の比較的考察を若干行ってみたが、最後に日本との比較を考慮してみたい。

諸外国では、ＦＤの先進国と後発国の間に差異や格差が存在することは論述したとおりであるとしても、概してＦ

D活動に相当の進展を見せている事実を再認識させられるのは、おそらく筆者だけではあるまい。FDが制度や機関や組織のレベルに定着した段階をFDの制度化された段階とみなすならば、すでに欧米、アジア諸国、そして中国のいずれをとってみてもかなりの度合でそれに成功を収めていると言わなければならない。確かに、類型論的にはすでに暗黙裡に論じたように、自由型と強制型、ボトムアップ型とトップダウン型、オリジナル型と追随型、多様型と画一型、など国毎に一律には把握できないバラツキが存在することは否めない。しかしなおかつ対象にした国々はなんらかの制度化を達成しており、それ相応の活動が展開されている事実を認めない訳にはいかない。

FDの制度化の中でも、教育研究の評価の制度化はもっとも極端な事例に当たるに相違ないが、敢えてそうした極端な事例を引合いに出して比較してみても、制度化が達成されているか、あるいは達成されつつあるとの事実が認められるであろう。アメリカでは大学人が同僚評価によって教育研究の質を自己点検するアクレディテーション・システムが発達して久しいし、専門家集団によるピア・レビューの大学評価が一〇年に一回実施されており、商業ベースでの評価も発達している。イギリスでは政府によって大学評価が導入され、フランスでは一九八四年条項に基づき全国評価委員会(CNE)が一九八五年に設置されている。ドイツは科学審議会(一九八五年)が勧告したのを皮切りに、大学評価が科学審議会や学長会議によって実施される段階に入り、アメリカのUS News and World Report誌、フランスのNouvel Observateur誌と同様、Der Spiegel誌(一九八九年)もランキング評価を行った事実が報じられている(Frackmann, 1990)。大学評価はアジア圏でも、すでに韓国で実施されているし(Park, et. als., 1986)、中国では全国実施を目指して上海市において予備実験中であることを、筆者は先頃観察してきた(二〇〇五年から全国に実施される予定)。といった具合に、軒並なんらかの評価を導入したり、実験中であることが分かるのであり、世界的に教員の資質改善によって、大学の教育研究機能を見直し、活力を高める政策を現実のものにしている。

翻って日本の実情を見ると、本報告をまとめた一九九一年の時点ではFDの制度化はいまだ十分な状態にあるとは決して言えない。というより、きわめて不十分な状態に停滞していることは、このプロジェクトの一環として、全国の大学教員を対象に実施したFDに関する調査報告「大学教育の改善に関する調査研究」(一九九〇年)に詳論したとおりである(有本、一九九〇、一九九一)。意識レベルでは、教育改善を軸としたFD活動の必要性を、国公私立の設置者、規模、年齢、専門分野の如何を問わず、大半の大学教員が痛感しているにもかかわらず、実際の具体的取り組みがこれら教員の所属大学において制度化されているか、あるいは教員自身による関連行動が行われているかといえば、きわめて乏しい実態にあることが判明したのである。

意識と現実とのギャップが乖離している厳然たる事実がそこに存在する。筆者は、こうした意識が先行し現実が伴わない状況をひとまず「日本型FD」と呼称し、制度化の点で英米先進国に遅れていることを指摘するとともに、秘められた潜在力を半ば評価したのであるが、それでも現実には潜在力の現実への起動がいかになされるかに関しては十分な手がかりを得ることができなかった。そして、日本の大学や大学人のこのような中途半端な状況の中にあって、大衆化の第三段階ともいえる時期を迎え、大学審議会の答申によって大学評価の必要性が提言され、これを受けて各大学、大学人はなんらかの対応を余儀なくされるという、切羽詰まった段階を迎えることになりつつある(広島大学大学教育研究センター編、一九九〇)。アメリカが克服した「大学淘汰」の時代をこれから迎えようとしている(喜多村編、一九八九)。FD活動は、専門職の論理との関係からみるとき、アメリカのFD活動に見られるごとく、あくまで大学人による自主的主体的取り組みが基本であるし、この基本を踏襲するとき時間がかかるとしても効果が大きいと思われるけれども、日本では意識レベルでの必要性が高いにもかかわらず、自ら実践を行う風土が醸成されないまま、大学環境の変化によって大学の社会的機能の見直しを必至とする段階に到達した感は否めない。

本報告書のまえがき部分で述べたように、戦後の何度かのＦＤ活動着始の時期を逸している間に、環境変化は大学の自己点検と教員の資質改善を回避できない段階に突入しているように思われる。われわれが分析した構図に照らしてみると、世界的にアメリカ以外は、専門職の自主的活動を主体としたＦＤ活動の発展が必ずしも強いとはいえず、むしろ弱い傾向を示したと見なせるが、日本の場合も、アジア型ではないとしても、比較的それに近いパターンにならなければ大学人が動かないという構図に位置づけられることになるとの観察ができよう。ＦＤ制度化の点では、そのアジア諸国にも遅れをとっていることが判明したと言わなければならない。そのような現状の是非に関しては、日本の大学人の判断と力量が試されることになる今後、早晩解答が提出されることになるはずであり、その点で各報告はそのような現状打開を模索するためのなんらかのインセンティヴとなる判断材料を持ち合わせているに相違ないと思う。

注

(1)　報告者は吉川政夫「イギリスにおけるＳＤ活動」、別府昭郎「西ドイツにおける大学教授の力量形成」、石堂常世「フランスにおけるＦＤ問題」、馬越徹「アジア諸国におけるＦＤ活動―タイと韓国の事例を中心に」、汪永詮・李春生「中国における大学教師の陣容整備」である。有本章編『諸外国のＦＤ／ＳＤに関する比較研究』(高等教育叢書一二)広島大学大学教育研究センター、一九九一所収。

参考文献

アーネスト・L・ボイヤー、一九八八（喜多村和之・舘昭・伊藤彰浩訳）『アメリカの大学とカレッジ』リクルート出版。

有本章編、一九九〇『大学教育の改善に関する調査研究』（高等教育研究叢書５）広島大学大学教育研究センター。

Frackmann, E., 1990 "Resistance to Change or No Need for Change? The survival of German higher education in the 1990s," *Europena Journal of Education*, pp. 187-202.

Guin, J., 1990 "The Reawakening of Higer Education in France," *Europena Journal of Education*, pp. 123-145.

広島大学大学教育研究センター編、一九九〇『大学評価―その必要性と可能性』（高等教育研究叢書７）広島大学大学教育研究センター。

喜多村和之編、一九八九『学校淘汰の研究』東信堂。

Korean Council for University Education, 1990 Korean Higher Education: Its Development, Aspects and Prospects.

McLean, M., 1990 "Higher Education in the United Kingdom into the 1990s: shopping mall or reconciliation with Europe?," *Europena Journal of Education*, 157-170.

Neave, G., 1990 "On Preparing for Markets: trends in higher education in Western Europe 1988-1990," *Europena Journal of Education, Vol. 25, No. 2, 1990, pp. 105-122.*

Ⅲ部　日本におけるＦＤの制度化

五章　ＦＤ制度化の開始と展開

本章は、二一世紀ＣＯＥプログラム「二一世紀高等教育システム構築と質的保証」の重要な構成部分を占めている「ＦＤ・ＳＤシステムの制度化と質的保証」の一環として行われている研究の中間報告である。

ＦＤとは言うまでもなくfaculty developmentの略称であり、日本語では通例「大学教授団の資質開発」と訳されている。一九九八年の大学審議会答申は、ＦＤを「努力義務」として要請し、大学教員が大学教育改革の主体的な推進力として取り組まなければならないことを高等教育政策と実践の中に明確に位置づけた。それはＦＤが理論や研究の領域にとどまるのではなく、すぐれて政治的、政策的、行政的な色彩を帯びるとともに、遅ればせながら高等教育の現場においてもＦＤが明確な実践的課題として位置づけられたと言わざるをえない画期的な出来事である。ペナルティを伴わない「努力義務」とはいえ、この時点をもって、日本の大学教員は誰しもＦＤに取り組むという課題から逃避することは許されなくなったのである。この時点をもって、日本の高等教育においてＦＤが政策的、行政的に制度化されるに至った以上、ＦＤの制度化（institutionalization）が本格的に始動したことを意味するのはもとより、それが今後いかなる軌跡を描いて定着するかは改めて注目されるべき事柄になったと言わなければならない。

学長調査

本報告書は、一九八九年に実施したＦＤの全国調査（有本編、一九九〇）から一四年経過した二〇〇三年現在、学長に関する全国調査を実施し、それを媒介にしてＦＤがどの程度の進捗を示したか、実際の制度化がどの程度進行したかを、主として明らかにすると同時に、今日の問題点と課題を検討することに主眼がある。本稿は「ＦＤの制度化の開始と展開」の観点から、ＦＤの概念、ＦＤの制度化研究、ＦＤの制度化の展開に関して若干の考察を行うものである。

第一節　ＦＤの概念

ＦＤは今でこそ、大学人であれば、誰しも使用する言葉や概念になっているとみなされるものの、一般には必ずしも市民権を得ている言葉や概念になっているのではない。ＦＤとは何かと問えば、必ずしも明確な回答が得られるとは限らない。大学人の中にもごく最近までは「ＦＤとはフロッピーディスクである」との認識を持った人々が少なからずいた事実を指摘できるほどである。ましてや、一歩大学外に出て、一般の人々に尋ねれば、未だにその種の初歩的な状態と五十歩百歩の実状を呈していることは予想するに難くないところである。大学内ではまだしも、大学外では依然としてジャーゴンの域を一歩も出ない発展途上の概念に過ぎないと言えるのである。

狭義の概念

そのような大学内外の温度差を指摘できるのと同時に、漸く市民権を得た大学内においてＦＤの内容を掘り下げてみた場合でも、明確に定義を下すことはそれほど容易ではない。大学審議会の答申では次のように指摘した。すなわち、「従来、教育の内容・方法の改善は、多くの場合、個々人の努力によるものであり、その成果も個々の教員の情報にとどまっていた。今後は、個々の教員レベルだけでなく、全学的に、あるいは学部・学科全体で、非常勤講師の参加も得て、それぞれの大学等の理念・目標や教育内容・方法についての組織的な研究・研修（ファカルティ・ディベロップメント）を推進することが必要である。」（大学基準協会、一九八九）と定義している。この教育内容・方法の改善に限定した使い方が今日では審議会によってお墨付きを付与された公式の定義ということになるが、それはＦＤの広範な概念に位置づければ狭い範囲に限定されていると言わなければならず、あくまでも狭義の概念を示していると解される。狭義の概念は、授業を中心に教授団（あるいは個々の教員）の教育（teaching）に関する能力や技術などの資質を組織的な研究・研修によって開発することを意味する。例えば、フォレスト＝キンザー編『アメリカ合衆国高等教育百科事典』(Higher Education in the United States: Encyclopedia) によれば、「この用語は授業開発(instructional development)と同義であり、大学教育の向上によって学生の学習を増進することを意図した活動である」(2002, p.211) と定義している。エブル＝マッキーチは「ＦＤとは教授団成員が教師や学者としての資質を改善するのを支援することである。」(Eble and McKeachi, 1985) としている。

広義の概念への展開

これに対して広義の概念は、教育のみに限定するのではなく、研究、サービス、管理運営などのアカデミック・ワーク（学事）やそれとかかわる人事、評価、生活保障などの諸活動の全域を範囲に包括したものである。広く大学教員のライフサイクル全体にかかわる範囲を包括する概念である。イギリスでは、最初、講師の観察過程の時期に照準したＦ

D（イギリスではSD）が開始されたので、ライフサイクル的には三〇歳前後の早期のキャリアに限定されたと言える。今日のFDは、例えばアメリカの場合、年齢的には、プレFDを入れると大学院生の時代（二〇代後半）から退職まで（アメリカでは定年がないので、七〇―八〇代に及ぶ）の生涯にかかわっていることが指摘できる。アメリカの場合、大学院レベルでのFD論が開始されている事実がある半面、テニュアを確保する四〇歳前後以後のキャリアを対象とした「ポストテニュアFD論」(post-tenure faculty development) が台頭していて、例えばジェフリー・アルステートは集中的にそれを研究している(Cf. Alstete, 2000)。

このような動きから理解できるように、今日のFDは大学教員の専門職の力量を問題にし、それとの関係で大学の組織体全体の活力を問題にしていることが分かる。大学教員の専門知識や資質を高めることによって、教員のみではなく広く大学の発展を促進するところにねらいがある。領域的には、①個人開発 (personal development)、②専門職開発 (professional development)、③授業開発 (instructional development)、④カリキュラム開発 (curriculum development)、⑤組織開発(organizational development)、などが含まれている(Eble and McKeachi, 1985; Alstete, 2000)。

そこには、筆者の考えでは、知識 (knowledge) を素材として成立する大学の諸活動―研究、教育、社会サービス、管理運営―などにかかわる活動やバイタティティを活性化されることによって、学問の発展を招来し、それをもって社会発展に貢献することが含意されているとみなされる、と言える(有本、一九九七)。

大学が「学問の府」(center of learning) であり、「知性の府」(city of intellect) (Brint, 2001) であり、「探求の場所」(place of inquiry) (Clark, 1995) であるとすれば、その活性化を実現するために、大学の諸活動の担い手である教員の創造的な「活力」(vitality) の開発が不可欠であるはずである。決して、諸活動の中の有力ではあるが、唯一とは言えない教育のみに特化して、その活力のみによって大学の再生や活性化が達成されるものではない。その意味で、FDの広義の概念は重要である（Beruguist and Philips, 1975; Alstete, 2000; 伊藤編、一九九〇）。少なくとも、戦略的かつ戦術的には狭義の概念を重視するとしても、大学が「学事」（academic work）によって「学問的生産性」（academic productivity）を高めることに主たる機能、役割、使命がある以上、教育と同様に学事とかかわる研究やサービなどの概念の重要性を十分担保して、教育を重視し、強調することを忘れてはなるまい。そして、現在のアメリカのFDが辿りついた時点、つまりアーネスト・ボイヤーの主張しているように、研究、応用、統合、教育に分化したスカラーシップ＝学識（scholarship）（Boyer, 1991＝有本訳、一九九四）を教育によって統合することが追求されなければ研究と教育の統合という課題は達成されることにならない、とみなされるのである。

車の両輪＝研究と教育

その点では、大学の諸活動の中で、近代大学の誕生以来、研究と教育は車の両輪であり、両者の健全な調和や統合なしには、大学の活性化はあり得ないと考えられてきたことは、再考に値すると考えられるのではあるまいか。一九世紀以来追求されてきた研究と教育の連携や統合の理念は、必ずしも実現したとは言えないし、むしろ研究パラダイムの支配によって、連携や統合よりも研究偏重、教育軽視の方向が次第に進行して、現在を迎えたことは否めない事実である。研究と教育は統合されるよりも、研究と教育の別々の制度として分業化する傾向が進行していると観察できるに違いない。大学の中で、「研究大学」（research university）が脚光を浴び、大学院重点化によって研究が強化される半面、教育への比重が低下し、学士課程やとりわけ教養教育が形骸化する傾向が進行していると観測するのは、最近の筆者達の調査研究を参考にするまでもなく、決して困難ではあるまい（有本編、二〇〇三）。

とくに日本の大学では、戦前より旧帝大を中心に研究パラダイムが支配し、研究大学のみにとどまらず他の大学においても研究モデルの追随を招来せしめた点で大きな影響を及ぼし、戦後の高等教育の大衆化時代に突入した以降においても、戦前に醸成された研究偏重の風土や土壌が温存され、持続されることになった。このことは、アカデミック・ドリフトの動き、すなわち大学の上昇移動運動と連動して進行したのである。その陰では、研究大学が大学全体の五％程度と計算すれば、大多数の大学では、高等教育の大衆化によって顕著になった学生の多様化に対応した教育が重要であるにもかかわらず、それは等閑に付されることになったのである。このような歴史を踏まえ、研究と教育の間に亀裂が生じ、研究偏重が進行した事実を踏まえ、現在は、研究と教育の連携や統合を改めて問い直さなければならない時点に到達しているのである（江原、二〇〇三）。換言すれば、FDの広義の概念を担保しながら、狭義の概念を十分に制度的にも、実践的にも定着させることが現時点での重要な戦略的かつ戦術的な課題になると言わなければならない。

教育による統合

現実的には、①研究と教育の連携や統合を制度的、意識的に実現すること、②過去一三〇年間の日本の大学の歴史を通じて、研究偏重が進行したこと、③研究偏重を打破して、教育の見直しと重視を制度的、意識的に実現すること、といった問題がある。①は理念の問題であるから、研究と教育の統合を経て最終的には上述した教育による統合が実現されることが課題である。私見では、それにとどまらず、さらに研究と教育と学習の統合が究極的な達成課題であると考えられる。しかし、実際には②の状態に陥っている日本の大学では、この直面している現実を改革しなければ、①の理念の実現は一向に可能とならない。

したがって、当面は③に焦点を絞って、教育の重視を制度の上でも教員の意識の上でも推進する政策や実践が不可欠である。このように見れば、ＦＤの広義の概念は①の実現とかかわる側面であり、狭義の概念は研究重視や教育重視の側面であるから、当面の戦略や戦術として①を標榜しながらも、それを一挙に実現できないことが歴史的に判明した現在は、③の中の教育重視を体系的かつ積極的に推進する以外に具体的な方法が見出せない。

第二節　ＦＤの制度化研究

源　流

ＦＤの制度化の歴史を回顧すると、一九七〇年代にアメリカにおいて各種の教育運動の一環として展開されるに至り、次第に全国の大学に導入されるようになった経緯がある。ほぼ同じ時期に、教職員の資質開発を追求する動きがイギリスにおいて観察されるが、この場合は、通常 staff development の言葉や概念が使用されており、翻訳すればＳＤとなる（有本、一九八九、一九九八、一九九九）。オランダや旧西ドイツなどヨーロッパでは一九八〇年代までに教授法に関する取組みが開始されていたことが分かる（馬越、一九八一。喜多村、一九八八。有本章編、一九九一 a）。

この中、米英の取組みの内容は、前者が教員に特化し、後者が教員ばかりではなく事務職員も包含するという意味合いの点で相違があるとしても、いずれも大学教員の資質開発を重視している点では大同小異であるとみなしてさしつかえあるまい。現在、イギリスに限らず、広く欧州全域ではＦＤよりもＳＤの言葉が使用されており、アメリカとヨーロッパの間で必ずしも両者の交流が意識的に行われないまま、現在まで個々の発展を遂げてきた事実が見受けられるのであり、世界的には系譜としてイギリス起源とアメリカ起源の二つの源流が識別できることは指摘しておく必要がある。

その源流との関係で日本のＦＤ制度化研究の歴史を見ると、最初はイギリスからの影響を受けていることが分かる。なぜならば、一九八〇年代前半にロンドン大学のＦＤの理論や実践がいち早く翻訳によって日本へ紹介された事実があるからである（ロンドン大学教育研究所大学教授法研究部、一九八二）。日本では、アメリカよりもイギリスのＳＤが研究者によって注目され、研究の対象に設定され、輸入されたのである。そこでは、主として授業の仕方が注目されているので、今日の日本で主として授業を中心とした教員の資質開発が重視されているのと同様の観点が問題にされたことが分かる。その意味では、上記した『諸外国のＦＤ・ＳＤの比較研究』（有本編、一九九一ａ）において指摘しているように、すでにＦＤに関してはアメリカにおいても必ずしも狭義のＦＤとは限らない書物が出版されていたにもかかわらず、日本ではとりわけ授業に関心が示されたことは、研究者のレベルでは、当時でもＦＤの狭義の観点が最も関心をひく事柄であったとみなされる。実際に翻訳書も徐々に刊行された（マッキーチ、一九八四。ブライ、一九八五。ビアド＝ハートレイ、一九八六。ニュートン＝エンダー編、一九八六。ローマン、一九八七。エブル、一九八七、一九八八）。

ＦＤへの一元化

こうして、イギリスから輸入された概念、つまり「狭義のＦＤ」の観点への注目は、アメリカからの概念の輸入と相俟って、若干の研究者の研究の域を出なかったとはいえ、次第に関心を集めるに至った。最初はイギリスから移植した概念であるが、日本ではアメリカのＦＤの概念が次第に定着することになったのは、研究とは別の力学が作用したことを示唆していて興味深い。その結果、ＳＤならば、教員のみではなく、職員も含めた概念が定着したはずであるにもかかわらず、教員のみを対象にしたＦＤの概念が使用されることになったのである。その理由を探ると、研究的には八〇年代にイギリスのＳＤが先行していたのであるから、むしろ政策的、行政的な側面から一九九一年の文部省令、さらに一九九八年の大学審答申の果たした影響が大きいと考えられる。テクニカルタームとして文書化された段階において、威力を発揮し、権威が付与されることになったと同時に、二つの系譜の中の一つにお墨付きが付与されることになった。研究者レベルでは、一九八〇年代ではアメリカのみに一元化する見方はいまだ顕著には定着していなかったに違いないが、一九九〇年代後半にはＦＤへの一元化、画一化が急速に進行することになった事実は否めない（有本、二〇〇一）。

制度化の遅滞

そのような詮索の詳細は別の機会に譲ることとし、ここでは制度化が序章的に進行した一九八〇年代では、一般教育学会が八〇年代半ばにシンポジウムを開催して、学会としてＦＤを研究したのをはじめ、さらに大学基準協会、国立大学協会、私立大学連盟などの学協会が注目し始めた経緯があることに言及しておきたい。この時期の特徴としては、①若干の研究者達の研究が見られたこと、②学協会という団体レベルの組織的な関心が向けられたこと、③例外はあるが個々の大学の取組がほとんど見られなかったこと、といった趨勢が指摘できるだろう。とくに①②と③の間にはかなりの乖離があった事実を認めざるを得ないであろう。このことは、ＦＤが「大学教授団の資質開発」とは名ばかりであり、大方の大学教員の意識や行動の次元へは点火、波及、浸透するには至らなかったことに他ならず、それを喚起する空気、土壌、風土を醸成する段階にはほど遠い状態に停滞したことになる。その限りでは、ＦＤはあくまで外国産の外来概念であり、借り物であり、従来からの大学の研究者、学者、科学者、教師である教員とは無関係の概念のままであったと言うほかはない。大学教員の仕事が研究者、学者、科学者であると同時に教育者であり、教師であることからすれば、研究や科学への資質や技術への注意を払うばかりではなく、教育の資質や技術に注意を払うことは至極当然のことでありながら、それは看過された段階にとどまった。狭義のＦＤが教育、教育者、教師と直接関係する内容を持つ以上、それに無関心であることは論理的には考えられないはずであるが、実際の制度化は九〇年代に持ち越されることになったと観察できる。大学が高等教育の場であり、教育の場である以上、従来から額面どおりそれに見合う教育成果が上がっていたのならば、おそらく外来概念とは関係なく、従来からの日本型のＦＤが機能していたと言えるのかもしれないが、実態はそうではなかったという観測が成り立つのである。

制度化が遅れた理由はいくつかが考えられよう。例えば、①日本の大学は研究中心であること、②教員の関心はもっぱら研究中心であること、③報賞体系も研究中心であること、④大学内外で教育の重要性が看過されたこと、⑤外圧が欠如したこと、などが該当するだろう。①に関しては、戦前の「旧帝大」の流れを汲み、戦後の大学においても、旧専門学校から昇格した大学も含め一律に研究志向に陥り、「研究大学」を模倣し、志向した結果である。②は①と連動した構造的な体質であり、教員は研究大学に所属すると否とにかかわらず、研究一辺倒の意識や行動を呈することになった。一九八九年時点の調査では、明らかに研究偏重の意識が支配的であった（有本編、一九九〇、一九九一b）。同時期に実施されたカーネギー教育振興財団（Carnegie Foundation for the Advancement of Teaching）の大学教員に関する国際比較調査の結果もそれと符合しており、日本はドイツ、オランダ、スウェーデン、韓国などとともに、研究志向のドイツ型の典型を示した（Altbach, ed., 1996; 有本・江原編、一九九六）。③はその背景に作用する要因であり、研究者を教育者よりも讃える報賞体系が強固に作用している事実を抜きに説明できない。④は大衆高等教育の段階に入った日本の大学において、学生の資質や学力が多様化したにもかかわらず、大学や教員の「教育力」を期待する社会的批判が殆ど無かったことを意味する。一九六〇年代の「大学紛争」の時代に一時、大学内外において、とくに学生からの関心の高まりによって、この種の教育への警鐘や批判が高まったものの、その後十分に対応がなされないまま、進学率の伸びにも助けられて、教育改革への動きが停滞または停止してしまったのである。⑤は④と関係するが、進学率の右肩上がりが持続し、大学の経営破綻が起きて淘汰される危機が到来しなかったことを意味する。

外　圧

こうして大学内部からは改革の動きが湧出してこないのは、教員自身が伝統的に研究志向である故に、その打破を自ら真剣に考える素地や体質を持たないという固有性に起因する度合いが少なくないであろう。その意味では、大学教員を動かす意識や行動を左右するメカニズム、例えば理念を内面化する社会化（socialization）のメカニズムが検討されなければならないに違いない。少なくとも戦前以来、日本の大学教員には、「教育的」社会化よりも「科学的」あるいは「研究的」社会化が圧倒的に優勢を占めているのであるから、それ以外の価値への転換がはなはだ困難であるとの推察は容易にできるに違いない。こうして形成された保守的な意識を動かすには反省的、批判的、内発的な自覚が不可欠であるにもかかわらず、現状では少なくとも外圧によって、意識改革や転換を喚起する力学が作用しない限り、その醸成は困難とならざるを得ない。実際、曲がりなりにもFDの制度化が動き始めたのは、外圧の強力な力が作用する段階に至ってからにほかならず、具体的には一九九一年の大学設置基準の「大綱化」の時点以降であり、現実には上で述べたFDの「努力義務」化が行政的に導入されることになった一九九八年の大学審答申の時点以降であるとみてさしつかえあるまい。

外圧は例えば、①政府のＦＤ要請政策（とくに一九九一、一九九八年の大学審答申との連動）、②一八歳人口の逓減による伝統的学生数の減少が見込まれること、③私立大学を中心に定員割れによる経営危機が生じていること、④高等教育の大衆化による学生の学習力や学力の低下など多様化が顕著になったこと、④大学の教育力の低下に対する社会批判が高まっていること、⑤世界的な高等教育の質的保証に関する競争が激化していること、といった様々な側面を含んでいる。

概して、需要と供給の論理を基軸とした市場原理が強まる中で、他の機関との競争を凌ぐことのできる経営や教育の自力をつけることが求められていることが察知できるはずである。七〇〇有余もある大学の中で、経営難が予想され、淘汰が予想される大学が相当数あると推計される現在、経営を立て直すには、迂遠であっても、遠回りであっても、結局は学生を惹きつける魅力ある授業や教育を行い、すぐれた人材輩出機能を形成する以外にはなんら特別な方策はないに等しい。換言すれば、それは大学が利潤追求の企業ではなく、あくまで「学問の府」「知性の府」「探求の場」、そして「高等教育」の機関である限り、「教育力」の発揮以外に秘策はなく、優れた授業、教育によって多様化した学生の「学習力」を喚起し、十分な学力や付加価値を付与して社会へ輩出し、他大学の追随を許さないような特色ある教育によって社会的な「評判」(reputation)を高め、それを通して学生数を増やす以外に方法はない。こうした「教育力」の形成の根幹に好むと好まざるとにかかわらずＦＤ活動が位置づけられるのは当然の帰結である。

第三節　ＦＤ制度化の展開

ＦＤの研究は、今日、盛んに展開されるようになったが、この時点に至るまでに我々はいくつかの研究を行ってきた。本センターとかかわって筆者を中心に手がけた共同研究には、主として、四つのものがある。それは、①『諸外国のＦＤ・ＳＤに関する比較研究』(有本編、一九九一ａ)、②『大学教育の改善に関する調査研究』(有本編、一九九〇)、③『学術研究の改善に関する調査研究』(有本編、一九九一ｂ)、④『学部教育の改革と学生生活』(有本・山崎編、一九九六)である。とくに①②はＦＤと直接の関係を持つ内容である。

第一に、前者①は、現在から一三年前に実施したものであるが、当時はまだＦＤの制度化が実現していない段階であり、その重要性を痛感する視点を踏まえて、他の国々と日本の現実の比較を行うことを主眼としたものである。諸外国とは、アメリカ、イギリス、旧西ドイツ、フランス、タイ、韓国、中国といった国々を指し、国内外の共同研究者の参画を得て、各国の実状と日本のそれとを比較し、問題点や課題を分析した。これらの国々の中では、上でも述べたように、イギリスとアメリカがＳＤ、あるいはＦＤの先進国であり、一日の長があり、他の国々とは進捗度にかなりの差異があることが判明したことは言うまでもない。しかし、研究者の分析した範囲では、各国とも制度的に十分な進展が見られない状態にありながらも、ＦＤ自体の必要性や重要性に関しては、十分認識されている状態に到達しており、現状の克服によって将来的に着実な発展が期待されることが察知されていたことが分かる。

日本の場合は、この一九九〇年前後は制度化の実現する前のいわば助走段階であったため、若干の翻訳や紹介が研究者レベルで進行している以外は大きな成果が認められない状態に置かれていた。意識が先行し、現実が追いつかない状態を筆者は「日本型ＦＤ」と呼称し、次のように指摘した。「日本の大学や大学人のこのような中途半端な状況の中にあって、大衆化の第三段階ともいえる時期を迎え、大学審議会の答申によって大学評価の必要性が提言され、これを受けて各大学、大学人はなんらかの対応を余儀なくされるという切羽詰まった段階を迎えることになりつつある。」（有本編、一九九一a、一二二頁）

制度化の進行

その後、一九九一年以降になると、次第に制度化が進行し、現在はかなり活発な活動が展開されるまでに至ったことは偽らざる事実である。例えば、①学協会の活動、②全国大学教育研究センター等の活動、③メディア教育研究センターの取組、④個別大学の取組、⑤世界的ネットワークの形成、などが指摘できるだろう。

このうち、①に関しては、八〇年代に最初にシンポジウムを開催して先鞭をつけた一般教育学会あるいは今日の大学教育学会は、その後も精力的にFDの研究を展開している。②に関しては、全国の国立大学では、「全国大学教育研究センター等協議会」を設置（一九九六年設置）し、現在二五大学（二〇〇四年現在）がメンバー機関として参加し、活動を持続している。実質的に全国FD研究・実践ネットワークを形成していると言ってよかろう。

③に関しては、個々の大学において、一九九〇年代の後半から、FDの委員会設置、研修会開催などの実際的な取組が進行するようになった。実践を中心にした報告書や記録も数多く公表される段階に入ったことは、日本の大学の歴史からみると、パラダイム転換とも言えるほどのきわめて画期的な現象であると言えよう。各大学に設置された大学教育研究センター等においても、FDは評価、カリキュラム、教養教育などとともに、重要な研究テーマになったことが観察される。

新潟大学大学教育開発研究センターのように、英語名称がずばり Research Institute for Faculty Development と冠された機関も出現した。北海道大学総合教育機能開発センターは、一九九六年にFDに関する国際セミナーを開催したのを皮切りに、FDの理論や実践において、活発な活動を行ってきている。筆者も招待報告を行った（有本、一九九八）。京都大学高等教育研究開発推進センター、名古屋大学高等教育研究センター、神戸大学大学教育研究センター、長崎大学大学教育センターなども活発な活動を行っている機関である。FDとの関係が深いSD（職員開発）では、筑波大学大学研究センター、桜美林大学高等教育研究所などが熱心な取組みを行いつつある。

我々もFDに関しては早くから理論的研究、経験的研究の両方を持続して来たし、今回の二一世紀COEプログラムでは、FDとともにSD（これは、イギリスのような教員を含めたものではなく、職員のみに特化した日本的な概念）を組織的に研究している。そのほか、大学設置の機関ではないが、全国共同利用的な性格を持つ、メディア教育開発センターのように、FDの実践的な研究に継続的に取り組んでいる機関も出現した（三尾・吉田編、二〇〇二参照）。

④に関しては、世界的なネットワークは未だ形成されていないので、今後、グローバル化の進展と呼応してなんらかの世界的な規模でのネットワーク作りが急速に台頭する可能性は高いと観測されるところである。

先進国アメリカ

その点、FDの先進国であるアメリカの動向は参考になるであろう（Forest and Kinser, eds, 2002; Alstete, 2000）。アメリカ最初のセンター設置は、一九六二年にミシガン大学に設置された「学習・教育研究センター」（CRLT ＝ Center for Research on Learning and Teaching）である。その後、一九八〇年代にはFDの専門職団体の全国組織として「高等教育の専門職的・組織的開発ネットワーク」（POD＝Professional and Organizational Development Network in Higher Education）が設置され、約二〇〇機関を擁し、一、二〇〇人の授業センター教員や大学教員などの会員を集めて各種のFD活動を展開している（アルステートはＰＯＤの設立は一九七六年であるとしている。Alstete, p.27参照）。これは、日本の広島大学高等教育研究開発センターを含め、世界の多くの大学機関を少なくとも名目的に傘下に入れた組織を形成している。このことから判断して、今後は世界的な範囲にわたって実質的なネットワーク化へ向かう可能性を秘めているだろう。また、一九九三年には、ＦＤの世界ネットワークとして、「世界教育開発コンソシアム」(International Consortium for Educational Development)が設立されている。

ちなみに、一九八九年から一九九七年までＦＤに関する文献をＤＡＩ(Dissertation Abstracts International)に依拠して調査した結果をＥＲＩＣでの検索数で見ると、一九八九年（二〇八件）、一九九〇年（二五四件）、一九九一年（二九八件）、一九九二年（三三一件）、一九九三年（二九七件）、一九九四年（三一三件）、一九九五年（二九八件）、一九九六年（三一一件）、一九九七年（二六五件）となっている。一九九〇年代には毎年実に三〇〇件平均の文献が生産されていることが分かる(Alstete, 2000, pp.28-29)。数量的な増加は、ＦＤの各大学およびネットワーク機関の制度化の進展と密接に関係していることが推察される。

このように、ＦＤの制度化は、国内外を通じて、大学内部での制度化、大学間の制度化、世界的制度化といった様相を呈しながら、次第に規模的、内容的な進化を遂げつつあると観察できるのである。

前回と今回の調査の比較

第二に、後者②の調査に関して若干述べておきたい。本調査は、「大学教育の改善に関する調査研究」と題して、一九八九年に実施して、報告書にまとめたものである。一四年前の当時と比較して現在は①研究偏重が多少克服され教育志向が強まりつつあること、②総じてＦＤの制度化が進展したこと、③内容的にセクター間に温度差があること、などを指摘できる。このうち、①に関しては、研究から教育志向あるいは研究と教育の両方志向が増加していることは事実であり、この変化が生じた背景には「狭義のＦＤ」の成果が反映した結果が作用しているとみられる（**表5－1**参照）。学長が教員へ期待する活動の重要度でみると、研究活動は平均一・五を示し、教育活動は一・七五から一・四六へと上昇した事実があるからである。しかしホンネでは研究志向が依然として強いことも否めない。一三〇年かけて形成された研究志向のシステムの特質が数年間で転換することは不自然であることから推して、当然の結果ともいえ、この傾向はしばらく持続すると推察される。

表5－1　教員に期待されている諸活動に対する重要性の認識

		2003年調査				1989年調査		
①研究活動	重視している	717	58.9%	1	(20.9)	283	53.5%	1
	ある程度重視している	391	32.1	2	(12.6)	212	40.1	2
	どちらとも言えない	72	5.9	3	(9.3)	31	5.9	3
	あまり重視していない	33	2.7	4	(4.4)	2	0.4	4
	重視していない	5	0.4	5	(2.7)	1	0.2	5
	計	1,218		↓		529		↓
		平均		1.54	(16.9)	平均		1.54
②教育活動	重視している	721	59.7%	1	(19.3)	188	35.5%	1
	ある程度重視している	435	36.0	2	(14.5)	298	56.2	2
	どちらとも言えない	39	3.2	3	(14.4)	36	6.8	3
	あまり重視していない	11	0.9	4	(6.9)	7	1.3	4
	重視していない	2	0.2	5	(20.0)	1	0.2	5
	計	1,208		↓		530		↓
		平均		1.46	(17.5)	平均		1.75
③学内の管理・運営活動	重視している	194	16.5%	1	(13.0)	27	5.1%	1
	ある程度重視している	494	42.0	2	(7.7)	192	36.3	2
	どちらとも言えない	318	27.0	3	(5.1)	187	35.3	3
	あまり重視していない	114	9.7	4	(3.8)	98	18.5	4
	重視していない	56	4.8	5	(3.2)	25	4.7	5
	計	1,176		↓		529		↓
		平均		2.44	(7.2)	平均		2.81
④社会サービス活動	重視している	108	9.4%	1	(8.0)	24	4.5%	1
	ある程度重視している	379	33.0	2	(4.3)	158	29.8	2
	どちらとも言えない	341	29.7	3	(2.0)	190	35.8	3
	あまり重視していない	199	17.3	4	(1.1)	129	24.3	4
	重視していない	123	10.7	5	(0.2)	29	5.5	5
	計	1,150		↓		530		↓
		平均		2.87	(2.7)	平均		2.96

注）(　)内の数値は、授業のある平日（月～金曜日の5日間）での教員の平均活動時間

②に関して言えば、当時としては、ＦＤの未制度化段階であったこともあり、学長や大学教員の意識も理念追求の視点が色濃く出ている割に、現実の取組とのギャップが際立つ性格の結果となっても不思議ではない。その意味では、ＦＤの制度化は概ね「段階０」であったと言える。今回の全国調査は、前回の調査との比較検討を意識的に意図したので、質問項目なども比較可能な体裁にした箇所が少なくない。結論を先取りして言えば、予想されるように、今回は前回に比較して、ＦＤの制度化は長足の進捗を遂げたとみてさしつかえあるまい。五段階の制度化の程度で示せば、前回がそれ以前の「段階０」にとどまるとすれば、今回は平均的に少なくとも「段階１」をクリアしていることは明白であり、中には「段階３」以上に到達していると学長がみなしている機関もかなり見受けられる。その点では、予想以上に良好な結果が得られたと言える。

もう少し具体的に述べると、ＦＤ活動の発展段階によれば、発展段階は①「ＦＤとはフロッピーディスクだと多くの教員が思っている段階」、②「ＦＤの委員会を設置して研修会等を行うような比較的初期的な段階」、③委員会活動が軌道にのってかなり安定した状態にある段階」、④ボトムアップの取組みが育たないなどの種々の問題が生じる段階」、⑤ＦＤを最初からやり直すべく新たな体制による創意工夫を開始した段階」に区分できる（表5－2参照）。単純集計では、三二一人の学長の回答は、①四・七％、②五三・〇％、③二〇・九％、④一四・三％、⑤七・二％となる。さすがに①は少ないが、それでもまだその段階にあるとする割合も五％ほどあり、国立では皆無だが、公立では八％と高い。全体に②③が七四％を占め、軌道にのった段階にあることを示している。セクターでは、国立八八％、公立七五％、私立七〇％となる。問題は、制度化が進行するにつれ葛藤を深めている段階を示す④⑤が、私立二六％、公立一六％、国立一二％となっており、この段階まで到達した大学がかなり見られることである。私立の中に該当例が最も多く見られることは、私立には先進組がかなりあることを示す。

新たな問題の発生

このように詳細にみると、制度化が進行するにつれ、新たな問題や課題が生じることも明らかになった。制度化の先進組が他のセクターより多い私立セクターを中心に新たな課題や葛藤を経験していることが分かる。私立に限らず、学長はＦＤが重要であり、必要であるとみなし、所属機関の教員へそれを大いに期待している事実があるにもかかわらず、必ずしも期待どおりの成果が得られていないという事実も遺憾なく露呈しており、しかも理念的にはトップダウンではなく、ボトムアップの取組が必要であるとしながらも、実際にはボトムに位置する肝心の教員の意識が十分に醸成されていない事実も露呈しているなど、ＦＤの実践が教員の自主性や主体性を軸に展開されるまで深化していない現実が窺われる。このことは、一九八九年の段階で理念と現実の間で中途半端な状態に低迷していると指摘して命名した「日本型ＦＤ」なる性格が一四年経過した現在に至っても持ち越され、必ずしも克服されているとは言えない事実を裏書きしているように見える。

④のセクター間の差異に関しては、概して国立は研究志向が強く、教

表5-2　FD制度化の段階

	単純集計	設置者*		
		国　立	公　立	私　立
FDはフロッピーディスクだと多くの教員が思っているような段階	4.7%	0.0%	8.1%	5.5%
FDの委員会を設置して研修会等を行うような状態にある段階	53.0%	56.1%	64.9%	49.8%
委員会活動が軌道になってかなり安定した状態にある段階	20.9%	31.8%	10.8%	19.4%
ボトムアップの取組が育たないなどの種々の問題が生じている段階	14.3%	12.1%	5.4%	16.6%
FDを最初からやり直すべく新たな体制による創意工夫を開始した段階	7.2%	0.0%	10.8%	8.8%
合　計	321	66	37	217

注）＊ P＜0.05

育改善を中心としたＦＤの取組みも比較的積極的な傾向を示すのに対して、私立は全体には教育志向が強いが機関間のＦＤ進捗度に大きな幅が見られる。公立は他のセクターに比較して私立の一部よりも良好の部分も見られるが、総じて取組みの度合いがやや緩慢であるという傾向が見られる。

上で歴史的な回顧を試みたごとく、日本のＦＤの制度化は外国からの風土や土壌を鮮明にした輸入であり、しかも「外圧」がなければ導入も定着もないという、保守的なものであり、そのような風土や土壌の克服が実際の制度化の進行過程で実現するか否かがＦＤの今後の成否を占う鍵となると見込まれる。その意味で、セクター間に温度差があるとしても、一応の制度化を果たした現在、肝心の教員の意識や行動の改革の時点までは、さらに試行錯誤し、紆余曲折するのに必要なかなりの時間を要することを分析結果は明らかにしたと言えるに違いない。もちろん、これは学長を対象とした調査結果の分析であり、今回実施した全国調査の中では一部のデータに過ぎず、残された学部長やとりわけ大学組織体の「運営単位」に位置し、ＦＤ制度化の実質的な鍵を握るとみなされる大学教員自身がどのような意識や行動を具現しているかは、平行して分析し、総合的な診断および処方を行うことが欠かせない。したがって、本報告に続いて、学部長や大学教員のデータを分析して、そのようなＦＤの制度化の問題点と課題の全貌を具体的に検討することにしたいと考えている。その意味からすると、本報告は全体の中の一部であり、あくまで中間報告の域を出ないことを予め断っておきたい。

結びにかえて

以上、「ＦＤの制度化の開始と展開」と題して、日本の一九八〇年代から開始されたＦＤの移植と制度化の歴史を踏まえて、本調査研究の背景を述べ、併せて研究意図を概略した。

上述したように、ＦＤは、もともと一九八〇年代に外国から輸入された概念であり、それには広義と狭義の意味が含意されており、決して単純な概念ではない。その意味で、ともすると木を見て森を見ないという陥穽に陥る危険性が横たわっていると言わなければならない。それを克服するには、広義の概念を担保して狭義の概念を追求することが当面の課題として重要であることを改めて指摘しなければならない。実際、現在は主として大学教員が果たす大学教育改革の資質や技量に特化して使用される「狭義のＦＤ」概念が定着しつつあるので、表面的には当面の課題を遂行しているとみなされる。と言っても、その実態は、調査結果の分析から明確になるように、決して確固とした一枚岩的な概念に純化し凝集しているのでも、概念として完成しているのでもないことは自明である。それどころか、教員間には概念の解釈にばらつき、曖昧性、多様性が見られるのは偽らざる現実であり、概念の合意や内容の深化はいわば発展途上段階にあるとみてさしつかえあるまい。

今回の調査研究では、広く外来の概念が大学内に定着する制度化過程を射程に入れて調査することをとおして現状分析を行うと同時に、とくに学長調査によって明確になった最近のＦＤの制度化の動向を検討することに主眼を置いた。こうした現状分析はＦＤの理念と現実との落差を実態に即して明らかにするばかりではなく、それを踏まえて解決すべき問題点や課題を浮き彫りにせざるを得ないはずである。換言すれば、現状の診断と処方箋の提示の両方の必要性である。本稿ではその点を指摘するにとどめ、実際の研究方法、調査結果の分析の詳細、データに基づく今後の処方箋の提示などは別の考察に譲ることにしたい。

参考文献

有本章、一九八九「外国の大学授業―FD・SDの動向と実態」片岡徳雄・喜多村和之編『大学授業の研究』玉川大学出版部。

――、一九九七「FDの構造と機能に関する専門分野の視点」『大学論集』二六集、広島大学大学教育研究センター。

――、一九九八「学部教育とファカルティ・ディベロップメント」『高等教育ジャーナル』第三号、北海道大学高等教育機能開発総合センター。

――、一九九九「ファカルティ・ディベロップメントの歴史と展望」『IDE現代の高等教育』No.412。

――、二〇〇一「FDの制度化における社会的条件の役割」『大学論集』三一集、広島大学高等教育研究開発センター。

――、二〇〇三「学士課程教育改革の現在」有本章・山本眞一編『大学改革の現在』東信堂。

――編、一九九〇『大学教育の改善に関する調査研究―全国大学教員調査報告書』(高等教育研究叢書五)広島大学大学教育研究センター。

――編、一九九一a『諸外国のFD・SDに関する比較研究』(高等教育研究叢書一二)広島大学大学教育研究センター。

――編、一九九一b『学術研究の改善に関する調査研究―全国高等教育機関教員調査報告書』(高等教育研究叢書一〇)広島大学大学教育研究センター。

――編、二〇〇三『大学のカリキュラム改革』玉川大学出版部。

――・江原武一編著、一九九六『大学教授職の国際比較』玉川大学出版部。

――・山崎博敏編、一九九六『学部教育の改革と学生生活―広島大学の学部教育に関する基礎的研究(2)―』(高等教育研究総称四〇)広島大学大学教育研究センター。

B・Brint (ed.), 2002 *The Future of University of Intellect:* The Changing American University Stanford University Press.

大学審議会、一九九八『二一世紀の大学像と今後の改革方策について』(答申)。

D・A・ブライ、一九九五(山口栄一訳)『大学の講義法』玉川大学出版部。

E.L. Boyer, 1991 *Scholarship Reconsidered,* Carnegie Foundation for the Advancement of Teaching.(有本章訳、一九九四『大学教

授職の使命―スカラーシップ再考』玉川大学出版部）

江原武一、二〇〇三「大学教授と大学改革」有本章・山本眞一編著『大学改革の現在』東信堂。

F・B・ニュートン＝K・L・エンダー編、一九八六。（岡田臣・中川米造訳）『大学の学生指導―成長モデルの理論と実践』玉川大学出版部

広島大学大学教育研究センター、一九八一「大学における教育機能（Teaching）を考える―第九回（一九八〇年度）『研究員集会の記録』」『大学研究ノート』第五〇号。

伊藤彰浩編、一九九〇『ファカルティ・ディベロップメントに関する文献目録及び主要文献紹介』広島大学大学教育研究センター。

J.J. F Forest and K. Kinser (eds.), 2002 *Higher Education in the United States: Encyclopedia.*

J.W Alstete 2000 *Posttenure Faculty Development*, **Jossey-Bass.**

J・ローマン、一九八七（阿部美哉監訳）『大学のティーチング』玉川大学出版部。

K・E・エブル、一九八七（高橋靖直訳）『大学教育の目的』玉川大学出版部。

――、一九八八（箕輪成男訳）『大学教授のためのティーチングガイド』玉川大学出版部。

喜多村和之編、一九八八『大学教育とは何か』玉川大学出版部。

三尾忠男・吉田文編、二〇〇二『ファカルティ・ディベロップメントが大学教育を変える』文葉社。

P.G. Altbach, (ed.), 1996 *The International Academic Profession: Portraits of Fourteen Countries*, Carnegie Foundation for the Advancement of Teaching.

R・ビアド、J・ハートレイ、一九八六（平沢茂訳）『大学の教授・学習法』玉川大学出版部。

ロンドン大学教育研究所大学教授法研究部、一九八二（喜多村・馬越・東編訳）『大学教授法入門―大学教育の原理と方法』玉川大学出版部。

馬越徹、一九八〇「ヨーロッパにおける大学教授法（College Teaching）研究の動向」『ＩＤＥ　現代の高等教育』№212、六七‐七四頁。

W・J・マッキーチ、一九八四（高橋靖直訳）『大学教授法の実際』玉川大学出版部。

W.H. Bergquist, S.R. Phillips, G. Quehl, (eds.), 1975 *A Handbook for Faculty Development*, The Council for the Advancement of Small Colleges.

六章　ＦＤの制度化と葛藤の類型

本報告は、「大学教育改善の全国教員調査」の中間報告であり、先般報告した『ＦＤの制度化に関する研究㈠――二〇〇三年学長調査報告――』の姉妹篇である。前回のものが学長篇とすれば、今回のものは教員篇である。主題は、大学教育の改善に全国の大学教員がいかに取組み、実績を上げているかを一九八九年の同様の調査（有本編、一九九〇）と比較しながら、実証的に実態を解明することに主眼が置かれている。大学教育の改善は今日の学生が大衆化し、多様化した状況下では、避けて通れない喫緊の課題であることは今更言うまでもなく、この一〇年間大学内外でひっきりなしに言われてきたことである。にもかかわらず、肝心の大学人がどの程度熱心にその問題に取組み、どの程度効果が上がっているかは、必ずしも明確にされないままの状態に放置されてきたことも偽らざる事実であると言わなければならない。客観的に現実の事実を把握して、問題の診断と処方を適切に行うことは、高等教育研究の現場にとって不可欠である。その意味で、本報告は、学長篇に続く教員篇として、全国調査に基づいて、現在の状態の客観的かつ実証的な把握を試みる作業である。

この調査報告は、教育改善を調査の中軸に据えているように、現在のＦＤ活動の中軸の問題を対象に設定して推進しているところに特色があり、したがって、日本におけるＦＤの制度化の進捗状態に対して最大の関心が置かれていると言ってよかろう。

すでに、学長篇において、「ＦＤの制度化の開始と展開」(有本、二〇〇四)と題して、本調査研究の背景や問題も論じているので、それを踏まえた上で、現在の「ＦＤの制度化」(institutionalization of faculty development) に横たわる種々の問題を整理すると、いくつかの論点が見えてくるはずである。本稿では、そのような問題点を整理し、ＦＤの制度化は現段階において、さまざまな葛藤の状態に直面していることを考察することにした。すべての問題を論じるだけの紙面も力量もないが、現時点において主要と思われる論点＝葛藤の類型(typology of conflict) に関して言及するところに主眼がある。

第一節　広義の概念と狭義の概念の関係

一　広義の概念

ＦＤの概念には広義と狭義の両方の区別があることは、すでに種々の角度から縷々論じてきたように、通説となっている。この問題の重要性にかんがみ、ここでは多少別の角度から敷衍しておきたい。広義の概念は教授団の資質が大学のさまざまな活動の全体を包括する性格を担うとする観念に起因している。大学は古くはギリシャ時代のプラトンのアカデミアを淵源として、知識の創造や伝達にかかわる組織であり、基本的に研究、教育、サービスなどの活動を内包していると考えられる。もちろん、その頃にすでに近代・現代大学と同様の研究機能やサービス機能が確立されていたと考えるのは早計であり、原初的な性格が胚胎されていたに過ぎないかもしれない。教育と言っても、現在のように精密な設計や計画的な営みが組み込まれていたのではなかろう。しかし広く素材としての知識のもつ発見、伝達、応用などの機能が内包された活動が原初的な形態であるとしても展開されていたと考えるのは妥当であろう。その意味で、何らかの知識を扱う学校、とりわけ疑似大学的機関が存在した時点、少なくとも中世大学が誕生した時点から、教授団あるいは教員の資質開発が曲がりなりにも成立したとみなせば、その時点から広範な機能や活動を包括した広義のＦＤの概念が潜在的に成立していたと考えられるのである(有本、一九九七)。

ライトが指摘したように、大学教授職が専門職になったのは、一九世紀に大学教授が研究を取り入れて研究者への社会化が制度化され、大学教授職の訓練が制度として位置づけられ、キャリアとして定着した時点からであるとみなされる(Light, 1974)。その時点では、大学は古代や中世とは比べものにならないぐらい明確に知識のあらゆる機能を活動の中に位置づけたというほかないし、従来の教育に対して研究が重視される時代を迎え、大学教授職の使命や役割は知識の機能と同じく広範になったというほかない。実際、アメリカの一九世紀から二〇世紀の前半の頃には、ドイツの大学の研究水準に追いつくことが模索される文脈の中で、研究こそがＦＤの内容であったことが分かる。さらに二〇世紀になると、サービスが明確に導入され、研究、教育、サービスが大学の自他ともに認める活動となったのである。大学教授職には、これら諸役割を遂行することの期待が課せられ、これらの資質を開発することが要請されるようになった。さらに、大学の規模が拡大し、官僚制が発達するにつれて、管理運営の役割や資質が期待されるようになったことも見逃せない。かくして、ＦＤの内容は知識の性格を反映した諸活動にまたがる広範な領域にかかわることになっても不思議ではないことになる。

二　狭義の概念

これに対して、狭義のＦＤは、あれもこれもの広範な活動に対する資質開発を意味しているのではなく、焦点を教育の資質開発に絞っているところに差異が見出せる。しかも一般に「教授団の資質開発」と翻訳されているように、教員個々人のレベルではなく、集団としての教授団のレベルの資質や力量を問題にする点に特徴が見出せる。教授団という「固まり」を対象に設定することは、組織的、体系的な資質開発の取組が前提にされていることは論を待たない。システム、大学、学部、学科などの各組織が意図的に教育の質的改善に向けて自らの活動を展開することを含意していると言って過言ではないのである。

ＦＤの歴史を回顧すると、上述したように広くアメリカの一九世紀後半の研究活動への集中を含めれば別であるが、ＦＤが本格的に導入された一九七〇年代以降に焦点を合わせると、最初は明らかに教育の資質を高める運動として導入されているので、狭義のＦＤが展開されたとみてさしつかえあるまい (Bergquist, Phillips, Quehl, eds., 1975)。黄金の六〇年代に頂点を極めたアメリカの高等教育は、七〇年代には暗転して、経済不況、社会の大学批判、学生人口の減少、社会人学生の増加、大学淘汰の危機などを反映して、教育改革を急ぐことになった。教員削減に対応した専攻領域のコンバートや配置転換の必要から教員の再訓練が導入されたこと、大学淘汰へ対応して魅力ある大学を実現するために教育力の増進が不可欠となったこと、社会の大学批判に応答する教育改革が必要になったこと、ニュー・ステューデント(新学生= new student) へ対応する教授力を醸成すること、などの様々な理由が作用した。大学生き残りのためには、教員の教育力、技術力、資質の開発が不可欠になったのである。こうして、狭義のＦＤが徐々に定着することになった。

しかし、その後の歴史を回顧すると、アメリカの場合にも、狭義のみではなく広義のＦＤが問い直され、狭義と、広義は平行して行われる時代に突入し、現在ではむしろ広義のＦＤを担保しながら狭義のＦＤを推進する方向を目指していると解される。一九八〇年代には学生の学力評価、一九九〇年代には学生の多様化を反映したカリキュラムの見直し、教員に加えてＴＡ（教育助手）の資質開発、一九九〇年代にはＩＴ革命と教育技術の改革、研究大学での教育重視の報賞体系の導入、といった要請がＦＤの広範な活動を喚起した（Cook, 2002）。アーネスト・ボイヤーによる「スカラーシップ再考」（Scholarship Reconsidered）もこの時点に提起され、研究＝学識と化した学識観自体を問い直し、その実践による定着を評価によって検証する作業の時代へ突入した（Boyer, 1991）。したがって、本格的に開始したＦＤの第一段階が狭義のものであるとするならば、第二段階では広義のＦＤを包含した方向への展開がなされることになった。

この経緯を日本の現状の展開へ当てはめた場合にも中期的あるいは長期的にはその種の性格を持ったシナリオが書かれるであろうと推察される。実際、今日でも政策・行政レベルでは、文科省による「二一世紀ＣＯＥプログラム」による研究の重視が強調される半面、他方では「特色ある大学教育支援プログラム」すなわちＧＰ（Good Practice）による教育の重視が強調されつつある。教育に特化した後者の場合も、その範囲は、「総合的取組」「教育課程」「教育方法」「学生の学習および課外活動」「大学と地域社会との連携」などへの工夫改善や支援を対象にしている（大学基準協会、二〇〇四）。ＣＯＥの場合は研究という広義のＦＤの領域であるが、狭義のＦＤ活動と直接間接かかわる領域である後者の場合でも、「総合的取組」「大学と地域社会との連携」などを基軸にＦＤが単なる授業や教育の狭い範囲を超えることを先行的に示唆しているのである。

三　狭義の概念の定着と葛藤

日本のＦＤの歴史はまだ新しく、アメリカの歴史と照合すれば、いまだ狭義のＦＤを追求する段階を経過中であると観察できるのであるが、アメリカが経験したように、やがて狭義と広義の概念の統合をめぐって葛藤を経験する段階に突入すると予想される。大学が知識の府であり、知性の府である以上、知識の性格や機能を反映せざるを得ず(Brint, ed., 2002)、知識の機能間に摩擦や葛藤が生じるように、それを反映したＦＤ活動自体にも必然的に狭義と広義の反復運動を辿らざるを得ないし、当然ながら葛藤を経験せざるを得ない。

大学の活動は知識の発見、伝達、応用、統制にあるとみなせば、伝達である教育のみに特化した教員の資質開発には自ずから限界があるのは明白であり、早晩、壁に突き当たるのは目に見えている。研究と教育とサービスと管理運営を包括的に捉える視座の見直しなしに、大学の発展はあり得ないのであり、教育のみに限定する狭義のＦＤそのものの見直しが課題となるのである。

第二節　欧米型概念と日本型概念

一　欧米型概念

ＦＤ概念は、日本に出自をもつというよりも、海外から渡来してきたものであり、外国産、舶来品である(有本、一九八九：有本編、一九九一ａ)。近代大学の原型を自らは保持しない日本のシステムは、明治維新以来、先進諸国の優れていると思われる大学あるいは高等教育システムのモデルをウィンドウショッピング的に輸入して、日本的風土へと同化、馴化させる実験をしてきたと言って過言ではあるまい。植民地のように強制的移植ではなく、あくまで選択的移植によって取捨選択、採長補短の原理が作用したとはいえ、それは一種の実験であった。当然ながら、実験に成功した概念もあるし、失敗した概念もある。歴史、伝統、文化、風土が異なる国々のシステムはそれなりの固有の理由を反映して形成され制度化されているのであるから、それを直輸入・移植しても、完全に成功するとは限らないし、失敗することも少なくないのは至極当然の成り行きであろう（Altbach, 2001）。欧米型の概念であるＦＤは、そのような輸入型・移植型の特徴を刻印されているはずであり、日本へ輸入されたとき、抵抗を受けたり、反発を受けたりして、なかなか受入れられなくても不思議ではない。

戦後日本では、高等教育改革の多くはアメリカ型概念の輸入に依拠して追求されてきた。教養部、教養教育、単位制、ＧＰＡ制（平均点制＝Grade Point Average）、ＣＡＰ制（単位付与の上限設定）、シラバス、オフィスアワー、少人数教育、リメディアル教育、アクレディテーション（基準認定＝accreditation）、学生による授業評価などの多くは大学教育改革の中枢概念である。これらの概念は成功を収めているものもあるが、失敗に帰したものも少なくない。現在の大学教育改革の内容が案外、これらの失敗を反省的にとらえ、これら概念を輸入した戦後の改革の原点に回帰して取り組まれていることを想起すると、外来の概念の制度化と定着がいかに困難であるかが如実に証明されるに違いない。

考えてみれば、教育改革の中枢概念は狭義のＦＤの中枢概念にほかならないと言ってもよかろう。狭義のＦＤ概念が教育改善や改革の追求と直接間接にかかわる以上、教授団の資質開発とは抽象的な資質ではなく、これら教育改革を推進する資質や技量にほかなるまい。一九七〇年代にアメリカで発達して、八〇年代から日本へ輸入されたＦＤ概念は、実際には戦後の教育改革の中枢を占める概念とともに輸入されてきているものであり、その失敗はすなわち狭義のＦＤの失敗を意味していると解されるのではあるまいか。こうしてアメリカ型の教育改革とＦＤが表裏の関係を持つと考えれば、一九九〇年代から改めて推進されているＦＤ概念の制度化は、戦後に制度化を試みて失敗したアメリカ型教育改革の新たな追求と裏腹の問題であると言わざるを得ない。

二　日本型概念

欧米型のＦＤが改めて追求されている現在、それ以前のあまり意識されなかったとはいえ、教育改革に随伴して輸入されていたと考えられるアメリカ型のＦＤがなぜ成功しなかったのかは、検討してみる価値がありそうである。その失敗が克服されない以上、新たな装いのＦＤをいくら追求しても、実現を達成するのは至難であろうと予想するのは難くないからである。

端的に考えれば、欧米型ＦＤに対抗する日本型ＦＤが存在し、その存在によってＦＤが看過されたり、拒絶されたりするとの仮説が成り立つ。欧米型とりわけアメリカ型の概念は、上に述べた教育の大道具・小道具類が中枢性を占めるのであるから、それらに対して日本型が異なるならば、両者間の概念の相違が識別できることになる。とすれば、総論的にアメリカ型は教育改革を追求し、日本型は追求しないという問題設定ができるはずである。確かに、後述の研究と教育の考察のごとく、教育志向が弱い日本型は教育改革志向も弱いと言えるかもしれない。教育を看過し、無視する以上、教育重視のＦＤを表面的に、建前的に強調しても定着しないのは無理からぬことである。

日本型ＦＤの実際は、高等教育機関である大学が学生の教育に携わり、毎年七〇万人前後の学生を受入、卒業させている事実を踏まえれば、当然存在すると推察できる。もし存在しないと仮定すれば、そこには教育が存在しないことになり、授業や教育過程が欠如することになるからである。大学教育が成立している以上、大学教授団には授業や教育にかかわる相応の資質や技術が備わっており、機能しているとみなさざるを得ない。かくして、日本型のFDが存在しているとすれば、それは輸入型のFDとは性格を異にするとしか定義できない。

三　欧米型概念の定着と葛藤

FDの欧米型概念は、一九九一年の大綱化政策、一九九八年の大学審答申を契機に制度化を果たしつつある。日本型と欧米型のFD概念が存在するとすれば、そこには、①欧米型が日本型の駆逐に成功したこと、②日本型と欧米型の統合が実現したこと、③日本型と欧米型の葛藤が深まったこと、などの変化が生じていると推察される。このうち、①は移植型が完全に実現するのは困難であるとの仮説を踏まえると、実現しているとは言えないだろう。②は理論的には可能であるが、現実には試行錯誤の過程が続くことが予測され、長期の時間がかかるだろうし、一〇年程度で実現するのは困難であろう。これに対して、③は最も現実的な変化として観察できるに違いない。システムへの制度化は、トップダウンとボトムアップの間の角逐を招き、行政と実践現場の間の不協和音を生じ、機関内では学長と教員の間の葛藤を深める。学長篇の調査で分析したごとく、学長の期待と実際の教員の意識や行動との間には乖離が存在したのはこうした証拠の一端を示す。トップの欧米型への同調とボトムの日本型への同調の間に葛藤が生じているのである。同様にシステムへの制度化は、セクター間、専門分野間、職位間での摩擦や葛藤を招来する。欧米型FDへの同調が早い部分と遅い部分の時間的な遅滞あるいはむしろ「文化遅滞」(cultural lag)が進行する(有本、二〇〇二)。

第三節　研究と教育の関係

一　研究志向

日本型ＦＤは知識の発見、伝達、応用などの広範な機能を包括した広義のＦＤに照らせば、知識の伝達や応用よりも発見に価値を置き力点を置いて展開されてきたことが分かる。端的には、それは研究偏重・教育軽視の傾向に具現されている。この傾向は、戦前に制度的に定着し、戦後も助長されて、研究大学もそれ以外の大学も、おしなべて研究志向の意識や行動を促進する方向に報賞体系を整備してきた。したがって、大学において研究志向は当然のことであり、大学教員たるものは教育者や教師よりも、学者、研究者、科学者のイメージや役割を内面化して、自己像やアイデンティティを形成する傾向をもったとみなされる（有本編、一九九一ｂ：有本・江原編、一九九六：Altbach, ed., 1996）。狭義のＦＤの目指す教育を重視する考え方は、潜在的には戦後教育改革の中枢概念がアメリカ化の試みであったことを想起すれば、そこに潜在的にも顕在的にも包含されて移植されたはずであるにもかかわらず、一九九八年の大学審答申によって見直しが生じるまでは殆ど看過され、無視され続けたのである。こうしてアメリカ化はほぼ失敗したが、それは日本型ＦＤの力が強かった側面と、アメリカ型の狭義のＦＤが政策や行政によって努力義務化されて強制力を未だ持つに至らなかった側面の相乗効果に起因していると考えられる。

二　教育志向

一九八〇年以降は、その半ば強制力が作用し始めたのであるから、日本型ＦＤの欧米型ＦＤへの転換が目に見えてかなり進行すると予想されるし、実際に今回の調査に依拠した統計的分析では進行していることが分かる。一九八九年調査と今回の二〇〇三年調査を比較すると、研究志向と教育志向とは順位が逆転しており、この間にＦＤの制度化に伴う意識変化が生じたことになる。とくに「熱心である」は三・九％から二四・二％と六倍の伸びを示し、「ある程度熱心である」は三七・六％から六〇・九％と一・五％の伸びを示し、これらの合計は四一・五％から八五・一％と二倍の伸びを示している。熱心だとする教員の割合が半数未満から大多数へと転換したことは、日本の高等教育史上初の画期的な出来事ではないかと推察される。

ＦＤへの意識が喚起されたことは、意識の次元での改革が進行していることであるから、当然ながら授業改善の実践にそれが反映され、授業改善の効果があがるものと期待を抱かせる。しかし、理念が実践に直線的に、あるいは短絡的に直結すると考えるのは尚早にすぎない。現実は紆余曲折して進行するのであり、実際に授業の現場に改革の楔が打ち込まれ、授業の効果が目に見えて顕著にあがるとは限らない。すでに学長調査では、学長の理念と実際の教員の実践の効果には大きな距離が露呈していると学長自身が回答していたのを再度想起しなければならない。今回の教員調査でも、教員自身の期待値と現実値との間には依然として距離が見出されると言えるのであり、教育を重視する狭義のＦＤが意識の上で画期的に増進しながらも、授業のインプットに組み込まれ、授業のスループットを通して、授業のアウトプットに結合する歩みは遅々として進まず、決して迅速ではないのである。この点を学長は見抜き、焦燥感を吐露し、教員は反省的なホンネを語っているといえるかもしれない。

同時に、このような現実を観察すると、システム、機関、教員の意識・行動において、転換に伴う葛藤が深まっているとみなされるところである。

三　教育志向の定着と葛藤

教育志向が意識上で顕著に進行したからといえ、肝心の教育の実践が活性化して、教育効果が上がると考えるのは楽観過ぎると言わなければならないことが分かった。その理由は、研究がドイツの大学において制度化された近代大学の起点から計算すると、二〇〇年間にわたって研究と教育の統合が模索されながら、実際には実現するに至らなかった事実との関係が深いはずである。換言すれば、研究と教育が遊離して、研究パラダイムが支配的になったからである。かくして、教育の見直しと改善が不可欠となるのは近代大学では構造的な問題と化したのである。いずれの国のシステムでも研究優位が進行する中で、いかにして教育の復権を図るかが問われるようになったのであり、英米で先鞭をつけ、やがて他の国々でも同様の問題の解決に乗り出さなければならなくなったと解されるのである。一九七〇年代から欧米を先頭に教育改革の運動が開始され、その集約がＦＤの問題になって帰結したとみなしてさしつかえあるまい。研究志向の定着に二〇〇年の年月を要したとみなせば、その解消もまた多くの年月を費やしてこそ実現できうると予想されるに違いないし、今やその第一歩が踏み出されたに過ぎないのであり、二〇〇年持続した葛藤の延長線上に新たな葛藤が発生したという観測が成り立つに違いないのである。

第四節　ボトムアップとトップダウンの関係

一　ボトムアップのＦＤ

教育の現場は授業や教育過程のメカニズムが存在する運営単位にあることは常識であろう。授業は授業を担当する教員、授業を学習する学生、授業の内容を提供するカリキュラムによって構成される。この授業の三点セットが大学教育の基本である。この基本が効果を上げなければ、大学教育全体の効果も上がらない。狭義のＦＤが学生に学習力や学力をつけ、付加価値を付与することにあるならば、まず授業を改善することに起点が置かれるのは自然であり、言うまでもなくそこにＦＤの力点が置かれる。教授団の資質開発は、具体的にはカリキュラムの研究、学生の研究、教員自身の研究であり、これらカリキュラム、学生、教員の間の相互関係を活性化させて、学生の学習力を促進し、学力を向上させるための知識、技術、能力、活力に支えられた教育力を十分に涵養することこそが中枢の位置を占める。

そのことは、大学組織体の上位相のキャンパス、中位層の学部、下位層の学科、研究所、講座などの中で、下位層にＦＤの拠点があることを意味する。キャンパスや学部レベルよりも、学科、研究所、講座が主役の座にあると言ってよかろう。それは、大学が学問の府であり、知識を素材にあらゆる学事を展開している事実によって規定されているからである。大学は知識の機能を大切にすることによって、学問の発展を可能にし、それを媒介に社会発展に貢献する可能性が開かれる。その意味で、大学が教育の活力を高め、教育効果を発揮せんとすれば、大学組織体の最下位層に位置する授業や教育過程に力点を置くＦＤを大切にする以外に有効な方法はないことになるのは自明である。それ故に、個々の大学教員が自分の担当する授業に責任をもって創意工夫によって活力をもたらし、授業効果を上げることが、ＦＤの原点であると言わざるを得ない（伊藤・大塚編、一九九九）。こうして、ＦＤ活動は本来ボトムアップの性格を備えているのであり、同時にそれを十分機能させるための条件整備が欠かせないのである。

二　トップダウンのFD

しかし、日本の大学におけるＦＤの制度化は、逆の方向から開始されてきた点で理念に逆行していると言えるのではなかろうか。もちろん、上で述べたように、高等教育が成立している以上、授業の三点セットが機能しているのも事実であり、そうであれば、それなりのＦＤが奏功していると考えないわけに行かない。つまりそこには高等教育の成立時点から連綿と日本型ＦＤが作用し、これまでにそれなりの成功をおさめてきたというほかない。これに対して、現在のＦＤは欧米型ＦＤであり、同じＦＤでも異質な性格を持つから、旧来の日本型とは異なる方向から政策的、行政的、計画的、強制的に導入し、日本型に沈潜している教員の意識や行動の改革を迫らなければならない。実際、一九九一年の設置基準の大綱化も、一九八九年の大学審答申もボトムから開始されたのではなく、高等教育システムの上部の文部科学省の省令から発して機関のトップの学長や執行部を通して開始された（大学審議会、一九九八）。その結果、学長は誰よりも熱心に教育改革を唱え、誰よりも活発にＦＤの導入を唱道しているし、先に紹介した学長調査にも熱心な雰囲気が横溢していることが理解できた。学長のリーダーシップが強い大学では、かなりの浸透性がすでに達成され、ＦＤの内容である研修会、ＦＤ委員会、学生による授業評価、自己点検評価、外部評価などが急速に進行したのである。

しかし同時に、多くの学長が不満を表明しているのは、笛吹けど踊らずの教員の体質である。調査結果を分析する限り、教員自身も表面的には熱心に教育改革を唱え、教育改善に努めているように見えるが、一皮むけばかなり消極的な意識や行動が透けて見えるのではあるまいか。頭では理解しているが、実際のスキルの鍛錬から教育効果を上げることまでの実践的な側面は十分に展開されているのではなく、従来のボトムに根付いている伝統型の風土や土壌を媒介した保守的な意識や行動が執拗に温存されて足を引っ張っているのである。

三　トップダウンのＦＤの定着と葛藤

このような形のボトムアップとトップダウンの衝突は、旧来型に対する新来型のモデルを移植して改革を試みる以上、日本の大学におけるＦＤの制度化のさらなる深化に向けて決して避けて通れない構造的な問題であり、今後一層葛藤を深めながら紆余曲折の道程を辿るものと推察するのはむつかしくない。

第五節　国立大学と私立大学の関係

一　国立大学のＦＤ

日本のＦＤの制度化は、日本的な高等教育システムの構造を反映しながら定着すると予想されるし、実際にそうであることが理解できるはずである。戦前以来の高等教育システムの特徴は、中央集権であり、特定の大学群に強力な威信や権威を付与し、重点整備することによってかなり鋭角のピラミッド型成層構造を構築したことである。大学の社会成層を国際比較したバートン・クラークは、イギリスのオックスフォードやケンブリッジと同様に東大と京大が頂点を形成する「尖塔型」(pinnacle) の構造が日本の大学成層の特徴であると指摘した (Clark, 1983)。これは、ハーバード、イェール、プリンストン、スタンフォード、ＭＩＴ、カルテック、カリフォルニア大学バークレー、ＵＣＬＡといった世界的にもトップクラスの大学群が少なく見積もっても三〇程度は存在する連峰型のアメリカとは趣を異にしている。ましてや、大学格差が殆どないと言われる平坦型のイタリアやドイツなどとは歴然とした差異が見出されるとみなされている。

日本の大学の成層構造は、天野郁夫が述べたように、戦前に政府によって政策的に意図的に構築された「二元二層構造」の結果であると考えられる（天野、一九九二）。国立大学と私立大学、大学と専門学校の組み合わせによる重層構造の中で旧帝國大学を基軸にしたピラミッド構造が形成された。威信の頂点に形成された国立・大学とりわけ旧帝大はドイツモデルの研究志向型を移植したのであり、その構造形成によって、日本型ＦＤも規定されてきたと言ってよかろう。研究偏重・教育軽視の意識、行動、風土、土壌、空気は最初は意図的にではあったが、やがて制度として定着し、大学教員が大学院で教育を受け、任用され、昇任し、退任する一連の社会化過程において、大学のエートスや価値として内面化され、意識や行動へと刻印され展開されるに至ったのである。歴史にイフは許されないが、もし許されて、最初から、イギリス型の学寮型大学の文化やアメリカのカレッジの文化を日本の大学へ輸入していたら、日本の大学の文化も戦前戦後を通じて現存のものとは異なる文化が形成されたに違いないと推察される。日本型ＦＤの体質も異なった性格をもって形成されたに違いないし、敢えてアメリカ型のＦＤへ悪戦苦戦しつつ同調を試みる最近の動きも生じるに至らなかったに違いない。

実際には、国立大学と私立大学、大学と専門学校の二元二層構造がいち早く形成され、とくに前者のセクター間の格差が形成された。先進国のシステムに追いつき追い越すべく「護送船団」方式の庇護政策によって、資源の重点配備と権威の付与が国立セクター、とりわけ旧帝大グループに対して行われ、その政策は戦前戦後を通じて約一三〇年間にわたって連綿と持続されてきた。戦後改革によって、新制大学の設置を通じて、各県一校の国立大学設置による地方分権を推進したが、戦前に確立された基本的な構図は戦後にも強固な意志によって陰に陽に温存されて現在に至った。この構造の中で日本の高等教育が実際に行われてきたのであるから、そこには日本的な制度とともに日本的な高等教育の風土、土壌、空気が支配してきたとみなされるに違いない。上述した日本型ＦＤの内容はそのような風土、土壌、空気を裏書きする何ものでもないであろう。

国立は研究大学を中心に、戦後大衆化した高等教育の中の二五％程度の大学と学生を擁しているのに対して、私立は教育大学を中心に約七五％程度の大学や大学生を擁している。日本型ＦＤは国立型を中心に培養されてきた。大衆化した学生の大半を収容している私立大学は、国立の日本型ＦＤに追随するために、大半の学生を抱えるにもかかわらず、教育重視の文化や風土を醸成することができなかった。やればできたかもしれないが、事実としては看過されてきた。その意味で、舶来の狭義のＦＤは、国立よりも私立セクターにまず変革を迫らざるを得ない不可欠の宿命的な性格を備えているはずであり、私立セクターでのその受容の成否が国立セクターの成否以上に今後の日本の高等教育の改革を決める度合いが大きい。

二　私立大学のＦＤ

その私立大学のＦＤは統計的に分析する限り、国立セクターに比較して、多様性が著しく大きい。国立大学の学長や教員がＦＤへの同調度において比較的まとまった意識傾向を示すのに対して、私立大学の学長や教員の同調度における意識傾向はかなり変化に富むことが分かる。国立大学は研究志向が強い半面、教育改善の取組みに対しても比較的高い同調傾向を示しているのは、セクターとしてのＦＤに対する集団的な凝集力が高い事実を証明しているし、文科省の政策に対する対応が迅速であることを証明していると解される。これに対して私立セクターは機関数の規模が大きく、機関間の多様性が大きい実態を直接間接に反映した結果、比較的同調度の高い機関と比較的同調度の低い機関との二極分解が進行している実態が読みとれるのである。この傾向は、国立セクターが従来の教育改善の取組みが不十分な状態を反省して積極的に改革を断行している事実が見られるのに対して、私立セクターは同様の傾向を示す部分と、そうでない部分との差異が歴然と具現していることにほかならない。

したがって、明治以来、一三〇年間の歴史を考慮すると、国立型の文化や風土の転換がようやく緒についた最近の動きは画期的な動きであり、それを国立セクターが先導的に遂行していることが判明する半面、私立セクターは同様の転換をしている国立型に近似したグループと国立型とは一線を画すグループの存在が察知されることになる。後者のグループは、大衆化段階の高等教育へ不可欠な教育改善に意識的にも行動的にも緩慢な動きを示すグループであることからすれば、学生の現状に対応した教育力の開発期待には依然として背を向けて旧来型の研究志向や予定調和型の教育力の温存を遂行しているとみなされる。このグループは今後、日本型ＦＤを温存し続けるのか、欧米型ＦＤへ同調を深めるのか、動向が注目される。しかし、少なくとも一世紀に一度のシステムレベルの地殻変動が進行している現在、それに無関心な機関や教員は学生から見放され、淘汰に見舞われる可能性が高いことは明白なのではあるまいか。

ちなみに、ここでは言及しなかった公立セクターは、私立セクターの緩慢な動きのグループ層とほぼ同様の動きにとどまっているので、現在のＦＤへの制度化は各セクター中で最も立ち遅れているとみなされる。この現象は、国立大学法人化後に私立や公立を巻き込んで熾烈化すると予想されるセクター間、機関間の競争を前提に生き残りを真剣に考えるならば、すでに黄信号さらには赤信号が点灯していると読むべきかもしれない。

三　セクター間の葛藤

このように考察すると、セクター間にはＦＤへの同調意識・行動の側面において決して一律の動きが存在するのではないことが看取できる。一三〇年間に形成されたシステムレベルの高等教育政策と呼応した、システムおよび機関の両レベルにおける従来型のＦＤの制度化は、セクター間の相違を拡大するよりも類似性や画一性を増長することに成功を収めた。その結果、いずれのセクターにも共通して研究志向が強化され、教育志向は看過される事態を推進することになった。現在は、こうした近代大学誕生以来の高等教育に醸成された伝統的な文化、風土、土壌に一大転換を喚起する政策がシステムおよび機関の両レベルに導入され、セクターを越えた改革が着手されている。狭義のＦＤの中枢に位置づく教育観の転換は、セクターを越えて取組む課題となった。しかし、実際には、セクター間の動きは一律ではなく、国立、私立、公立の順に狭義のＦＤの制度化を押し進めていることがデータの上で読みとれることが分かったのである。

これを理念、政策、制度化、意識、実践に区別して比較すると、セクター間の差異が理解できるに違いない。日本の近代大学では、理念の上では研究と教育の統合が追求されたはずであるにもかかわらず、実際には研究中心政策とその制度化によって研究パラダイムが優勢を極める傾向を生じた。そこには、旧帝大の威信や方向にいたずらに追随し、自らの大学像の形成に無個性や没個性を生み出した、アカデミック・ドリフト現象も強力に作用したと言わなければならないだろう。この研究志向の制度の価値やエートスの内面化によって大学教員の意識は研究志向と教育軽視の陥穽に陥ったし、実践も「研究生産性」(research productivity) の向上に集中し、「教育生産性」(teaching productivity) は十分に効果を上げることにならなかった。今回の改革は、理念を補強し、教育志向を強化したのを始め、法的に制度化してＦ

Dを努力義務化した点で、従来の構造は一新された。しかし機関毎に、研究・教育志向、研究志向、教育志向の性格には差異があり、それが実際の教員の意識や実践のレベルに潜在的顕在的に内面化された事実の反映であるのであって、それ故にこうした性格はシステムおよび機関からの新たな改革の制度化へのトップダウン的動きに対応して迅速に動くとは限らず、セクター間の遅滞現象が顕在化しているのである。

第七節　ＦＤの特徴――一九八九年調査と二〇〇三年調査の特徴の関係

概観したように、一九八九年時点の調査は、狭義のＦＤの制度化以前の段階において行われた調査であるから、旧体制の制度、意識、行動を刻印した調査結果になっていたと言える。既にその時点においても教育改善への期待や意識はある面で発展していたのだが、それはまだ行動や実践の内実を伴わない観念的な段階にとどまっていたことは明確である。これに対して、今回の二〇〇三年時点では、狭義のＦＤが高等教育政策の柱に建てられ、行政指導によってシステムから機関の広範な次元に組織的な制度化が図られる段階に移行した結果、制度化は単なる理念や観念の段階にとどまるのではなく、行動や実践の具体的な取組みへと展開されつつある実態が調査結果に刻印されていると解される。その結果、画期的な転換が起こりつつあることが実証的に把握できることになった。

第一に、古い制度から新しい制度への移行期には、古い理念、価値、文化、風土、土壌と新しい理念、価値、文化、風土、土壌が衝突して、緊張、摩擦、葛藤が生じるのは回避できないし、実際にもその兆候が十分見られる。概観したように、そこには広義の概念と狭義の概念、欧米型と日本型、トップダウンとボトムアップ、研究志向と教育志向、国立セクターと私立セクター、古い世代の教員と新しい世代の教員、理系分野と文系分野、といった様々な側面の葛藤が惹起されていると言わなければならない。本章では、それらのいくつかにスポットを当てて、若干の考察を試みてみた。衝突や葛藤が起こることは、負のイメージが強いとも言えるが、葛藤の発生は改革が進行している何よりの証左でもあるから、必ずしも悲観的に捉える必要はないかもしれない。

第二に、これらの葛藤の中では、日本型と欧米型、旧来型と新来型が集約的に具現している、研究と教育の間の葛藤が注目される。これは従来の段階では研究偏重が強かったものが、今回の段階では教育志向が強まったことが原因と考えられ、新たな狭義のＦＤが制度化を実現しつつある事実を象徴的に示している点で印象的である。その意味で、一世紀以上にわたって経験したことのない大幅な大学教員の意識改革が胎動しつつあることが明確である。教育改善の必要性や実際の改革への取組みを追求する行動次元の動きも大幅に活発になりつつあることが判明した。

第三に、同時に、制度の上でも古い体制と新しい体制の競合状態が持続しており、古い価値観を内面化し、社会化した教員集団と新しい価値観を内面化し、社会化をしつつある教員集団との間の差異が、セクター、専門分野、教員職位などの指標間に具現している事実も否定しがたい。システム、機関、組織、集団の間に緊張、摩擦、葛藤が出現していると観察される。セクター間では、国立が改革をリードし、私立は先進部分と後進部分が二極化し、公立は概して緩慢であることが判明した。

第四に、欧米型、とりわけアメリカ型のＦＤの導入は、旧来型のＦＤと比較して、教育重視のモデルであるが、戦後の大学教育改革がアメリカモデルの移植の改革であったこと、しかもそれは必ずしも成功を収めなかったことを想起すると、今回はそのやり直しを意味している側面があることは否めない。戦後六〇年間の新制大学の中で種々試みられた改革の理念や道具が結構アメリカの大学改革の翻訳版であることを勘案すれば、それを促進するアメリカ型ＦＤが随伴して移植されたにもかかわらず、日本の文化、風土、土壌へは定着しなかったことを示唆する。その点、旧来の日本型ＦＤとアメリカ型ＦＤが葛藤を伴いながら、いかなる化合や結合を行い、いわゆる「化学変化」を生起するか否かは、今後のＦＤ制度化の成否を占う重要な鍵を握っていると考えられるのであり、その実質化が注目されるのである。

参考文献

天野郁夫、一九九三『旧制専門学校』玉川大学出版部。

有本章、一九八九「外国の大学授業―ＦＤ・ＳＤの動向と実態」片岡徳雄・喜多村和之編『大学授業の研究』玉川大学出版部。

――、一九九七「ＦＤの構造と機能に関する専門分野の視点」『大学論集』二六集、広島大学大学教育研究センター。

――、二〇〇一「ＦＤの制度化における社会的条件の役割」『大学論集』三一集、広島大学高等教育研究開発センター。

――、二〇〇四「ＦＤの制度化の開始と展開」有本章編『ＦＤの制度化に関する研究(一)』広島大学高等教育研究開発センター。

有本章編、一九九〇『大学教育の改善に関する調査研究―全国大学教員調査報告書』(高等教育研究叢書五)広島大学大学教育研究センター。

――編、一九九一ａ『諸外国のＦＤ・ＳＤに関する比較研究』(高等教育研究叢書一二)広島大学大学教育研究センター。

――編、一九九一ｂ『学術研究の改善に関する調査研究―全国高等教育機関教員調査報告書』(高等教育研究叢書一〇)広島大学大学教育研究センター。

有本章・江原武一編著、一九九六『大学教授職の国際比較』玉川大学出版部。
B. Brint (ed.), 2002 *The Future of University of Intellect*: The Changing American University Stanford University Press.
B. Clark, 1983 *Higher Education System*, University of California Press.(有本章訳、一九九四『高等教育システム』。)

C.E. Cook, "Faculty Development", J.J.F Forest and K. Kinser, ed., 2002 *Higher Education in the United States: Encyclopedia*, pp.211-224.

D. Light, 1974 "Introduction: The Structure of the Academic Profession", *Sociology of Education,* Vol.47, pp.2-28.

大学基準協会、二〇〇四『特色ある大学教育支援プログラム事例集』文部科学省。

大学審議会、一九九八『二一世紀の大学像と今後の改革方策について』(答申)。

E.L. Boyer, 1991 *Scholarship Reconsidered,* Carnegie Foundation for the Advancement of Teaching.(有本章訳、一九九四『大学教授職の使命―スカラーシップ再考』玉川大学出版部)

伊藤秀子・大塚雄作編、一九九九『ガイドブック大学授業の改善』有斐閣選書。

P.G. Altbach, 1996 *The International Academic Profession: Portraits of Fourteen Countries,* Carnegie Foundation for the Advancement of Teaching.

——, 2001 "The American Academic Model in Comparative Perspective," P.G. Altbach, P.J. Gumport, and D.B. Johnstone, eds., *In Defense of American Higher Education,* pp.11-57.

W.H. Bergquist, S.R. Phillips, G.Quehl, eds., 1975 *A Handbook for Faculty Development,* The Council for the Advancement of Small Colleges.

終章　高等教育改革と大学教授職——研究と教育の関係を中心に

本章は、高等教育改革すなわち大学教育改革が重要になっている現在、その中心的な役割を担う大学教員の現状を踏まえ、改革の方向を模索することにある。歴史的・比較的に世界の高等教育の現状を観察すると、教育改革の重要性が浮上するし、日本の場合もその例外ではないことが理解できるはずである。その点、日本の大学教育改革は一九九〇年代から高等教育政策に取り上げられ、システム・機関・組織によって集中的に模索中であるものの、依然として手探り状態にとどまること、とりわけ大学教員の意識・行動の変化が未だ不十分な状態にあることを指摘せざるを得ない（有本・山本、二〇〇三）。意識変革の中枢にある「学識再考」とそれと連動している「FDの制度化」は第一段階に突入した程度であり、今後の発展が期待される状態にあると言って過言ではない（有本、二〇〇一）。本稿の主眼はその点の打開の問題を研究と教育の関係の見直しに焦点を合わせた種々の角度から論じることに置かれる。

なお、標題の「高等教育改革と大学教授職」は内容的にやや包括的であるので、多少限定しておく必要がある。すなわち、第一に、広く大学および中等教育以降の教育を包括する高等教育の全体を扱うのではなく、大学教育を中心に論じるものである。第二に、大学教授とそれ以外の職階を含む大学教授職の多様な内容をすべて扱うのではなく、専門職としての大学教員を対象とする。その上で、第三に、高等教育改革と大学教授職の両者の関係を問題にする。具体的には、①高等教育改革の比較、②知識社会1から知識社会2への移行、③知の再構築と教育の再考、④専門職としての大学教授職、⑤研究と教育の両立性の追求、などを扱うこととする。

第一節　高等教育改革の比較

大学や大学以外の広範な領域や内容を包括する高等教育の中で、中軸を構成する大学教育に焦点を合わせるならば、高等教育改革とは「大学教育」改革を意味することになる。その大学教育の改革は広く大学改革の中心に位置することは言うまでもない。現在の大学改革の課題は種々であるが、縦横の比較から考察すると、とりわけ教育改革が重要な課題を占めることが理解されるはずである。

第一に、縦軸の側面から現在の大学を歴史的に捉えてみると、過去からと未来からとの二つのベクトルの影響を受けており、過去からは研究偏重の見直しによる教育再考、未来からはユニバーサル・アクセスの時代に見合う教育の質的保証が要請されており、何れの側面からも、教育さらには学習＝生涯学習の視点が重要性を増していることが分かる。

第二に、横軸の側面から国際比較の中で各国のシステム、機関、組織の構造に注目すると、先進国と後発国の間に見られる社会変化への対応の遅速によって改革が規定されていることが理解できる。先進国と後発国はアナログ型の見方によって区別されるものであり、その区別は理論的には高等教育の発展段階を説明するトロウモデルに典型的に該当する。この理論によれば、教育の後発国である日本は、先進国である欧米諸国のシステム、とりわけアメリカのシステムの現状との比較が不可欠となる。アナログ的には、発達段階の先進国をモデルに改革すればよいが、現在はそれだけでは限界がある（Trow, 1974；有本、二〇〇三ａ）。研究は知識の現在性や同時性と関係が深く、科学技術の先端性との関係が深い。下記の通り、研究と教育の両方が社会と関係を深める知識社会2の到来は、後発国でも先発国と同時的な社会的課題を担っていることが明白だからである。アメリカと日本は教育の世界においても知識社会化と呼応したグローバル化、知識経済化、ＩＴ化、市場化などの同時化に起因する問題の解決に直面しており、未知の問題を解決する改革に取り組まなければならないはずである。

第三に、日本は、第一と第二の両軸に照らしてみると、両方から多大な影響を受けていることが分かる。縦軸では、とくに過去からの影響が強く作用しており、先進国のモデルを移植してシステムを形成したため、その制度化が現在の改革を規定する呪縛や桎梏になっていることを否めない。戦前以来、欧米先進国、とくにドイツ、イギリス、アメリカなどの大学モデルが連綿と移植され、蓄積されたため、モデル間の葛藤が制度内に根強く組み込まれ定着し、その見直し、克服、解決と改革は相即の関係にあるとみなされる。

中でもドイツモデルはエリート段階の研究志向には適切なモデルとなるが、大衆化時代の教育志向には適切に働かず、むしろ大衆教育モデルに先鞭をつけたアメリカモデルが有効であると解される。教育の質的保証が重要性を増す時代には、研究生産性が高く、それと教育生産性の向上とを結合させる方向が問われるのであるから、学問中心地を形成し、研究生産性と教育生産性の連携を模索するアメリカモデルの影響力が強まることになる。大学教育の改革はするからである。

質的水準の向上を問題にするし、研究の世界のみではなく、教育の世界における国際競争力を問題にすることを意味

第二節　知識社会1から知識社会2への移行

知識経済や知識資本主義の進行は、何れの大学や社会においても知識の重要性を改めて強調することになったと言って過言ではあるまい。この中、大学が知識社会であることは今に始まったことではなく、大学の誕生と同時に知識や情報を固有の素材に成立した大学こそは、最初から知識社会であったとみなしてさしつかえあるまい。現在まで「学問の府」、「最高学府」、スティーヴン・ブリント達が呼ぶ「知性の府」(The City of Intellect)(Brint, 2002)などと言われる所以である。その意味で、知識は大学存亡の生命線であり、知識をどのように処遇し、知識の性質にどのように対応するかは、自ずと大学の過去を左右し、現在を左右し、さらに将来を左右するに相違ないと推察できる。過去を観察すると、大学は大学以外の社会的制度に比較して、知識に対してかなり適切な対応をしてきた。講座、学部、カリキュラム、講義、学位などの制度的発明は、すべて知識との関係が深く、だからこそ、八〇〇年以上にわたって制度的な存続が可能になったと言えるだろう(Clark, 1983；横尾、一九九九。児玉・別府・川島、二〇〇四)。

しかし、現在はその知識自体が変貌している時代であり、知識の重要性を認識し、知識を素材にし、知識を基盤に活動を展開するのは大学のみに限らず、その範囲は社会全体へと拡大されることになったのであり、地方、国家、国際社会を問わず知識への関心や影響力を強めている。それに伴い大学の地位は相対的に弱体化した半面、逆に大学が知識

の性質や機能を見極め再生を果たす必要性が高まっていることも否めない事実である。

知識の性質

もとより、知識はその融通無碍の性質を反映してきわめて複雑である。ニスベットが言うように、知識自体は権力や威信を備えた存在ではなく（Nisbet, 1971）、独自に自己主張して一人歩きする性質を持っているのではなく、環境に適応して変化する。しかし対応の仕方によって、大きな権力や威信を付与され、社会の制度や機関を支配する途方もない威力を発揮する。ハロルド・パーキンが論じたように、宗教戦争の時には大学はカトリック派とプロテスタント派に分かれて先兵となって世界を動かす力を発揮した（パーキン、一九九八）。それは神学に対する知識が権力によって利用された例である。マートンが指摘したように、ナチズムの台頭は、政治によって知識が支配された例証である（Merton, 1973）。知識は利害集団によって道具と化される。本来権力を持たない大学が曲がりなりにも数世紀にわたって社会的制度として存続してきたのは、そのような知識を利害集団として道具化するのではなく、知識の性質を尊重して、知識の機能を発展させる制度・組織・方法を不断に発展させたからに他ならない。他の制度や機関以上に適切に知識を処遇し、その力を活用し、社会的に有効な機能を果たしてきたからに相違ない。もしそのような大学の本来の営みを放棄したり、看過したり、無視したりすれば、大学の社会的有効性はたちまち衰退し、社会的存在理由を喪失するのは容易に想像ができることだろう。

こうした知識の秘密の鍵を握っている大学が長年注目してきたのは、知識の発見、伝達、応用、統制などの機能であるとみなされる。これらの機能は別言すれば、研究、教育、社会サービス、管理運営である。中世から現代まで、学問の府たる大学がこれらの知識の機能に関与してきたことは首肯できるのであるが、必ずしも全面的に全方位的に関与したのではなく、関与の仕方には段階や粗密があることが注目される。八〇〇年の大学史の中では、中世大学の誕生から近代大学の誕生までの約六〇〇年程度は、教育機能が重視され、大学は教育に力を注いだから、大学は大学教育の機関として機能したと言える。他方、科学革命に触発され、遅ればせながら科学を制度化した近代大学は、科学知識の発見を重視し、教育と研究の統合を理念としたものの、その統合よりも分業化に陥り、教育よりもむしろ研究に力を注ぐことになった。一九世紀から今日までは、研究の時代となった。その所産として「研究大学」が登場した。同時に、アメリカの大学を典型に知識の応用が強調され、社会サービスが大学の機能として大幅に組み込まれたことも、近代大学の特徴である(Rudolf, 1962)。

社会からと学問からの知識の統制

もちろん、社会に知識の統制の側面が作用するように、それは大学にも該当するのであって、社会からと学問からの二方向に起因する。

第一の社会からの知識の統制は、政治、経済、宗教などの制度から作用する。とりわけ知識の本来の性質を政治的に統制する動きは上で述べた事例とも通底しており、中世大学以来、「ガウンとタウンの闘い」やそのコロラリーとしての各種社会勢力との闘いが持続してきた。近代大学では、大学と近代国家との関係が最たる例証となり、それはシステムレベルで作用するばかりではなく、システムと機関とかかわるガバナンス、機関内のアドミニストレーション、マネジメントとかかわる。こうした政治的統制は「国家の大学」や「評価的国家」(Neave, 1994) などと呼ばれる現象と関係が深い。政治のみにとどまらず、経済と政治が連動して、大学教育の合理化、効率化、能率化などを要請するのは、こうした知識の社会的統制の一端を示し、これらの動きは大学の説明責任＝アカウンタビリティを主張する傾向が見られる。

これに対して、第二の学問からの統制は、知識の発見に起因する。一七世紀の科学革命は、従来の神学の肩に乗って科学が登場してきたことであり、科学知識が重要性を増したことを意味する（Merton, 1973；有本、一九八七）。これを取り込んだ時に大学は知識社会1の段階に突入したと考えられる。科学や研究を組み込んだ大学は、社会からの統制に対しては抵抗する場合が少なくない。大学の側の立場を主張し、擁護し、対抗する概念はアカデミック・オートノミーであり、そこには「学問の自由」をはじめ、「科学の自由」「教授の自由」「学習の自由」などが包摂される（Clark, 1983）。

このような知識の機能の中で、国家政府、社会、利害集団などによって知識を統制する動きが顕在的、潜在的に作用している現在は、大学が純粋に知識の性質に対応した活動を展開することのできる環境は減退していると観察できるかもしれない。しかし同時に、研究の拠点として知識の再構築の主導性を握っていることは、依然として大学の強みであることも事実である。そのような環境の中で、知識の機能の中の最も比重の大きい教育と研究に焦点を合わせれば、近代大学以降の大学では概して教育よりも研究が重視される時代を迎えており、教育が概して等閑に付される状態になっていることを、再検討する時期に来ていると考えられるのである。

第三節　知の再構築と教育の再考

こうして、大学改革の中枢には、広く国際社会や日本社会を含めた知識社会化2へ対応した力学が作用することになり、従来からの大学世界中心の知識社会1の見直しと再構築が不可欠となった。すでにギボンズらが指摘したように、知識自体の機能がモード1からモード2へと移行する状況になっているとき(Gibbons, 1994)、それに背を向けて従来のアカデミズム科学の世界に執着すれば、大学は社会からの期待、信用、尊敬を一挙に喪失することにならざるを得ない。大学内部に自己完結した知識体系の再検討が不可欠であるし、基礎科学や純粋科学と応用科学や開発科学の連携を見直すことは重要な課題となる。マートンの指摘した「確証された知識」は「アカデミズム科学」や学会・学界において重視されたコンセプトであるが(Merton, 1973)、それのみでは大学と社会に跨る新たな知識社会では通用しない。新たな知識の性質への注目は、自ずから社会に開かれた大学を問題にし、従来の大学の社会的機能自体を問い直す動きを誘発することになるのは必至である。

知の再構築の制度化

日本の高等教育政策において、その観点が導入されたのは、「知の再構築」に言及した、一九九八年の大学審議会の答申である(大学審議会、一九九八)。答申では、知の再構築の宣言をしているものの、その中味に関しては掘り下げた分析がなされていないことから、その具体的な展開は、個々の専門分野の学問の最先端を日々開拓している大学の科学者、研究者、学者に委ねられたと読むものと解される。しかし、この時点をもって、本格的に国を挙げてシステムレベルで制度的に知の再構築が問われる時代に入ったことを意味すると解される。

知の再構築の制度化を宣言したこの時点は、知識と大学の新たな関係が重要であることを、高等教育政策の水準において認識した点で画期的である。学問の世界では、知識社会学あるいは科学社会学では、知識の機能、知識と社会の関係、知識と大学の関係などの重要性をつとに問題にしてきたのであるが、国家政府や社会において遅ればせながら、この問題を制度化し、公式化して真剣に考える段階に到達したことは重要な意味がある。そのことは、知識自体が単に重視されるに至ったというばかりか、知識を素材に成り立つ大学の活動内容に国家政府や社会の監視や統制が強まる兆候を端的に現していると読みとれるはずである。政治的・経済的統制が強まると解される動きである。大学主導型の知識社会が自己完結している時代は、知識活動はもっぱら大学の責任に一任され、学問の自由や学部自治などが標榜されたのであるが、今後はこうした「学問の自由」にかなりの制約が作用するであろうし、国家や社会に役立つ知識やそれと連動した活動が問われ、国家・社会が大学へ投資したり、支払う費用や税金に見合うアカウンタビリティ(説明責任)が問われる公算が強まる。

したがって、知の再構築の制度化の時代は最初に知の発見とかかわる研究が国家政府や社会から問題にされる度合いが高まるのは必至である。社会に役立つ研究、短期間に効果の見える研究、費用に見合う研究など、研究生産性の中味や成果が合理性、効率性、能率性の角度から吟味される。納税者の血税を使用して成り立つ機関である場合は、合理性が求められ、説明責任という透明性が求められるのは当然の論理である。それと同時に、「学問の自由」が重視され、無駄、重複、失敗、多重発見、組織的無秩序などが発明発見にとって不可欠の過程であることを常識としている学問の世界では(Clark, 1983＝一九九四)、能率や効率に重きを置く観念は経済的論理からの統制を意味する。政治的・経済的統制は、政治と経済が密接に関係した統制方式であり、今後は何れのシステムでもその関係の仕方が問われる時代に入るに違いない。こうした経済の観念が大学のガバナンスや管理運営へ浸透する事実は、例えば国立大学法人の中期目標・計画のスパンが六年間であることに象徴的に具現しているとみなされる。また、二一世紀COEプログラムも基本的には研究拠点を集約して資源の効率的運用を図る動きであると解される。

知の再構築の制度的始動は、研究の世界のみに妥当するのではなく、教育の世界へも妥当する。従来の知識社会1の世界では、研究が支配的であったが、その見直しが不可欠とならざるを得ない。研究が大学へ制度化された近代大学では、それ以前から大学の機能として定着してきた教育といかに調和させ、教育と研究が車の両輪として十分に大学の役割期待を遂行するかが課題となっている。フンボルト流の研究と教育の統合の理念は、近代大学の理念として登場したのである（シェルスキー、一九七〇。クラーク、一九九九、二〇〇二）。しかし、それにもかかわらず、本家のドイツでさえも実際には研究偏重が支配的となるに至り、教育の形骸化が生じ、このモデルを輸入した世界のシステムでも大同小異の傾向が観察できることから、そこには理念と現実の乖離が存在すると言わざるを得ない（Clark, 1995 ＝二〇〇二）。

カーネギー大学教授職国際比較では、大学教員の研究志向はドイツ、オランダ、スウェーデン、日本、韓国などドイツ型に強い。アメリカ、イギリス、オーストラリア、香港などのアングロサクソン諸国は、研究と教育の半々志向であるが、それでも研究大学を中心に研究志向が強い（Altbach, 1996；有本・江原、一九九六）。換言すれば、何れの国でも本音と建前の二重構造が透けて見えると読めるかもしれない。その意味で、知の再構築も研究偏重の視点から読むときに解釈がし易いのは否めず、研究によって最先端の知識を発見し、それを媒介に新たな知識を学際的、学融的に構築し、再構築を実現する営みであると言える。その点、知の再構築は何よりも研究の世界で模索される課題であることは否めない。

しかし同時に、教育の世界は、現在見直されるべき最大の問題点の一つであることも強調されなければならない。知の再構築が不可欠になっている背景には、知識の社会的定義が変化してきていることと関係が深い以上、研究のみに限定できない事実こそ注目しなければならない。

第一に、知の再構築は研究と教育の両側面を含む営為である。知識が社会との連携や連続性を問われる以上、大学で発見した知識の社会への還元が以前に増して強まるのは当然であり、その点では、教育は研究と同等、あるいはそれ以上に連携性や連続性を期待されているはずである。

第二に、大学は研究と教育を車の両輪として成り立つ制度である以上、研究のみを偏重して教育の欠如する事態は社会的存在理由を失う自殺行為である。そもそも教育は人的資源の開発ひいては人材養成にかかわる社会的機能であるから、かかる開発や養成が社会的効果を発揮せず、教養のない市民や専門的知識・技術のない職業人を輩出するようでは、大学は社会から見放され、社会的信用や威信を失墜するに違いない。

第三に、高等教育の大衆化に伴い、大半の国民の教育を大学が担わざるを得ない以上、学生の多様化に対応した教育は不可欠である。知識社会1のごとく、知識社会が大学・学界に完結する時代では、大学と社会は別々の世界であり、大学教育は応用科学よりも純粋・基礎科学、暗黙知よりも形式知や「確証された知識」などを媒介に行われる自己完結した教育の世界、あるいは「象牙の塔」であっても不思議ではなく、社会的批判を受けないかもしれない。研究で開発された最先端の知識が教育される教授―学習過程は、講義を主とした教授中心の一方通行型の授業であっても不思議ではない。しかし、学生が同年齢層の一〇％前後しか入学してこないエリートの時代ではこの種の方式による教員と学生の「予定調和」が成立しても、五〇％前後が進学してくる現在の大学では、学習力、学力、資質が多様化した学生を所期の目標・目的の水準へ高めて卒業させなければならない。研究大学とそれ以外の大学では学生の学習力や学力の距離が拡大しており、個々の機関、組織に対応した教授法や指導法が必要である(児玉・別府・川島、二〇〇四)。ユニバーサル・アクセスの時代には、この課題の遂行は一層加速されることになる。

第四に、教育の質的保証を行うことが説明責任。教授―学習過程は予定調和ではなく、意図的・意識的調和が不可欠となる。教員側にも学生側にも所期の目的・目標水準を達成することを意図・意識・努力しなければ適切な授業とはならない。研究による「知の再構築」のみにとどまらず、研究成果を授業の要となるカリキュラムに編成し、学生の成長発達段階に見合う形で教授し、意欲・態度・学習力を喚起し、学力の質的保証を達成することが欠かせないのである。

第五に、研究と教育と学習の連携・統合は組織的課題であり、教員の努力義務。この教育の機能は、教員が研究のみに没頭し、知識の発見によって学界に貢献し、ひいては社会発展に貢献するという研究機能の遂行のみでは実現できない側面であり、研究と教育が知の再構築の過程において連携・統合する視点を担保して、実現されなければならない側面である。この実現には、研究偏重の制度・風土・意識を転換することが課題となるのであり、システム・機関・組織での体系的取組に加えて何よりも教員の意識改革が必要であり、そのためには専門職の見直しが必要である。

第四節　専門職としての大学教授職――研究重視の日米比較

大学教員の専門職としての認知が陽の目を見たのは比較的新しく、科学や研究が制度化され、研究への参画が重視されるに至ったことと、さらに大学教員が大学院において研究者養成を基軸に体系的に訓練されるに至ったことが密接に関係している。別言すれば、専門職としてのキャリアが成立した時点で専門職化が出発したのである（Light,

1974)。

研究が専門職のキャリア形成の中核として重要になった点は、種々の事実によって証明されるだろう。例えば、①専門学会の制度化、②研究の大学への制度化と研究大学の台頭、③国家・社会の研究への投資、④エリート学者とそのネットワークの出現、⑤科学的社会化のメカニズム、⑥研究重視の報賞体系、⑦研究要因のキャリアへの刻印、などを指摘できるであろう。

専門学会の制度化

まず第一に、専門学会の制度化は個別の専門分野が学問的結社として確立することを通して学問の分業化が進行することである。一九世紀から二〇世紀には、既存の哲学から自然哲学、社会哲学、文化哲学などが分化し、さらに、自然科学、社会科学、人文科学などが分化して発展し、その中枢には各領域での専門学会の叢生が見られる。最初は大学の外側あるいは内側に学会が創設され、それと呼応して大学の中に講座や学科が設立されて、専門分野が自律することになった(Geiger, 1986)。専門学会は、発起人達が立ち上げ、規約を作成し、会員を登録し、会費を徴収し、理事会や総会によって会長、役員、編集委員会などを編成する。学会誌を創設し、定期的な学会大会によって口頭発表を行うかたわら、論文投稿を開始し、審査委員会で投稿論文を審査した結果、学会誌に掲載する。学会賞、名誉会員などを設けて学会への貢献者を表彰し、長老に敬意を表する。会員の死亡記事と追悼文を学会誌に登載する。このような現象を伴う学会の成立は、専門分野の最先端の発見を奨励し、研究生産性を重視し、その専門分野での優れた研究者を発見し、表彰し、威信を付与し、エポニムとして認知する。

研究生産性の重視と研究大学の台頭

第二に、大学内部に専門分野が導入され制度化されると、専門分野を軸にした専門集団の形成が講座、学科、研究所、学部などの組織を伴って進行する。学問的生産性、とりわけ研究生産性を重視する組織は、大学へ科学を最初に制度化したドイツの大学において発展した（Ben-David, 1997 ＝ 一九九七）。ゼミナールや研究所の発展を帰結し、教授が徒弟制度によって弟子を養成した。ドイツの大学へ留学したアメリカの学生は、研究生産性に注目し、同様の組織の創設を模索した結果、大学院を新設し、そこを拠点に体系的な研究活動の展開を可能にする道を開いた。従来、教養教育や紳士教育を軸に主導性を占めた教育に代わって研究が重視され、研究者や博士号取得者が教員に求められるようになった。教育では学閥が重視されるが、研究では学閥は学問の発展を阻害するため、極力抑制されることになった（Pierson, 1952）。かくして教員にも学生にも研究の重要性が認識される時代が到来した。研究能力のある学生を対象に教員組合員証としての博士号を授与し、それを大学出版会を設置して公表させた。その種の博士号保持者の任用によって講座や学科の組織的な研究生産性を高めることが模索され、その延長戦上に研究大学を出現させることになるのである。

国家の研究投資

第三に、国家・社会による研究大学を中心とした大学への重点的な投資が行われることが注目される。アメリカが大学院を制度化した一九世紀後半は、産業が成熟した段階ではなく、大学院卒業者を受け入れる社会の受け皿は整備されていたのではなく、日本が学校を作って産業を興したように、大学院を作ってそれに見合う産業を興したという性格が少なくない。博士号も最初から受け皿が用意されたのではなく、それに見合うポストや職業的活動が徐々に惹起されたという印象は拭えない。その間、内的にはドイツの科学水準に追いつき追い越すという至上命令が働き、外的には後発国が先進国を追い抜くための研究活力への期待が作用した。二〇世紀前半には研究大学の骨格が固まり、二〇世紀半ばから財団の研究への投資、連邦政府の研究への投資が研究大学を基軸に展開され、研究パラダイムが一挙に拡大した (Geiger, 1986; 1993)。この時点では、知識社会1から知識社会2への転換がなされていたのではないが、産学連携の点では知識社会2の性格がすでに胚胎的に存在したと解釈できるかもしれない。少なくとも、そこにはアルトバックの指摘したように、知識と大学と経済の結合が開始した (Altbach, 1997)。こうした政府からの大学への積極的な関与は、米ソの冷戦と軍拡競争によって軍事研究への大幅な投資が行われたことによっても拍車をかけられた。研究拠点としての大学院の早期制度化は成功への弾みをつけ、研究と経済投資が噛み合って、アメリカの研究水準は一躍世界の学問中心地に躍進した。その後のノーベル賞や国際学術賞に占めるアメリカの比重の大きさは、かかる拠点形成のバロメーターに他ならない(有本、一九九四)。

エリート科学者のリサーチ・ネットワーク

第四に、当然ながらエリート学者を中核にしたリサーチ・ネットワークが形成されることになった。研究大学は研究生産性の多寡によって新陳代謝を生じ、地位の浮沈を示す事実が見られる。一九二五年から実施されている各種ランキング調査結果は、特定の大学が常にトップの座を維持することの困難さを如実に示している。確かに、ハーバード、イエール、プリンストンなどの老舗の大学は、研究大学の上層に君臨し、下位へ転落しにくい「歯止め効果」のメカニズムを備えていることは否定できないとしても、それでも他の大学を凌駕する研究生産性を上げない限り地位を維持することはできない。熾烈なスカウト合戦が成立し、優秀な学者を引き抜く競争が日常茶飯事になっている。逆に上位の地位を維持する大学は、不断に工夫を凝らし、生産性の高い学者を任用し、組織的生産を上げる努力を持続しているとみなされる。

その中枢にはノーベル賞や国際学術賞を受賞したエリート学者が存在することになり、多くのエリート候補を擁していることが分かる。研究生産性を上げる条件が重視され、意図的に条件を整備することが不可欠となる。ハリエット・ズッカーマンは、ノーベル賞受賞者と師匠の関係を分析し、ノーベル賞候補者が受賞者の学生になる割合の多いことを確認した（ズッカーマン、一九八〇）。研究中心地を基軸にした学界あるいは大学の成層が成立しており、そのネットワークに参画しなければ、研究生産性に必要な条件が用意されないという構造の存在には、ダイアナ・クレインの言うインビジブル・カレッジ＝「見えざる大学」のメカニズムが作用し、研究ネットワークが形成されているとみなされる（Crane, 1972＝一九七九）。

科学的社会化のメカニズム

第五に、第四と関連するが、科学的社会化の優位性が見られると言ってよかろう。科学的社会化は教育的社会化とともに学問的社会化を構成する下位概念である。学問的社会化は学生が専門分野を中心とした学問の世界へ参入し、恩師のしつけを受けて、一人前の学者に仕立てられる過程を指す。その学問が大学において研究と教育の両方に関わる点を考慮すると、学問的社会化には研究と教育の両方の社会化が包摂されるとみなされるのであり、前者は科学的社会化あるいは研究的社会化と呼称できるし、後者は教育的社会化と呼称できるであろう。もし知識の機能に即して知識の発見と伝播が不即不離とみなし、大学の学問が研究と教育の統合によって成り立つのであれば、前者と後者は必ずや両立する必要があるのであるが、現実には科学や研究の大学への制度化以来、前者の優位性が強まったと言わなければなるまい。そのことは、アメリカの場合は学士課程と大学院課程の分離、学士課程よりも大学院課程での研究優位、とりわけ研究大学での優位において妥当する。

研究重視・教育軽視の報賞体系

第六に、研究重視の報賞体系が作用していることは自明である。報賞体系は、人間の行動の何を重視し、評価し、褒美を与えるかを明示的に示しているはずである。その意味で、報賞体系の在り方は研究と教育の何れに比重を置いて処遇するかを結果によって明確にする機能を備えているはずである。近代大学の成立以来、教育よりも研究を重視する意識や行動やはたまた組織が増加したのは、学界＝科学者共同体の研究重視のエトス、規範、報賞体系が大学世界へ浸透したたこと、あるいは全体に教育よりも研究を重視する報賞体系が比重を占める大学政策が意図的に展開されてきたことを裏書きするものと解される(Becher, 1989)。

科学の大学への制度化の歴史が証明するように、また専門学会の設置による専門分野の大学への制度化が証明するように、科学や研究は大学の外側において発達し、大学は後塵を拝したのである。本来教育をもっぱらの仕事とする大学世界へ科学世界の価値や論理が浸透することによって、科学者共同体と大学教員共同体とは融合した。しかし大学の中は科学研究と教育の規範やエトスの競合するダブルバインド構造になった結果、大学教員は本来の伝統的な大学教育にコミットしなければならないにもかかわらず、威信を高めつつある科学へのコミットメントへと同調することになった。この時期に形成されたアンビバレントな専門職の自己像は以後今日まで連綿と持ち越され、依然として解決していない。

確かに近代大学の理念は研究と教育の統合でありながらも、これはあくまで理念の域を出ず、制度的な強制力をもたない以上、意識や行動を律するまでに至らない。他方、研究を重視し、研究生産性の高い学者に威信を与え、高い報酬や権威や時には権力を与える評価体系・報賞体系が作用するならば、理念を圧倒する威力を発揮してもなんら不思議ではない。実際に、ドイツを初めドイツモデルを受容した国々では研究志向が定着したのをはじめ、世界的に研究パラダイムが支配することになったのである。

その解決には、①研究よりも教育へ力点を置いた報賞体系の確立、②研究と教育を両立する報賞体系の確立、③研究と教育を別々に評価する分業型の報賞体系の確立、といった方策が考えられる。①②は研究と教育を車の両輪と考える伝統的な大学観の土俵内に置かれる考え方であり、理想的には②であるが、研究偏重の風土では①を経緯して②に至る方策が現実的かもしれない。③は研究と教育を別個に考える方式であり、大学に対する政治的・経済的統制が高まる今後の時代には、合理性や効率性を求める立場から研究大学と教育大学の分業化、研究と教育の分離分化を進行させる可能性は少なくない。この方式は短期的には効果を発揮する可能性があるが、大学を研究と教育の機関に分裂させる危険性を内包しているので、旧ソ連やフランスで失敗したように、長期的には望ましい方策とは言えまい（有本、一九九四）。

研究要因のキャリアへの刻印

第七に、研究を中心とした履歴がキャリアへ刻印されていることが窺える。実際、大学院を制度化したアメリカの場合の大学教授のキャリアを調べると、研究大学の卒業者が多く、しかも学卒の後に修士、博士、ポスドクの経歴が明確に履歴書に記入されるなど、研究を中心とした履歴が展開されており、さらに任用後にも助教授、準教授、教授などの階梯を上昇していることが分かる。「出版せざるは滅びる」(publish or perrish) とは一種の格言であるが、このような経歴に反映されている事実である。

科学的社会化は、大学院学生として専門分野の学問を指導教授から授かり、専門分野の文化、規範、価値、概念、用語、グル（例えば、社会学ではコント、マックス・ウェーバー、マートンなど）、教科書などに親しみ、各種試験を受けて、博士論文を審査委員会に提出して、審査に合格して博士号を取得し、研究能力の証明を認定される。ポスト・ドクトラルの修行を行うかたわら、専門学会に加入して、論文審査に合格して、学会誌へ登載され、さらに、大学において助教授として任用されて、大学教員の仲間入りを果たす。これに対して、教育的社会化はあまり明確ではない。専門分野の手ほどきを教授＝恩師から授かるとき、研究者ではなく教育者としての教授の感化を受けることが行われるかも知れないが、研究ほど意図的体系的に社会化が行われていなければ、その側面は脆弱である。最近では、ＴＡやＦＤを通じて教育者あるいは教師になるための教育が制度化されている場合も多少あるし、バートン・クラークが指摘するようにアメリカの大学院はフンボルト理念が最も実現されているシステムであることも否定できないが(Clark, 1995＝二〇〇二)、それでも研究への社会化に比較して教育への社会化は弱いと言えよう。しかし、アメリカに比較して日本の場合は、さらに教育的社会化が立ち遅れた状態にあると考えられる。

第五節　研究と教育の両立性の追求

以上、論じたように、研究偏重の傾向は近代大学が世界的に共通に陥る陥穽であると言って過言ではあるまい。研究と教育を統合するという理念が提唱されながら、建前としては機能しても、本音や現実の世界では建前や理念よりも研究による産業社会の発展を促進する機能を評価する報賞体系が威力を発揮することになった結果、両者の統合は実現するに至らないどころか、亀裂や葛藤を深めることになった。その意味で報賞体系の見直しは重要な要因であることが分かる。おそらく、その方策が一挙に行われる可能性は少ないであろう。何れの国も知識基盤社会では、研究生産性によって基礎研究を整備し、先端科学知識・技術を開発し、それを産業発展ひいては国力の発展へ連動させたいと考えるからである。国家間に熾烈な研究開発の国際競争が繰り広げられ、科学技術創造立国、大学院重点化、ＣＯＥ政策などが展開されるのは、研究が国の存亡の鍵を握る公算が大きいからである。その結果、研究大学を頂点とした大学のヒエラルヒーが形成されるのは回避できないだろう。

研究大学は全体の五％程度

この方向が予測される半面、資源の合理的、効率的、効果的配分を意図的に実施する高等教育政策・計画に直結するはずであるから、すべての大学を研究大学にする政策は現実的ではあるまい。アメリカのカーネギー分類による研究大学Ⅰ・Ⅱは一二五校程度であるが（Clark, 2002）、重点投資の対象には五〇校程度が選ばれ、研究拠点が形成されてきた。全大学機関のせいぜい五％以内、重点機関は三％程度と目される。日本に当てはめれば、全大学が七〇〇校とすれば、五％は三五校、三％は二〇校程度に当たる。資源の有効活用を理由に研究投資の対象はできるだけ絞る方向に向かうと予想されるとすれば、せいぜい二〇～三〇校程度の大学が研究大学として重点投資される対象になる可能性は少なくない。

研究と教育は車の両輪

問題は、研究と教育の軽重が問われる中で、従来軽視または看過されてきた教育機能の見直しを、どのように行うかである（江原、二〇〇三）。明確なことは、理念があるにもかかわらず、従来研究偏重に傾斜した理由は、理念のみでは意識や行動の水路付けができない点である。上の文脈を敷衍すると、報賞体系を研究と教育の両立に置くか、研究よりも教育へ置くかが問われる。研究を期待される研究大学以外は、研究よりも教育が期待され、研究への資源投資が制約を受けると見込まれる今後、教育生産性が報賞体系の評価の中枢に位置づけられるとみるのが現実的な見方であろう。資源配分からすれば、研究と教育の分業化は合理的である。しかし従来とは逆転して、教育を重視して、研究を軽視してよいかと問えば、研究なしの教育は本来の大学では無くなり、「大学の学校化」を意味するに違いないから、大学が大学であるためには、あくまでも教育の前提に研究を置いて、それを担保することを忘れてはなるまい。教育重視を是としても、研究と教育が車の両輪である点の担保を忘れてはならないのではあるまいか。

機関別認証評価

ここでは、紙幅の関係で割愛せざるを得ないが、この視点を維持するには言うまでもなく報賞体系の運用にかかわる評価制度のあり方に依存する度合いが大きい。二〇〇四年度から開始される「認証評価制度」において、研究評価偏重を改革するために教育評価のみを偏重して研究評価が看過される事態にならないことが、長い目で見れば日本の大学教育の発展を質的保証するはずであるに違いなく、その点、今後の動きから目を離せないであろう。

そのような問題点はあるものの、大筋として今日は、研究偏重を見直し、教育機能を活性化するために、システム、機関、組織をはじめ、大学組織の規範、エトス、価値、文化、風土を転換することが欠かせない課題となるのは必至である。そのためには、少なくとも①学識観の転換、②規範の制度化、③ＦＤの制度化、④報賞体系の整備、が不可欠である。

学識観の転換

第一に、学識観の転換が不可欠である。従来は、研究の学識観が組織的にも教員個人的にも支配してきたのであり、その呪縛を解放するためには教育重視の学識観を樹立しなければならない。近代大学に構造的に定着した研究偏重の規範は、高等教育の世界に浸透した科学世界のエトスの優位性であるから、これを転換するには、高等教育の世界に固有な教育のエトスの再考が必要であるはずである。そもそも大学は誕生以来、高等教育機関であり、教育の機関であり、その現代的な再考が問われているのである。アーネスト・ボイヤーの提唱した学識観は、従来の研究を教育の上位に置くのではなく、教育を研究よりも上位に置く学識観であり、学識は研究、応用、統合、教育から成り立ち、従来は研究が即学識とみなされる傾向があったのを批判的、反省的に捉え直し、教育をすべての活動を包括して最上位に位置するモデルを提示したのである(Boyer, 1991 ＝ 一九九四)。

教育のエトスの制度化

第二に、規範の制度化は、研究を重視する科学のエトスに代替する教育のエトスを構築し、大学へ制度化することである。科学のエトスは古典的なものはマートンの提唱したCUDOSであり、共有性、普遍主義、没私利性、組織的懐疑、競争などが主要な価値要素となる。そのアウトプットは科学的生産性である。これに対して、教育のエトスは古典的にはギリシャ時代のパイデイア(paideia)＝人間教育であると考えられる。古代の考えが現代にそのまま妥当するとは必ずしも言えないかもしれないが、パイデイアが「善さの追求」であり、人間や人間が作る社会の善さの創造的追究であると解釈すれば、時代を超えて一種の普遍性を持つはずである(絹川、二〇〇三)。現代における人間教育、つまり「善い人間像」とは何か、そのコロラリーとしての「善い学生像」「良い教師像」「よいカリキュラム像」とは何か。これは具体的には各大学の教育理念・目的・目標によって措定されるべきであり、実際にも個性的な人間像や学生像や教師像やカリキュラム像が具体的に構想されているはずである。こうした人間像は、大学で規範を確定し、学部、学科などの部局レベルの組織でも、それを実現するためのコンセンサスが確立され、さらに実際の教育場面、とりわけ授業においてカリキュラム、教育過程、指導技術などを通して具現されなければならない。教授―学習過程では、そのような理念との整合性をもちながら、カリキュラム、学生、教員、教育環境などが重要な働きをする必要があるが、こうした理念を実現するにはとくに教育の主体である教員の役割と責任が大きく、学生の学習力を喚起して、所期の学力を身に着けさせるための教育力が問われる。

FDの制度化

第三に　FDの制度化が重要であることは論を待たない。「大学教授団の資質開発」は個人の営みである以上に大学教授職全体にかかわる営みであることを強調するコンセプトである。教育や授業は、従来のように個々の教員の勘、コツ、神業に依存するのではなく、教授団の体系性、組織性、科学性に裏打ちされた資質や技術を媒介にして成り立つと解される。

その場合、大学の教員には、教育者や教師である点では学校の教員と共通する面もあるものの、相当異なる教育が期待されるはずである。そこには、①専門職、②研究と教育の統合、③専門分野の多様性、④学生の多様性、⑤カリキュラムの独自性―教養教育と専門教育の統合、⑥報賞体系の整備、等が作用している。

第一に、専門職である大学教員は、研究者として修行を積み、専門分野の専門家としての職業に従事し、本来は研究生産性の向上のために学問の発展に寄与することが期待されている。準専門職とされる学校教員とは一線を画し、科学者・研究者・学者として養成されてきた専門職としての責任を担っており、研究を前提として研究と教育の連携が期待されており、具体的には、世界的に共通、通用、互換可能な、専門職の責任・義務に見合う教育活動の質的水準が期待されている。

第二に、第一と関連して研究と教育の分業ではなく、研究を踏まえた教育が期待される。学校の教員の場合は、とくに研究を必要としないかもしれないが、大学教員は教育の前提に研究が存在するのであり、その長所を十分に教育に反映することができる。研究に裏付けられた教育は「形式知」のみではなく「暗黙知」を通して、学生の探求心や課題解決能力の醸成に重要な役割を果たす。研究への探求の営みは、教員の教育力を媒介に学習者である学生の学習力や学力へと転換されることによって、次世代の研究者や探求者の養成を導くことができる。

第三に、教員が専攻する専門分野は多様であるため、専門学問の領域に即した最先端の発明発見をカリキュラムへと再編成することによって、専門分野のもつ固有性の特徴を教育に反映させることができる。知の再構築によって指摘したように、単なる専門分野の教育への転換ではなく、専門分野間の相互作用によって学際的、学融的な側面からの再構築とカリキュラムへの反映が不可欠である。こうした力学によって開発された学問研究の方法論を教授―学習過程を通して学生へと伝播することが重要である。

第四に、学習の主体である学生に目を転じると、その多様性は、高等教育の大衆化段階で拍車がかけられ、今後高等教育のユニバーサル・アクセスの時代には入ると一層進行する。伝統的学生、新学生、留学生、成人学生など多様化した成長発達段階の学生への教育は学校段階の同質的な性格とは異なる。その点に大学教員の専門職性が発揮される原因があるのであり、学生研究と学生の立場を十分に理解した教育が必要となる（武内、二〇〇三）。

第五に、大学教育にはカリキュラムの独自性がある。とくに教養教育と専門教育の分業化が進行する中で、いかにそれを統合するかが課題であり、大学組織の改革と同時に大学教員の力量が問われている。最近の調査では、大学教員は教養教育を敬遠する傾向があり、旧来の教養部と専門学部に存在した亀裂がそのまま教養部改廃後の大学組織や教員の意識に持ち込まれている事実を踏まえると、これを解決するには制度・組織的な改革と同時に教員の意識改革が不可欠である(有本、二〇〇三b)。

第六に、上で指摘した報賞体系の整備である。FDを遂行する場合にも、研究偏重ではなく、教育の尊重、できるかぎり研究と教育の両立という視点からの評価体系、とりわけ報賞体系の整備の側面の改革は欠かせない。

第六節　結　語

以上、主題に関して論究した結果は、次の結論に整理できるだろう。

㈠　高等教育改革を大学教育改革に焦点を合わせて考察した場合、縦軸と横軸からの検討が必要であるが、現在は過去や未来と現在の比較の視点からも、国際比較の視点からも日本の大学教育改革の必要性が問題となるとみなされる。

㈡　過去から現在の軸で見た場合、社会変化の方向は従来の産業社会から知識社会へと動き、しかも大学が自己完結した知識社会1型から社会全体が知識社会化する知識社会2型へ移行しつつあることが分かる。知識社会1の時代に科学社会の論理に見合う高等教育改革を行ったアメリカは、学問中心地を極め、学問の府として成功を収めたが、現在の知識社会2型においても学問を中心とした大学と社会との連携性の点で主導性を果たしていることが分かる。横軸から比較した場合、知識社会1・2の両方において先行しているアメリカに比較して日本の大学および大学教授職の機能面で改革が急がれる問題が少なくない。

㈢　知識社会1から知識社会2への動きは、内容的には知識の機能自体が変化していることと密接に関係がある。学界あるいはそれを大学に組み込んだ学術世界と社会との境界が崩壊している現在は、知識自体が大学の内部のみに自己完結できない時代を迎えている証拠であるから、「知の再構築」が大学内外で不可欠になっている。そのことは、知識の発見＝研究のみに生じている問題ではない。知の諸機能に即した場合、研究に限らず、研究、教育、サービス、学習などの大学と社会の両方に跨るトータルな知識の機能に対応した大学の役割が期待される所以である。

㈣　大学教授職は、研究の大学への制度化によって、専門職を確立したが、現在は研究偏重ではなく、教育や学習を見直す角度からの大学の役割が重要性を増しているし、それに対応して大学教授職の専門職としての力量が問われている。近代大学の成立以来、理念に反して、研究のみや教育のみへの分業化が進行する現実があるが、知識の機能の有機的連関性から推して、理念的にはあくまでシステム、機関、組織、そして教授団自身においても研究と教育の両立が望ましい。とくに高等教育の社会的比重が増大した今日は、多量化し多様化した学生を支援する教育の比重が高まっているし、さらにその延長上には学習者の学習をいかに質的に保証するかという問題が解決されなければならない。

㈤　その意味で、現在の日本の高等教育改革の状況は、世界的な高等教育の課題と同様、教育の見直しの時点に到達しているが、とくに研究志向性の強かった制度、風土、意識を勘案すると、研究・教育・学習の全体を射程に入れた統合の問題を考え、実践し、評価する段階までは未だ到達していないのであり、今後の改革課題となっていると考えられる。その解決のためには、報賞体系の再構築が重要な鍵となろう。

参考文献

Altbach, Philip G. 1996 *The International Academic Profession: Portraits of Fourteen Countries*, Princeton: Carnegie Foundation for the Advancement of Teaching.

——1997 "Patterns in Higher Education Development," in Philip G. Altbach, Robert O. Berdahl, Patricial J. Gumport, eds., *American Higher Education in the 21st Century: Social, Political and Economic Challenges*, Center for International Higher Education School of Education, Boston College, pp.497-521.

有本章、一九八一『大学人の社会学』学文社。

——、一九八七『マートン科学社会学の研究—そのパラダイムの形成と展開』福村出版。

——、二〇〇一「FDの制度化における社会的条件の役割」『大学論集』三一集、一-一六頁。

——、二〇〇三「高等教育の国際比較研究におけるトロウモデルと知識モデルの視点」『大学論集』第三三集、一-一九頁。

——編、一九九四『学問中心地の研究—世界と日本にみる学問的生産性とその条件』東信堂。

——編、二〇〇三『大学のカリキュラム改革』玉川大学出版部。

——・江原武一編、一九九六『大学教授職の国際比較』玉川大学出版部。

——・山本眞一編著、二〇〇三『大学改革の現在』東信堂。

Becher, Tony 1989 *Academic Tribes and Territories*, Open University Press.

Ben-David, Joseph 1977 *Centers of Learning*, McGraw-Hill.(=天城勲訳、一九七七『学問中心地の研究』サイマル出版会)。

Boyer, E.L. 1991 *Scholarship Reconsidered*, Carnegie Foundation of Advancement of Teaching.(=有本章訳、一九九四『大学教授職の使命—スカラーシップ再考』玉川大学出版部)。

Brint, S. ed., 2002 *The Future of The City of Intellect: The Changing American University*, Stanford University Press.
Clark, B.R., 1983 *The Higher Education System: Academic Organization in Cross-National Perspective*, University of California Press.（＝有本章訳、一九九四『高等教育システム―大学組織の比較社会学』東信堂）。
——1993 *The Research Foundations of Graduate Education: Germany, Britain, France, United States, Japan*、University of California Press.（＝潮木守一監訳、一九九九『大学院教育の研究』東信堂）。
——1995 Places of Inquiry, University of California Press.（＝有本章監訳、二〇〇二『大学院教育の国際比較』玉川大学出版部）。
——"University Transformation: Primary Pathways to University Autonomy and Achievement," in S. Brint (ed.) *The Future of The City of Intellect: The Changing American University,* Stanford University Press, 2002. pp.322-342.
Crane, D., 1972 *Invisible Colleges,* University of Chicago Press.（＝津田良成監訳、一九七九『見えざる大学』敬文堂）。
大学審議会、一九九八『二一世紀の大学像と今後の改革方策について』（答申）。
江原武一、二〇〇三「大学教授と大学改革」有本章・山本眞一編著『大学改革の現在』一三九－一五九頁。
Geiger, R.L., 1986 *To Advance Knowledge; The Growth of American Universities, 1900-1940,* Oxford University Press.
——1993 *Research and Relevant Knowledge; American Research Universities Since World War II*, Oxford University Press.
Gibbons, M., Nowotny, H., Limoges, C., Schwartzman, S., Scott, P. & Trow. M., 1994 *The New Production of Knowledge: The Dynamics of Science and Research in Contemporary Societies*. London: Sage Publications.Gibbons, 1994.
絹川正吉、二〇〇三「ICU（国際基督教大学）教養学部カリキュラム」有本章編『大学のカリキュラム改革』玉川大学出版部。
児玉善仁・別府昭郎・川島啓二、二〇〇四『大学の指導法―学生の自己発見のために―』東信堂。
H・J・パーキン、一九九八（有本章・安原義仁編訳）『イギリス専門職社会と大学』玉川大学出版部。
H・シェルスキー、一九七〇（田中昭徳他訳）『大学の孤独と自由』未来社。
H・ズッカーマン、一九八〇（金子務監訳）『エリート科学者』玉川大学出版部。
Light, D.W. Jr., 1974 "The Structure of the Academic Profession," *Socciology of Education*, Vol.47, No.1.
Merton, Robert K. 1973, *The Sociology of Science: Theoretical and Empirical Investigations,* edited by N.Storer, Chicago University

Press.

Neave, G., 1998 "On the Cultivation of Quality, Efficiency and Enterprise: An Overview of Recent Trend of Higher Education in Western Europe 1968-1988", *European Journal of Education*, Vol.23, Nos.2-3.

Nisbet˙ R., 1971 *The Degradation of the Academic Dogma,* Basic Books.

Pierson, W., 1952 *Yale College: An Educational History 1871-1921,* Yale University Press.

Rudolf, F., 1962 *The American college and University: A History,* The University of Chicago Press.

武内清、二〇〇三「学生と大学改革」有本章・山本眞一編著『大学改革の現在』東信堂。

Trow, Martin 1974 "Problems in the Transition from Elite to Mass Higher Education", *Policy for Higher Education*, OECD.

横尾壮英、一九九九『大学の誕生と変貌―ヨーロッパ大学史断章―』東信堂。

初出一覧

序章　書き下ろし

一章　「大学教授職の国際比較研究における専門分野の視点」『大学論集』第一八集、広島大学大学教育研究センター、一九八九年三月、七五—一〇〇頁。

二章　「ＦＤの構造と機能に関する専門分野の視点」『大学論集』第二六集、広島大学大学教育研究センター、一九九七年三月、一—二六頁。

三章　「アメリカにおけるＦＤ活動の動向」有本章編『諸外国のＦＤ・ＳＤに関する比較研究』(高等教育研究叢書一二)広島大学大学教育研究センター、一九九一年三月、一—二三頁。

四章　「諸外国におけるＦＤ・ＳＤの制度化—各国報告の概要と比較的考察」有本章編『諸外国のＦＤ・ＳＤに関する比較研究』(高等教育研究叢書一二)広島大学大学教育研究センター、一九九一年三月、一〇七—一二四頁。

五章　「ＦＤの制度化の開始と展開」(編集代表)『ＦＤの制度化に関する研究(1)—二〇〇三年大学長調査報告』(ＣＯＥ研究シリーズ九)広島大学高等教育研究開発センター、二〇〇四年三月、一—一四頁。

六章　「ＦＤの制度化の類型と葛藤」(編集代表)『ＦＤの制度化に関する研究(2)—二〇〇三年大学教員調査報告』(ＣＯＥシリーズ一〇)広島大学高等教育研究開発センター、二〇〇四年三月。

終章　「高等教育改革と大学教授職—研究と教育の関係を中心に」『高等教育研究紀要』第一九号、高等教育研究所、二〇〇四年三月、一四八—一六二頁。

大学教授職とＦＤに関する主要参考書（ＡＢＣ順）

この文献リストは、二〇〇五年一月現在で、広島大学高等教育研究開発センターが所蔵する日本語文献のうち単行本（著書、翻訳書、報告書）をえらんだものである。大学教授職とＦＤに区別できないものもあるが、便宜的に区別し、また両者に関連したものも若干含めている。（著者）

◇大学教授職関係

【和文著書】

天野郁夫『旧制専門学校』日本経済新聞社、一九七八年
――『高等教育の日本的構造』玉川大学出版部、一九八六年
――『近代日本高等教育研究』玉川大学出版部、一九八九年
――『大学に教育革命を』有信堂、一九九六年
――『日本の高等教育システム―変革と創造』玉川大学出版部、二〇〇三年
有本章『大学人の社会学』学文社、一九八一年
――『マートン科学社会学の研究―そのパラダイムの形成と展開』福村出版、一九八七年
――編『「学問中心地」の研究―世界と日本にみる学問的生産性とその条件』東信堂、一九九四年
――・江原武一編『大学教授職の国際比較』玉川大学出版部、一九九六年

――・山本眞一編『大学改革の現在』東信堂、二〇〇三年
麻生誠『エリートと教育』福村出版、一九六七年
――『大学と人材養成―近代化に果たす役割』中央公論社、一九七〇年
――『日本の学歴エリート』玉川大学出版部、一九九一年
――・山内乾史編『二一世紀のエリート像』学文社、二〇〇四年
別府昭郎『ドイツにおける大学教授の誕生―職階制の成立を中心に』(明治大学人文科学研究所叢書)創文社、一九九八年
大学審議会『二一世紀の大学像と今後の改革方策について(答申)』一九九八年
中央教育審議会『我が国の高等教育の将来像(答申)』二〇〇五年
江原武一『現代高等教育の構造』東京大学出版会、一九八四年
――『大学のアメリカ・モデル―アメリカの経験と日本』玉川大学出版部、一九九四年
――『現代アメリカの大学―ポスト大衆化をめざして』玉川大学出版部、一九九四年
高等教育研究会編『大学教員の任期制と高等教育の将来構想』ぎょうせい、一九九七年
藤井かよ『大学〝象牙の塔〟の虚像と実像』丸善、一九九七年
本多顯彰『大学教授―知識人の地獄極楽』光文社、一九五六年
市川昭午編『大学大衆化の構造』玉川大学出版部、一九九五年
――『未来形の大学』玉川大学出版部、二〇〇一年
岩田年浩『教授が変われば大学は変わる』毎日新聞社、二〇〇〇年
加野芳正『アカデミック・ウーマン―女性学者の社会学』東信堂、一九八八年
苅谷剛彦編『アメリカの大学・ニッポンの大学』玉川大学出版部、一九九二年
川成洋編『だけど教授は辞めたくない』ジャパンタイムズ、一九九六年
――編『だから教授は辞められない―大学教授解体新書』ジャパンタイムズ、一九九五年
慶伊富長編『大学評価の研究』東京大学出版会、一九八四年

喜多村和之『高等教育の比較的考察』玉川大学出版部、一九八六年
――『大学教育の国際化―外から見た日本の大学』(増補版)玉川大学出版部、一九八七年
――『現代アメリカ高等教育論―一九六〇年代から一九九〇年代へ』玉川大学出版部、一九九五年
――『現代大学の変革と政策』玉川大学出版部、二〇〇一年
――『大学は生まれ変われるか』中央公論社、二〇〇二年
倉橋重史『科学社会学』晃洋書房、一九八三年
黒羽亮一『戦後大学政策の展開』玉川大学出版部、一九九三年
――『大学政策改革への軌跡』玉川大学出版部、二〇〇二年
京都大学高等教育教授システム開発センター編『大学授業研究の構想―過去から未来へ』東信堂、二〇〇二年
毎日新聞社編『大学人に問う』毎日新聞社、一九六九年
森信茂樹『大学教授物語―ニューアカデミズムの創造を』時評社、二〇〇〇年
中山茂『帝国大学の誕生』中央公論社、一九七八年
――『科学と社会の現代史』岩波現代選書、一九八一年
中野秀一郎『プロフェッションの社会学―医師、大学教師を中心として』木鐸社、一九八一年
野々村一雄『学者商売』中央公論社、一九六〇年
小川秀樹編『学術研究者になるには―人文・社会科学系』ペリカン社、二〇〇三年
岡部光明『大学生の条件大学教授の条件―慶應義塾大学湘南藤沢キャンパスから』慶應義塾大学出版会、二〇〇二年
大崎仁『大学改革―一九四五～一九九九』有斐閣、一九九九年
佐伯眸・黒崎勲・佐藤学・田中孝彦・浜田寿美男・藤田英典(編集委員)『変貌する高等教育』(岩波講座10　現代の教育危機と改革)
岩波書店、一九九八年
桜井邦朋『大学教授』地人書館、一九九一年
――『続々大学教授』地人書館、二〇〇二年

新堀通也編『学閥―この日本的なるもの』福村出版、一九六九年
――『日本の大学教授市場―学閥の研究』東洋館出版社、一九六五年
――『日本の学界』日本経済新聞社、一九七八年
――編『学者の世界』福村出版、一九八一年
――編『大学教授職の総合的研究―アカデミック・プロフェッションの社会学』多賀出版、一九八四年
――編『学問の社会学』東信堂、一九八四年
――編『学問業績の評価―科学におけるエポニミー現象』玉川大学出版部、一九八五年
――編『現代のエスプリの№213 大学生―ダメ論を超えて』至文堂、一九八五年
清水一彦・早田幸政編『大学評価―文献選集』エイデル出版、二〇〇三年
皇至道『大学制度の研究』柳原書店、一九五五年
関正夫『日本の大学教育改革―歴史・現状・展望』玉川大学出版部、一九八八年
――『二一世紀の大学像―歴史的・国民的視点からの検討』玉川大学出版部、一九九五年
高城和義『アメリカの大学とパーソンズ』日本評論社、一九八九年
竹内洋『学歴貴族の栄光と挫折』(日本の近代化12)中央公論社、一九九九年
――『大学という病―東大紛擾と教授群像』中央公論新社、二〇〇一年
寺﨑昌男『日本における大学自治制度の成立』評論社、一九七九年
――『大学の自己変革とオートノミー―点検から創造へ』東信堂、一九九八年
塚原修一・小林信一『日本の研究者養成』玉川大学出版部、一九九六年
都留重人『官僚と大學教授』勁草書房、一九五一年
内田忠夫・衛藤瀋吉『新しい大学像を求めて』日本評論社、一九六九年
馬越徹『韓国近代大学の成立と展開―大学モデルの伝播研究』名古屋大学出版会、一九九五年
海野力『私大教授』近代文芸社、一九九三年

潮木守一『キャンパスの生態誌―大学とは何だろう』中公新書、一九八六年
――『京都帝国大学の挑戦―帝国大学史のひとこま』名古屋大学出版会、一九八四年
――『近代大学の形成と変容―一九世紀ドイツ大学の社会的構造』東京大学出版会、一九七三年
――『大学と社会』第一法規出版、一九八二年
――『ドイツ近代大学を支えた官僚―影の文部大臣アルトホーフ』中公新書、一九九三年
鷲田小弥太『大学教授になる方法』青弓社、一九九一年
山田礼子『プロフェッショナル・スクール』玉川大学出版部、一九九八年
山野井敦徳『大学教授の移動研究―学閥支配の選抜・配分のメカニズム』東信堂、一九九〇年
――・清水一彦編『大学評価の展開』東信堂、二〇〇四年
山崎博敏『大学の学問研究の社会学―日本の大学間および大学内の分業を中心に』東洋館出版社、一九九五年
横尾壮英『大学の誕生と変貌―ヨーロッパ大学史断章』東信堂、一九九九年

【翻訳書】

P・G・アルトバック(馬越徹監訳)『比較高等教育論―「知」の世界システムと大学』玉川大学出版部、一九九四年
――：R・O・バーダール：P・J・ガムポート編(高橋靖直訳)『アメリカ社会と高等教育』玉川大学出版部、一九九八年
E・L・ボイヤー(喜多村和之・舘昭・伊藤彰浩訳)『アメリカの大学・カレッジ』リクルート、一九八八年
――(有本章訳)『大学教授職の使命―スカラーシップ再考』玉川大学出版部、一九九六年
J・ベン-デービッド(新堀通也監訳)『科学と教育』福村出版、一九六九年
――(潮木守一・天野郁夫訳)『科学の社会学』至誠堂、一九七四年
――(天城勲監訳)『学問の府』サイマル出版会、一九八二年
P・ブルデュー(石崎晴己・東松秀雄訳)『ホモ・アカデミクス』藤原書店、一九九七年
R・C・ヴァン・カネヘム(小山貞夫訳)『裁判官・立法者・大学教授―比較西洋法制史論』ミネルヴァ書房、一九九〇年

B・R・クラーク(有本章訳)『高等教育システム―大学組織の比較社会学』東信堂、一九九四年
――(潮木守一監訳)『大学院教育の研究』東信堂、一九九九年
――(有本章監訳)『大学院教育の国際比較』玉川大学出版部、二〇〇二年
D・クレイン(津田良成監訳)『見えざる大学』敬文堂、一九七九年
W・K・カミングス(岩内亮一・友田泰正訳)『日本の大学教授』至誠堂、一九七二年
S・ディルセー(池端次郎訳)『大学史―その起源から現代まで』(上・下巻)東洋館出版社、一九八八年
M・ギボンズ編(小林信一監訳「現代社会と知の創造」丸善、一九九七年
I・グレーコワ(前田勇訳)『大学教師』群像社、一九八八年
R・ホフスタッター:W・P・メッガー(井門富二夫・藤田文子・新川健三郎・岩野一郎訳)『学問の自由の歴史』(I・II)東京大学出版会、一九八〇年
C・カー(茅誠司監訳)『大学の効用』東京大学出版会、一九六六年
ロナルド・T・ハイマン編(山田敏監訳)『教授論―教授の概念・理論・評価』現代情報社、一九七二年
C・H・ハスキンズ(青木靖三・三浦常司訳)『大学の起源』法律文化社、一九七〇年
R・K・マートン(森東吾・森好夫・金沢実・中島竜太郎訳)『社会理論と社会構造』みすず書房、一九六一年
――(成定薫訳)『科学社会学の歩み―エピソードで綴る回想録』サイエンス社、一九八三年
H・ラシュドール(横尾壮英訳)『大学の起源』(上・中・下)東洋館出版社、一九六六年
D・リースマン:C・ジェンクス(國弘正雄訳)『大学革命』サイマル出版会、一九六九年
M・トロウ(天野郁夫・喜多村和之訳)『高学歴社会の大学―エリートからマスへ』東京大学出版会、一九七六年
――(喜多村和之編訳)『高度情報社会の大学』玉川大学出版部、二〇〇〇年
H・ロソフスキー(佐藤隆三訳)『ロソフスキー教授の大学の未来へ―ハーヴァード流大学人マニュアル』TBSブリタニカ、一九九二年
H・シェルスキー(田中昭徳・阿部謹也・中川勇治訳)『大学の孤独と自由』未来社、一九七〇年

C・J・サイクス(長沢光男訳)『大学教授調書―手抜きが横行する大学教育』化学同人、一九九三年
M・ウェーバー(尾高邦雄訳)『職業としての学問』岩波書店、一九八〇年
K・ヤスパース(福井一光訳)『大学の理念』理想社、一九九九年
H・ズッカーマン(金子務訳)『科学エリート』玉川大学出版部、一九八〇年

【報告書】

有本章編『大学評価と大学教授職―大学教授職国際調査[一九九二年]の中間報告』(高等教育研究叢書21)、広島大学大学教育研究センター、一九九三年
――編『学術研究の改善に関する調査研究―全国高等教育機関教員調査報告』(高等教育研究叢書10)広島大学大学教育研究センター、一九九一年
――編『アカデミック・プロダクティビティの条件に関する国際比較研究』(大学研究ノート66)広島大学大学教育研究センター、一九八六年
大学セミナー・ハウス『国際化時代の大学―教員と研究者を中心とした交流の現状と将来』一九八三年
大学審議会『大学教員の任期制について答申』一九九六年
大膳司編『大学人の形成に関する研究―日本の大学人へのアンケート調査』(高等教育研究叢書38)広島大学大学教育研究センター、一九九六年
広島大学大学教育研究センター編『大学における教育機能(Teaching)を考える―第九回(一九八〇年度)研究員集会の記録』(大学研究ノート第五〇号)一九八一年
――編『日本の大学教育の現状・課題・展望―カリキュラムとティーチングを中心に―全国大学調査書』(大学研究ノート第六二号)一九八五年
広島大学大学教育研究センター編『大学教授職の現在―大学教員の養成を考える』(高等教育研究叢書37)広島大学大学教育研究センター、一九九五年

国立大学協会第六常置委員会『国立大学教官等の待遇改善問題に関する調査研究経過報告書』一九七五年
山本眞一（研究代表者）『大学における研究機能の発展と変容に関する調査研究―平成六年度文部省科学研究費補助金研究成果報告書』筑波大学大学研究センター、一九九五年
山野井敦徳『大学教員の公募制に関する研究―日本の大学は人材をいかにリクルートするか』（高等教育研究叢書61）広島大学大学教育研究センター、二〇〇〇年
――編集代表『わが国の大学教員に関する人事政策―任期制調査を中心に』（COE研究シリーズ4）広島大学高等教育研究開発センター、二〇〇四年

◇FD関係

【和文著書】

安彦忠彦編『大学のカリキュラム』玉川大学出版部、一九八五年
赤堀侃司編『ケースブック大学授業の技法』有斐閣、一九九七年
浅野誠『大学の授業を変える十六章』大月書店、一九九四年
――『授業のワザ一挙公開』大月書店、二〇〇二年
有本章編『大学のカリキュラム改革』玉川大学出版部、二〇〇三年
古宮昇『大学の授業をかえる―臨床・教育心理学を活かした、学びを生む授業法』晃洋書房、二〇〇四年
比治山大学［編著］『授業改善の実践 主体的学習へのいざない』中国新聞社、二〇〇四年
原正敏・浅野誠編『教師の仕事（大学における教育実践1巻）』水曜社、一九八三年
――編『大学教育の工夫と方法（大学における教育実践2巻）』水曜社、一九八三年
――編『実践的大学教育論（大学における教育実践3巻）』水曜社、一九八三年
林義樹『学生参画授業論―人間らしい「学びの場づくり」の理論と方法』学文社、一九九四年

――『学生参画授業論―人間らしい「まなび」と「くらし」の探求』学文社、二〇〇二年
市川昭午編『教育の効果』東信堂、一九八七年
井門冨二夫『大学のカリキュラム』玉川大学出版部、一九八五年
――『大学のカリキュラムと学際化』玉川大学出版部、一九九一年
池田輝政・戸田山和久・近田政博・中井俊樹『成長するティップス先生：授業デザインのための秘訣集』玉川大学出版部、二〇〇一年
池井望・西川富雄『大学生・教授の生態―現代学生かたぎと教授の生態』雄渾社、一九九六年
一般教育学会編『大学教育研究の課題：改革動向への批判と提言』玉川大学出版部、一九九七年
伊藤秀子・大塚雄作『ガイドブック大学授業の改善』有斐閣、一九九九年
岩崎哲郎『大学における授業の改善をめざして―教職科目「生活科教材研究」の実践』東北大学出版会、一九九九年
岩田年浩『教授が変われば大学は変わる』毎日新聞社、二〇〇〇年
香取草之助監訳『授業をどうする！カリフォルニア大学バークレー校の授業改善のためのアイディア集』東海大学出版会、一九九五年
神立春樹『大学の授業：岡山大学における実践の記録』大学教育出版、一九九八年
梶田叡一・溝上慎一・浅田匡『新しい大学教育を創る―全乳児代の大学とは』有斐閣、二〇〇〇年
片岡徳雄・喜多村和之編『大学授業の研究』玉川大学出版部、一九八九年
苅谷剛彦『アメリカの大学・ニッポンの大学―TA・シラバス・授業評価』玉川大学出版部、一九九二年
川又淳司『大学の授業研究』水曜社、一九九四年
経済教育学会『大学の授業をつくる―発想と技法』経済学教育学会、一九九八年
絹川正吉『ICUリベラルアーツのすべて』東信堂、二〇〇二年
――『大学教育の本質』ユーリーグ、一九九五年
――・舘昭編『学士課程教育の改革』東信堂、二〇〇四年

喜多村和之編『大学教育とは何か』玉川大学出版部、一九八八年
児玉善仁・別府昭郎・川島啓二編『大学の指導法―学生の自己発見のために』東信堂、二〇〇四年
高等教育情報センター編『教員評価制度の導入と大学の活性化―授業評価から業績評価・ＦＤへの展開』地域科学研究会、二〇〇三年
京都大学高等教育教授システム開発センター編『開かれた大学授業をめざして：京都大学公開実験授業の一年間』玉川大学出版部、一九九七年
――編『大学授業のフィールドワーク―京都大学公開実験事業』玉川大学出版部、二〇〇一年
――編『大学授業研究の構想―過去から未来へ』東信堂、二〇〇二年
京都大学高等教育研究開発推進センター『大学教育学』培風館、二〇〇三年
教授方法調査研究会『わかりやすい講義をめざして』富士書店、二〇〇二年
三尾忠男、吉田文編『ＦＤ（ファカルティ・ディベロップメント）が大学教育を変える：大学教員と授業改善その実践と課題』文葉社、二〇〇二年
民主教育協会編『ＩＤＥ現代の高等教育（特集「現代大学教師論」）』第一五〇号、一九七四年
――編『ＩＤＥ現代の高等教育（特集「学生像の分析」）』第一七〇号、一九七六年
――編『ＩＤＥ現代の高等教育（特集「多様化する学生像」）』第一九八号、一九七九年
――編『ＩＤＥ現代の高等教育（大学人論）』第二一〇号、一九八〇年
――編『ＩＤＥ現代の高等教育（特集「大学の授業法」）』第二一二号、一九八〇年
――編『ＩＤＥ現代の高等教育（特集「講義と教師」）』第二一六号、一九八一年
――編『ＩＤＥ現代の高等教育（特集「最近の学生たち」）』第二八一号、一九八七年
――編『ＩＤＥ現代の高等教育（特集「いま大学教授は」）』第三〇四号、一九八九年
――編『ＩＤＥ現代の高等教育（特集「最近の大学生と授業」）』第三一五号、一九九〇年
――編『ＩＤＥ現代の高等教育（特集「学者の世界」）』第三二七号、一九九一年

——編『ＩＤＥ現代の高等教育（特集「授業計画と授業評価」）』第三三二号、一九九一年
——編『ＩＤＥ現代の高等教育（特集「大学教員の養成を考える」）』第三六三号、一九九四年
——編『ＩＤＥ現代の高等教育（特集「大学教育の小道具」）』第三六五号、一九九五年
——編『ＩＤＥ現代の高等教育（特集「大学の補習教育」）』第三六六号、一九九五年
——編『ＩＤＥ現代の高等教育（特集「ＦＤの課題と展望」）』第四一二号、一九九九年
——編『ＩＤＥ現代の高等教育（特集「一年次教育」）』第四二九号、二〇〇一年
——編『ＩＤＥ現代の高等教育（特集「大学教員の変化」）』第四三二号、二〇〇一年
——編『ＩＤＥ現代の高等教育（特集「ＦＤのヒント」）』第四四七号、二〇〇三年
——編『ＩＤＥ現代の高等教育（成績評価と質の保証」）』第四四九号、二〇〇三年
溝上慎一編『大学生論―戦後大学生論の系譜を踏まえて』ナカニシヤ出版、二〇〇二年
——編『学生の学びを支援する教育』東信堂、二〇〇四年
——編『現代大学生論―ユニバーシティ・ブルーの風に揺れる』日本放送出版会、二〇〇四年
森田保男・大槻博『実践的大学教授法―どうすれば真の教育ができるのか』ＰＨＰ研究所、一九九五年
西部邁『学者―この喜劇的なるもの』草思社、一九八九年
日本私立大学連盟編『大学の教育・授業をどうする―ＦＤのすすめ』東海大学出版会、一九九九年
——編『大学の教育・授業をどうする２―大学の教育・授業の変革と創造』東海大学出版会、一九九九年
——編『大学の教育・授業をどうする３―大学の教育・授業の未来像　多様化するＦＤ』東海大学出版会、二〇〇一年
仲原晶子『大学における授業実践』関西学院大学総合教育研究室、一九八〇年
小原芳明『ＩＣＴを活用した大学授業』玉川大学出版部、二〇〇二年
岡部恒治・戸瀬信之・西村和雄『分数ができない大学生』東洋経済新報社、一九九九年
——『小数ができない大学生』東洋経済新報社、二〇〇〇年
坂元昴『授業改造の技法』明治図書出版、一九八〇年

清水一彦編『大学教育の再生をめざす―FD実践事例に学ぶ』紫峰図書、二〇〇一年
清水畏三・井門冨二夫編『大学カリキュラムの再編成―これからの学士教育』玉川大学出版部、一九九七年
清水真砂子『学生が輝くとき―何か、こわい、この時代に』岩波書店、一九九九年
島田博司『大学授業の生態誌―要領よく生きようとする学生』玉川大学出版部、二〇〇一年
――『私語への教育指導―大学授業の生態誌2』玉川大学出版部、二〇〇二年
――『メール私語の登場―大学授業の生態誌3』玉川大学出版部、二〇〇二年
新堀通也『私語研究序説―現代教育への警鐘』玉川大学出版部、一九九二年
杉江修・関田一彦・安永悟・三宅なほみ編『大学授業を活性化する方法』玉川大学出版部、二〇〇四年
大学セミナー・ハウス編『大学力を創る：FDハンドブック』東信堂、一九九九年
館昭『大学改革―日本とアメリカ』玉川大学出版部、一九九七年
竹内洋『学歴貴族の栄光と挫折』(日本の近代12)中央公論社
寺﨑昌男『大学教育の創造―歴史・システム・カリキュラム』東信堂、一九九九年
――『大学教育の可能性―教養教育・評価・実践』東信堂、二〇〇二年
――・絹川正吉監修『立教大学〈全カリ〉のすべて―リベラル・アーツの再構築』東信堂、二〇〇二年
宇佐美寛『大学の授業』東信堂、一九九二年
――『大学授業の病理―FD批判』東信堂、二〇〇四年
和光大学「大学入門期教育の実践的研究」グループ『大学の授業研究のために：和光大学の場合』あゆみ出版、一九九〇年
『大学教師の実践記録 和光大学の場合(和光学園教育実践シリーズ5)』明治図書、一九八四年
和光学園実践シリーズ出版委員会、和光大学編『大学教育の新しい展開を目指して―和光大学の授業参観(和光学園実践シリーズ5)』星林社、一九九三年
和光大学授業研究会『語りあい見せあい大学授業―小さな大学の大きな挑戦』大月書店、一九九六年
安岡高志・滝本喬・三田誠広・香取草之助・生駒俊明『授業を変えれば大学は変わる』プレジデント社、一九九九年

山地和也・佐賀啓男『高等教育とIT—授業改善へのメディア活用とFD』玉川大学出版部、二〇〇三年
山内乾史『現代大学教育論』東信堂、二〇〇四年
——・原清治『学力論争とはなんだったのか』ミネルヴァ書房、二〇〇五年
吉田文『アメリカ高等教育におけるeラーニング—日本への教訓』東京電気大学出版局、二〇〇三年

【翻訳書】
R・ビアト：J・ハートレイ(平沢茂訳)『大学の教授・学習法』玉川大学出版部、一九八六年
D・B・ブライ(山口栄一訳)『大学の講義法』玉川大学出版部、一九八五年
W・B・カーノカン(丹治めぐみ訳)『カリキュラム論争—アメリカ一般教育の歴史』玉川大学出版部、一九九六年
B・G・デイビス：L・ウッド：R・ウイルソン(香取草之助監訳)『授業をどうする！—カルフォルニア大学バークレー校の授業改善のためのアイデア集』東海大学出版会、一九九五年
B・G・デイビス(香取草之助監訳、光澤舜明・安岡高志・吉川政夫訳)『授業の道具箱』東海大学出版会、二〇〇二年
K・E・エブル(高橋靖直訳)『大学教育の目的』玉川大学出版部、一九八七年
——(箕輪成男訳)『大学教授のためのティーチングガイド』玉川大学出版部、一九八八年年
L・エルトン(香取草之助訳)『高等教育における教授活動—評定と訓練』東海大学出版会、一九九二年
D・W・ジョンソン：R・T・ジョンソン(関田一彦監訳)『学生参加型の大学授業 協同学習への実践ガイド』玉川大学出版部、二〇〇一年
S・G・クランツ(蓮井敏訳)『大学授業の心得—数学の教え方をとおして』玉川大学出版部、一九九八年
A・レヴィーン：J・S・キュアトン(丹治めぐみ訳)『現代アメリカ大学生群像』玉川大学出版部、二〇〇〇年
W・J・マッキーチ(高橋靖直訳)『大学教授法の実際』玉川大学出版部、一九八四年
F・B・ニュートン：K・L・エンダー編(岡国臣・中川米造監訳)『大学の学生指導成長モデルの理論と実践』玉川大学出版部、一九八六年

J・ローマン(阿部美哉監訳)『大学のティーチング』玉川大学出版部、一九八七年
ラリー・キーグ、マイケル・D・ワガナー(高橋靖直訳)『大学教員「教育評価」ハンドブック』玉川大学出版部
P・J・パーマー(吉永契一郎訳)『大学教師の自己改善—教える勇気』玉川大学出版部、二〇〇〇年
ロンドン大学教育研究所大学教授法研究部(喜多村和之・馬越徹・東曜子編訳)『大学教授法入門—大学教育の理念と方法』玉川大学出版部、一九八二年
D・リースマン(喜多村和之・江原武一・福島咲江・塩崎千枝子・玉岡賀津雄訳)『高等教育論—学生消費者主義時代の大学』玉川大学出版部、一九八六年
S・ロスブラット(吉田文・杉谷裕美子訳)『教養教育の系譜』玉川大学出版部、一九九九年
P・サックス(後藤将之訳)『恐るべきお子さま大学生たち』草思社、二〇〇〇年
B・D・シャクリー(田中耕治監訳)『ポートフォリオをデザインする—教育評価への新しい挑戦』ミネルヴァ書房、二〇〇一年

【報告書】

秋田大学教養基礎教育調査・研究委員会FD小委員会『教養基礎教育カリキュラムプランニング特別ワークショップ報告書』(平成一三年度)二〇〇二年、(平成一四年度)二〇〇三年
秋田大学全学教育委員会教務専門委員会『平成一四年度 秋田大学FDシンポジウム「大学評価を考える」報告書』二〇〇三年、平成一五年度 秋田大学FDシンポジウム「教育評価の確立のために」報告書』二〇〇四年
荒井克弘編『大学のリメディアル教育』(高等教育研究叢書42)広島大学大学教育研究センター、一九九六年
——編『高校と大学の接続—選抜接続から教育接続へ』(日本学術振興会科学研究費補助金基礎研(A)(1)東北大学大学院教育学研究科
有本章編『大学教育の改善に関する調査研究—全国大学教員調査報告書』(高等教育研究叢書5)広島大学大学研究センター、一九九〇年
——編『諸外国のFD・SDに関する比較研究(高等教育研究叢書　第一二号)』広島大学高等教育研究開発センター、一九九一年
——編『学部教育とカリキュラム改革』—広島大学の学部教育に関する基礎的研究(1)』(高等教育研究叢書36)広島大学大学教育研究

センター、一九九五年
――・山崎博敏編『学部教育の改革と学生生活――』―広島大学の学部教育に関する基礎的研究(2)(高等教育研究叢書40)』広島大学大学教育研究センター、一九九六年
――編『学生像と授業改革―広島大学の学部教育に関する基礎的研究(3)』(高等教育研究叢書44)広島大学大学教育研究センター、一九九七年
――編『教養的教育から見た学部教育改革―広島大学の学部教育に関する基礎的研究(4)』(高等教育研究叢書60)広島大学大学教育研究センター、一九九八年
――編『学部教育改革の展開』(高等教育研究叢書60)広島大学大学教育研究センター、二〇〇〇年
――編『大学設置基準の大綱化に伴う学士課程カリキュラムの変容と効果に関する総合的研究(基盤研究(B)一般)』広島大学大学教育研究センター、二〇〇〇年
――編『二一世紀型高等教育システム構築と質的保証 FD・SD・教育班の中間報告』広島大学高等教育研究開発センター、二〇〇四年
――編集代表『FDの制度化に関する研究(1)―二〇〇三年学長調査報告』(COEシリーズ9)広島大学高等教育研究開発センター、二〇〇四年
――編集代表『FDの制度化に関する研究(2)―二〇〇三年大学教員調査報告』(COEシリーズ10)広島大学高等教育研究開発センター、二〇〇四年
――編『大綱化以降の学士課程カリキュラム改革―国立大学の事例報告』(高等教育研究叢書78)広島大学高等教育研究開発センター、二〇〇四年
愛知教育大学自己評価委員会『ファカルティ・ディベロップメント調査研究等報告書』(平成一一年度)二〇〇〇年、(平成一二年度)二〇〇一年、(平成一三年度)二〇〇二年
愛知教育大学教育研究推進委員会「FD部会」評価委員会「学生による授業評価の実施部会」『授業改善に関する活動報告』二〇〇三年
跡見学園女子大学FDジャーナル連絡会議『FDジャーナル授業改善と教育力向上をめざす実践報告集』(第二号)二〇〇三年、(第三

号)二〇〇四年

中央大学研究・教育問題審議会『大学教育方法の改善(ファカルティ・ディベロップメント)に関する検討結果報告 資料』一九九三年

大学コンソーシアム京都『ＦＤフォーラム報告集』(第二回)一九九七年、(第三回)一九九八年、(第四回)一九九九年、(第五回)二〇〇〇年、(第六回)二〇〇一年、(第七回)二〇〇二年、(第八回)二〇〇三年

愛媛大学大学教育総合センター教育システム開発部『ＦＤハンドブック「もっと授業を良くするために」Vol.1』二〇〇四年

愛媛大学大学教育総合センター『Faculty Development Handbook Vol.1』二〇〇四年

福岡教育大学教育学部附属教育実践総合センター『教員養成大学としての教育のあり方』(1)二〇〇〇年、(2)二〇〇一年、(3)二〇〇二年、(4)』二〇〇三年

福島大学ＦＤプロジェクト『福島大学ＦＤプロジェクト活動報告』(平成一三年度)二〇〇二年、(平成一四年度)二〇〇三年

福井大学教育地域科学部ＦＤ委員会『教育地域科学部ＦＤ研修会報告書 自らの授業を対象化し、省察・交流しよう』二〇〇三年

群馬大学大学教育センター『授業方法改善研究報告書』二〇〇三年

一橋大学大学教育研究機構『一橋大学全学ＦＤ・第二回教養教育シンポジウム報告書』二〇〇一年

弘前大学全学協議会教育方針検討専門委員会『弘前大学ＦＤ報告書』(平成一三度)二〇〇二年、(平成一四年度)二〇〇三年

広島大学大学教育研究センター『講義のてびき—大学授業改善のために』(Ⅰ)(ＲＩＨＥシリーズNo.1)一九八二年、(Ⅱ)(ＲＩＨＥシリーズ No.2)一九八二年

広島大学高等教育研究開発センター編『ＦＤの制度化に関する研究(1)—二〇〇三年度大学長調査報告—(大学教育改善の全国調査(学長篇))』二〇〇四年

——編『ＦＤの制度化に関する研究(2)—二〇〇三年度大学教員査報告—(大学教育改善の全国調査(教員篇))』二〇〇四年

広島大学『教養的教育改革の全学研修会報告書』(平成八年度〜一五年度)一九九七年〜二〇〇四年

北陸先端科学技術大学院大学研究部学生課『一九九九年度 ＦＤフォーラム報告書』二〇〇〇年

伊藤彰浩編『ファカルティ・デベロップメントに関する文献目録および主要文献紹介』広島大学大学教育研究センター、一九九〇年

放送教育開発センター『教授システム設計とファカルティ・ディベロップメント：概念、研究計画及び文献目録』一九九三年

——『大学の授業改善Ⅰ——より良い実践と研究法の確立をめざして(研究報告83)』一九九五年

——『高等教育におけるファカルティ・ディベロップメントと教授デザイン：事例研究とＦＤ動の状況調査(研究報告85)』一九九五年

——『大学教育の内容・方法の改善・評価に関する研究(研究報告90)』一九九六年

——『大学の授業改善Ⅱ：調査・分析研究と実践報告(研究報告93)』一九九六年

——『高等教育におけるファカルティ・ディベロップメントと教授デザイン——事例研究とＦＤ活動の状況調査Ⅱ(研究報告94)』一九九六年

——『大学の授業改善Ⅲ(研究報告103)』一九九七年

北海道大学高等教育機能開発総合センター『北海道大学ＦＤマニュアル(高等教育ジャーナル　高等教育と生涯学習　第七号)』二〇〇〇年

——『ＦＤマニュアル』(Web) http://socyo.high.hokudai.ac.jp/FD/toc.html

北海道教育大学旭川校ＦＤ研究会『「ファカルティ・(ＦＤ)の予備的研究」研究報告書　教育と大学』一九九九年

——『「ファカルティ・ディベロップメント(ＦＤ)の推進研究」研究報告書』二〇〇一年

兵庫教育大学『兵庫教育大学ファカルティ・ディベロップメント推進プログラム』(平成一三年度)二〇〇二年、(平成一四年度)二〇〇三年、(平成一五年度)二〇〇四年

茨城大学大学教育研究開発センター『教養教育ＦＤ研究会報告書』二〇〇〇年、二〇〇一年

鹿児島大学共通教育ＦＤワーキンググループ『鹿児島大学共通教育ＦＤ講演会・ワークショップ報告書』(平成一二年度)二〇〇一年、(平成一三年度)二〇〇二年、(平成一四年度)二〇〇三年、(平成一五年度)二〇〇四年、

鹿児島大学工学部ファカルティ・ディベロップメント委員会『鹿児島大学ＦＤ活動報告書』(平成四年度)一九九三年、(平成五年度)一九九四年、(平成六年度)一九九五年、(平成七年度)一九九六年、(平成一一年—一二年度)二〇〇一年、(平成一五年度)二〇〇四年

鹿屋体育大学ＦＤ推進委員会『鹿屋体育大学ＦＤ報告書』(平成一三年度)二〇〇二年、(平成一四年度)二〇〇三年、平成一五年度、二

〇〇四年

香川大学ＦＤ実施委員会『平成一二年度 香川大学ＦＤ研修委員会報告書』二〇〇一年

香川大学大学教育開発センター調査研究部『平成一四年度 香川大学大学教育研究センターＦＤ研究会報告書』二〇〇三年

関西大学全学共通教育推進機構ＦＤ部門委員会授業評価部門委員会『関西大学ＦＤフォーラム』Vol.1 ～ Vol.7、二〇〇一年～二〇〇三年

慶應義塾大学研究推進セクション『Report 連続セミナー「ＦＤを考える」』二〇〇三年

神戸大学大学教育研究センター『平成一五年度 神戸大学大学教育研究センターＦＤ』二〇〇四年

神戸商船大学海事科学部ＦＤ専門委員会『教育改善プロジェクト』(平成一四年度報告書)二〇〇四年、(平成一五年度報告書)二〇〇四年

国際基督教大学教養学部『ＦＤハンドブック ＩＣＵにおける教育指導・研究の実用ガイド』二〇〇一年

――『ＦＤプログラム研究レポート』№1～№7、一九八八年～一九九一年

国際基督教大学ファカルティ・リトリート企画運営委員会『ファカルティ・リトリート報告書』一九九六年、一九九七年、一九九八年

京都大学高等教育教授システム開発センター『大学教授法の研究開発のために』一九九四年

――『京都大学卒業者の意識調査(京都大学高等教育叢書1)』一九九七年

――『高等教育教授法の基礎的研究(京都大学高等教育叢書2)』一九九七年

――『公開実験授業の記録』(京都大学高等教育叢書3) 一九九八年(高等教育叢書4) 一九九九年、(高等教育叢書6)二〇〇〇年、(京都大学高等教育叢書8)二〇〇〇年(京都大学高等教育叢書10)二〇〇一年、(京都大学高等教育叢書13)二〇〇二年、(京都大学高等教育叢書16)二〇〇三年

――『大学教育の改善に関する京大教官の意識(京都大学高等教育叢書5)』一九九九年

――『授業参加観察プロジェクト担当チーム『大学授業の参加観察プロジェクト報告(1)大学授業の参加観察からＦＤへ」(京都大学高等教育叢書11)』二〇〇一年

――『新工学部教育プログラム実施検討委員会『ディベート形式による工学部ＦＤシンポジウム　工業化学科・地球工学科・物理工

学科(京都大学高等教育叢書12)』二〇〇一年
——『授業参加観察プロジェクト担当チーム『大学授業の参加観察プロジェクト報告(2)大学授業の参加観察からFDへ(京都大学高等教育叢書14)』二〇〇二年
——『新工学教育プログラム実施検討委員会『ディベート形式による工学部FDシンポジウム(建築学科・電気電子工学科・情報学科)および授業参観にもとづくジョイントワークショップ報告(京都大学高等教育叢書15)』二〇〇三年
——『二〇〇二年度 学び支援プロジェクト 学び探求編(京都大学高等教育叢書17)』二〇〇三年
——『バーチャルユニバーシティ構築の基礎づけに関する総合的研究』(京都大学高等教育叢書13)二〇〇四年
——京都大学高等教育教授システム開発センター『平成一五年度公開実験授業の記録および公開実験授業八年間の中間的総括(京都大学高等教育叢書19)』二〇〇四年
——『工学部における「工学倫理」科目のスタッフディベロップメント活動(京都大学高等教育叢書20)』二〇〇四年
京都教育大学FD委員会『平成一五年度 FD活動報告書』二〇〇四年
京都女子大学現代社会学部FD研究会・ジェンダーと社会『二〇〇〇年度 FD研究報告書 ジェンダーと社会』二〇〇一年
九州工業大学情報工学部『平成一二年度 ファカルティ・ディベロップメント報告書』二〇〇一年
メディア教育開発センター『高等教育におけるメディア活用と教員の教授能力開発：I内外の事例研究と関連基礎分野レビュー(研究報告05)』一九九八年
——『高等教育におけるメディア活用と教員の教授能力開発：Ⅱ「教育メディアセミナー」の試行と評価(研究報告06)』一九九八年
——『大学授業の自己改善法：一九九七年度授業改善の実践報告(研究報告07)』一九九九年
——『高等教育にけるメディア活用と教員の教授能力開発：Ⅲメディア活用の展開と教員支援(研究報告09)』一九九九年
——『大学授業の自己改善法：一九九八年度 授業改善の実践報告(研究報告 第一四号)』二〇〇〇年
——『かわる学生・かわる大学FD(ファカルティ・ディベロップメント)と授業改善(メディアを活用した学習方法の最適化に関する研究開発(研究報告23))二〇〇一年
——『大学授業の自己改善法(研究報告21)』二〇〇一年

――『かわる学生・かわる大学：学習支援の実践と課題（研究報告22）』二〇〇一年
――『かわる学生・かわる大学：ＦＤ（ファカルティ・ディベロップメント）と授業改善（研究報告23）二〇〇一年
――『高等教育におけるメディア活用と教員の教授能力開発：Ⅳメディアを活用する教員支援のための提案（研究報告26）』二〇〇一年
――『高等教育におけるメディア活用と教員の教授能力開発：Ｖ研修プログラム提案事例集（研究報告27）』二〇〇一年
――『ＦＤ（ファカルティ・ディベロップメント）の運営を考える（研究報告32）』二〇〇二年
宮崎大学ＦＤ委員会―教育方法等改善専門委員会『平成一五年度 宮崎大学ＦＤ報告書』二〇〇四年
長崎大学『変えよう授業 変わろう大学（第一回ファカルティ・ディベロップメント報告書）』二〇〇一年
――『変えよう授業 変わろう大学（第三回ファカルティ・ディベロップメント報告書）』二〇〇二年
長崎大学環境学部『環境学部ファカルティディベロップメント報告書』（平成一二年度）二〇〇一年、（平成一三年度）二〇〇二年
長崎大学ＦＤハンドブック編集委員会『ＦＤハンドブック』（第一巻～第一一巻）二〇〇一年～二〇〇一年
名古屋大学教育学部編『大学授業方法・授業形態の改善と充実』名古屋大学教育学部、一九九一年
名古屋大学教養教育院『名古屋大学全学教育ＦＤ活動報告書』二〇〇四年
奈良教育大学編『教員養成大学における授業研究と教授スキル能力の育成の研究』奈良教育大学、一九九四年
奈良教育大学教育学部『教育大学における授業と創造』二〇〇〇年
日本大学工学部協同研究グループ『工学教育法の工夫・改善について』一九九八年
日本大学文理学部ＦＤ委員会『ＦＤ委員会活動報告書』（平成一四年度）二〇〇三年（平成一五年度）二〇〇四年
福岡教育大学教育学部付属教育実践センター『教育実践総合センター実践報告』第二一号、二〇〇一年
新潟大学大学教育開発研究センター『開所記念講演会・全学ＦＤ』二〇〇〇年
――『成績評価・授業評価・大学評価 第二回全学ＦＤの記録』二〇〇〇年
お茶の水女子大学ＦＤ推進のためのワーキング・グループ『ＦＤ講演会報告書』二〇〇〇年
大阪教育大学教養学科ＦＤ事業推進委員会『平成一三年度 教養教育学科ＦＤシンポジウム報告書』二〇〇二年

小樽商科大学教育課程改善委員会ＦＤ専門部会『ヘルメスの翼に 小樽商科大学ＦＤ活動報告書 第一集』二〇〇三年
大谷大学『大谷大学ＦＤ研究報告書』(二〇〇一年度)二〇〇二年、(二〇〇二年度)二〇〇三年
佐賀大学大学教育委員会『佐賀大学ＦＤ調査・研究報告書』(平成一三年度)二〇〇二年、(平成一四年度)二〇〇三年
佐賀短期大学『ＦＤ研修会報告書 第三回』二〇〇三年
関正夫編『大学教育改革の方法に関する研究―Faculty　Developmentの観点から(高等教育研究叢書 第二号)』広島大学大学教育研究センター
滋賀大学全学教育改革委員会『滋賀大学ＦＤ事業報告書』二〇〇四年
滋賀医科大学『ＦＤワークショップ「教え方、学ぶ方」報告書』二〇〇三年
島根大学『島根大学ファカルティディベロップメント推進討論会(第一回)報告書』二〇〇〇年
島根大学全学教育委員会『ファカルティ・ディベロップメント(ＦＤ)研修会報告書』二〇〇一年
――『ファカルティ・ディベロップメント(ＦＤ)報告書』二〇〇三年
島根大学教育学部ＦＤプロジェクト『「ＦＤファカルティ・ディベロップメントの企画・推進のためのプロジェクト」研究報告書』二〇〇一年、(プロジェクト２)二〇〇二年
新堀通也編『科学社会学の研究』(大学研究ノート第四九号)広島大学高等教育研究開発センター、一九八一年
玉川大学・玉川学園女子短期大学『平成一五年度 ファカルティ・ディベロップメント活動報告書』二〇〇四年
鳥取大学『わかりやすい講義をめざして―教授方法の調査・研究中間資料』一九九八年
東海大学教育工学研究所『学生の授業に対する実態調査』一九八二年
東京商船大学『平成一一年度 ＦＤ活動報告書』二〇〇〇年
東京商船ファカルティ・ディベロップメント推進部会『ＦＤ活動報告書』(平成一二年度)二〇〇一年、(平成一四年度)二〇〇三年
徳島大学大学開放実践センター『徳島大学ＦＤ推進ハンドブック』二〇〇二年
徳島大学大学教育委員会『平成一四年度 徳島大学全学ＦＤ推進プログラム実施報告書』二〇〇三年
徳島大学総合学部自己点検・評価委員会『総合学部ＦＤ報告 二〇〇三』二〇〇三年

筑波大学教育計画室『ファカルティ・ディベロップメントの実施に向けて』一九九八年

――『ファカルティ・ディベロップメントの実施への提言』一九九九年

――『筑波大学ＦＤハンドブック』二〇〇〇年

――『筑波大学におけるＦＤ活動「学群・学類授業参画プロジェクト」の実際』二〇〇三年

筑波大学教育計画室『筑波大学におけるＦＤ活動と教育改善 特集―全学授業評価の実施状況』二〇〇四年

図書館情報大学編『ＦＤ（ファカルティ・ディベロップメント）講演会の記録（地の銀河系―図書館情報大学講演録）』二〇〇一年

和歌山大学ＦＤ推進委員会『和歌山大学ＦＤ報告書』（平成一〇年度～平成一五年度）一九九九年～二〇〇四年

横山国立大学大学教育総合センターＦＤ推進部会『平成一五年度 横浜国立大学ＦＤ活動報告書』二〇〇四年

全国大学体育連合研究部編『「いのち」から学ぶ―大学教育の課題（大学体育のＦＤ）』一九九四年

山田礼子（研究代表者）『大学における導入教育の実際』プール学院大学国際文化学部、一九九九年

山形大学教育方法等改善委員会『Human Interactive University をめざして 第二回山形大学教養教育ＦＤ合宿セミナー報告書』二〇〇三年

山口大学大学教育機構『第五回山口大学ＦＤ研修会報告書』（平成一三年度～平成一五年度）二〇〇二年～二〇〇三年

全国大学体育連合研究部編『大学体育の展開―授業実践・シラバス（大学体育のＦＤ）』一九九五年

あとがき

定年退職を迎えるに際して振り返ると、大学教員として三六年勤務したことになる。その間、本書の主題である大学教授職とＦＤには早く研究に着手した事実を認めることができる。大学教授職は、恩師の新堀通也教授のプロジェクトに参加して先生との共著『大学教授の経歴型の国際比較』（『社会学評論』一九六九年）を著した時に着手し、さらに学位論文「マートン科学社会学の研究」（一九八五年）においては、科学社会学を方法論とした研究を深める必要があると考えた。ＦＤは一九八〇年代後半から着手している。こうして、自己のアカデミック・キャリアの中ではこの主題は大きな比重を占めてきたが、残念ながら、大学内外からの関心はあまり高いものではなかった。しかし、知識基盤社会での大学の比重が増し、高等教育の大衆化が進行し、ユニバーサル・アクセスや生涯学習化が現実味を帯び、少子高齢化に伴う人的資源の見直しが焦眉の急を告げ、学生の学習力や学力が論議されるようになった現在では、大学教育とその担い手たる大学教員への大学内外からの関心や期待はいやがうえにも高まらざるを得ない。

もとより大学教育とりわけ授業は基本的にカリキュラム、学生、教師を要素として成立し、この三点セットのいずれが欠如しても成立しない。学生の学習力や学力に翳りが見える今日は、仮に高質のカリキュラムを用意しても、必ずしもそのまま学生の血肉になるとは限らない状態になっている。両者の中間にあってカリキュラムの目指す水準まで学生を手ほどきし、導き、所期の目標に見合う学力を達成するために適切な触媒の作用が欠かせず、その役割を果たすのは他ならぬ教師である。

学生の学習力や学力が沈滞する原因は、学生本人の責任や自覚に求められるだろう。同時に教授―学習過程に果たす大学教員の役割をけっして無視できないことも自明であり、教授や授業の専門職である教員の役割、教師としての力量が問われ、教育力が詮索されるのは当然と言わなければなるまい。本書では、過去の歴史や外国との比較によって、その種の教育力を俎上にのせ分析した結果、日本の大学では研究者の強い自画像が描かれるかたわら、教師の自画像を描きたがらない体質の存在することが明らかになった。意識改革を阻む体質が積年の歴史、風土、土壌によって根強く形成されているのである。そのような現実がある半面、ＦＤの制度化の軌跡を辿ると、積年の弊を何とか改革しなければならないとする気運がようやく最近胎動している事実も判明した。このことは日本の大学史上画期的な出来事であると言えよう。近代大学の誕生から一世紀以上頑として変わらなかった風土や土壌に変化の兆候が出現しているからである。しかし教育の活性化を実現するには、それはほんの第一歩を踏み出したに過ぎない。

研究と教育とは学事における車の両輪であるにもかかわらず、研究偏重・教育軽視に陥ってきた従来の陥穽を反省し、脱却し、教育再生を軌道に乗せるには、カリキュラムや学生を研究すると同時に何よりも教員の自己研究が欠かせないはずである。専門職である限り、誰か他者から言われるまでもなく、しかもそれが終わりなき長い道程であっても、教育力を自ら主体的に構築しなければならない。少なくとも学識の再構築、研究・教育・学習の統合、報賞体系の見直しなどは当面取り組むべき課題となろう。

本書は主題に関する序説的な研究であるので、残された課題も少なくないだろう。大学教授職を専門分野、専門職、

ＦＤの制度化などの観点を中心に理論的な検討を行い、アメリカとの比較によって日本の大学教授職の文化、風土、土壌などに焦点をおいて考察し、世界的に固有な意識や行動を論じた半面、教育の物的基盤たる資金源、その流通、投資効果など財政にかかわる側面は論じられていないので、その点は改めて考察する必要がある。システムレベルの全国調査を分析した半面、ＦＤの実践事例を分析していないので、それを対象にした事例研究も必要である。

なお、巻末に付した大学教授職とＦＤ関係の参考文献は、広島大学高等教育研究開発センター資料室に収集した資料から、日本語の単行本、翻訳書、報告書の主なものを選んだものである。雑誌論文は割愛したが、それでも近年、関連文献が増えつつある事実は注目に値する。文献調べでは資料室の脇本美樹、関内奈穂子の両氏にお世話になった。

有本　章

二〇〇五年二月

〔欧字〕

〔ハ行〕

〔マ行〕

〔ヤ行〕

〔ラ行〕

〔ナ行〕

〔タ行〕

〔サ行〕

〔カ行〕

事項索引

〔ア行〕

人名索引

〔ア行〕

〔カ行〕

〔サ行〕

〔タ行〕

著者紹介
有本　章（ありもと　あきら）
1941 年広島市生まれ。1969 年広島大学大学院教育学研究科博士課程単位取得。教育学博士。広島大学教育学部助手、大阪教育大学講師、助教授、教授、広島大学高等教育研究開発センター長・教授、等を経て現在、比治山大学高等教育研究所長・教授、広島大学名誉教授。
編著書
『イギリスの新大学』(共訳、東京大学出版会、1970年)、『大学人の社会学』(学文社、1981年)、『マートン科学社会学の研究』(福村出版、1987年)、『「学問中心地」の研究』(編著、東信堂、1994年)、『高等教育システム』(訳、東信堂、1994年)、『Higher Education Policy』(共著、Pergamon Press, 1994)、『The International Academic Profession』(共著、Carnegie Foundation for the Advancement of Teaching, 1996)、『大学教授職の国際比較』(共編著、玉川大学出版部、1996年)、『大学教授職の使命』(訳、玉川大学出版部、1996年)、『Higher Education Research at the Turn of the New Century』(共著、UNESCO and Garland, 1997)、『イギリス高等教育と専門職社会』(共編訳、玉川大学出版部、1998年)、『Research on Higher Education』(共著、Pergamon Press, 2000)、『Higher Education in a Globalising World』(共著、Kluwer Academic Publishers, 2002)、『大学のカリキュラム改革』(編著、玉川大学出版部、2002年)、『大学院教育の国際比較』(監訳、玉川大学出版部、2003年)、『Learning through Collaborative Research』(共著、Routledge Falmer, 2004)、『講座「21世紀の大学・高等教育を考える」全4巻「大学改革の現在」「大学評価の展開」「学士課程教育の改革」「大学院の改革」』(編集委員代表、東信堂、2003-2004年)、『高等教育概論』(共編著、ミネルヴァ書房、2005年)、『今、教育の原点を問う』(共著、勉誠社、2005年)、『Higher Education in the World 2006』(共著、UNESCO-GUNI, 2006)、『Higher Education, Research and Knowledge in the Asia-Pacific Region』(共著、Palgrave Macmillan,2006)、『Knowledge Society vs. Knowledge Economy』(共著、Palgrave Macmillan,2007)、『Going to School in East Asia』(共著、Greenwood Press, 2007)、Towards a Cartography of Higher Education Policy Change(共著、CHEPS、2007)ほか

大学教授職とFD——アメリカと日本——

2005年３月20日　初　版第1刷発行　〔検印省略〕
2008年４月20日　初　版第2刷発行　＊定価はカバーに表示してあります

著者 ©有本章／発行者 下田勝司　印刷・製本／中央精版印刷

東京都文京区向丘1-20-6　郵便振替00110-6-37828　発行所
〒113-0023　TEL (03) 3818-5521　FAX (03) 3818-5514　株式会社 東信堂
Published by TOSHINDO PUBLISHING CO., LTD.
1-20-6, Mukougaoka, Bunkyo-ku, Tokyo, 113-0023, Japan

ISBN4-88713-597-1　C3037　
E-mail : tk203444@fsinet.or.jp　http://www.toshindo-pub.com

東信堂

大学の自己変革とオートノミー —点検から創造へ	寺﨑昌男	二五〇〇円
大学教育の創造—歴史・システム・カリキュラム	寺﨑昌男	二五〇〇円
大学教育の可能性—教養教育・評価・実践	寺﨑昌男	二五〇〇円
大学は歴史の思想で変わる—FD・評価・私学	寺﨑昌男	二八〇〇円
大学改革 その先を読む	寺﨑昌男	一三〇〇円
大学の授業	宇佐美寛	二五〇〇円
大学授業の病理—FD批判	宇佐美寛	二五〇〇円
授業研究の病理	宇佐美寛	二五〇〇円
大学授業入門	宇佐美寛	一六〇〇円
作文の論理—〈わかる文章〉の仕組み	宇佐美寛編著	一九〇〇円
大学教育の思想—学士課程教育のデザイン	絹川正吉	二八〇〇円
あたらしい教養教育をめざして —大学教育学会25年の歩み：未来への提言	大学教育学会25年史編纂委員会編	二九〇〇円
現代大学教育論—学生・授業・実施組織	山内乾史	二八〇〇円
大学授業研究の構想—過去から未来へ	京都大学高等教育教授システム開発センター編	二四〇〇円
ティーチング・ポートフォリオ—授業改善の秘訣	土持ゲーリー法一	二〇〇〇円
模索されるeラーニング —事例と調査データにみる大学の未来	吉田文・田口真奈編著	三六〇〇円
一年次〈導入〉教育の日米比較	山田礼子	二八〇〇円
学生の学びを支援する大学教育	溝上慎一編	二四〇〇円
大学教授職とFD—アメリカと日本	有本章	三二〇〇円
大学教授の職業倫理	別府昭郎	二三八一円
(シリーズ大学改革ドキュメント・監修寺﨑昌男・絹川正吉)		
立教大学〈全カリ〉のすべて —リベラル・アーツの再構築	全カリの記録編集委員会編	二二〇〇円
ICU〈リベラル・アーツ〉のすべて	絹川正吉編著	二三八一円

〒113-0023 東京都文京区向丘1-20-6 TEL 03-3818-5521 FAX03-3818-5514 振替 00110-6-37828
Email tk203444@fsinet.or.jp URL:http://www.toshindo-pub.com/

※定価：表示価格（本体）＋税

東信堂

教育の平等と正義	K・ハウ著 大桃敏行・中村雅子・後藤武俊訳	三二〇〇円
大学教育の改革と教育学	K・ノイマン著 小笠原道雄・坂越正樹監訳	二六〇〇円
ドイツ教育思想の源流 ―教育哲学入門	R・ラサーン著 平野智美・佐藤直之・上野正道訳	二八〇〇円
フェルディナン・ビュイッソンの教育思想 ―第三共和政初期教育改革史研究の一環として	尾上雅信	三八〇〇円
経験の意味世界をひらく ―教育にとって経験とは何か	市村・早川・松浦・広石編	三八〇〇円
洞察＝想像力 ―知の解放とポストモダンの教育	D・スローン著 市村尚久・早川操監訳	三八〇〇円
文化変容のなかの子ども―経験・他者・関係性	高橋勝	二三〇〇円
教育の共生体へ ―ボディ・エデュケーショナルの思想圏	田中智志編	三五〇〇円
人格形成概念の誕生―近代アメリカの教育概念史	田中智志	三六〇〇円
サウンド・バイト：思考と感性が止まるとき	小田玲子	二五〇〇円
進路形成に対する「在り方生き方指導」の功罪 ―高校進路指導の社会学	望月由起	三六〇〇円
「学校協議会」の教育効果 ―「開かれた学校づくり」のエスノグラフィー	平田淳	五六〇〇円
学校発カリキュラム ―日本版「エッセンシャル・クエスション」の構築	小田勝己編	二五〇〇円
階級・ジェンダー・再生産 ―現代資本主義社会の存続メカニズム	橋本健二	三二〇〇円
再生産論を読む―バーンステイン、ブルデュー、ボールズ＝ギンティス、ウィリスの再生産論	小内透	三二〇〇円
教育と不平等の社会理論―再生産論をこえて	小内透	三二〇〇円
教育と人権	W・ベーム編 岡野治子・乙訓稔監訳	二一〇〇円
オフィシャル・ノレッジ批判 ―保守復権の時代における民主主義教育	M・W・アップル著 野崎・井口・小暮・池田監訳	三八〇〇円
新版 昭和教育史―天皇制と教育の史的展開	久保義三	一八〇〇〇円
地上の迷宮と心の楽園〔コメニウスセレクション〕	J・コメニウス 藤田輝夫訳	三六〇〇円

〒113-0023　東京都文京区向丘 1-20-6　TEL 03-3818-5521　FAX03-3818-5514　振替 00110-6-37828
Email tk203444@fsinet.or.jp　URL:http://www.toshindo-pub.com/

※定価：表示価格（本体）＋税

東信堂

（未来を拓く人文・社会科学シリーズ〈全14冊〉）

科学技術ガバナンス	城山英明編	一八〇〇円
ボトムアップな人間関係—心理・教育・福祉・環境・社会の12の現場から	サトウタツヤ編	一六〇〇円
高齢社会を生きる—老いる人／看取るシステム	清水哲郎編	一八〇〇円
家族のデザイン	小長谷有紀編	一八〇〇円
水をめぐるガバナンス	蔵治光一郎編	一八〇〇円
生活者がつくる市場社会	久米郁夫編	一八〇〇円
グローバル・ガバナンスの最前線—現在と過去のあいだ	遠藤乾編	二二〇〇円
資源を見る眼—現場からの分配論	佐藤仁編	二〇〇〇円
これからの教養教育	葛西康徳・鈴木佳秀編	二〇〇〇円
平和構築に向けた知の展開	黒木英充編	続刊
紛争現場からの平和構築—国際刑事司法の役割と課題	城山英明・石田勇治・遠藤乾編	二八〇〇円
公共政策の分析視角	大木啓介編	三四〇〇円
共生社会とマイノリティの支援	寺田貴美代	三六〇〇円
医療倫理と合意形成—治療・ケアの現場での意思決定	吉武久美子	三二〇〇円
改革進むオーストラリアの高齢者ケア	木下康仁	二四〇〇円
認知症家族介護を生きる—新しい認知症ケア時代の臨床社会学	井口高志	四二〇〇円
保健・医療・福祉の研究・教育・実践	山手茂・園田恭一・米林喜男編	二八〇〇円
地球時代を生きる感性—EU知識人による日本への示唆	A・チェザーナ／訳者代表 沼田裕之	二四〇〇円

〒113-0023　東京都文京区向丘 1-20-6　TEL 03-3818-5521　FAX03-3818-5514　振替 00110-6-37828
Email tk203444@fsinet.or.jp　URL:http://www.toshindo-pub.com/

※定価：表示価格（本体）＋税